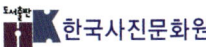

관엽·허브·난초 기르기 강좌

2022년 10월 17일 초판 인쇄
2022년 10월 27일 초판 발행

정가~32,000원

감수	김정운
편집겸 발행	조연조
대표사진 작가	김운기 조연조
편집 디자인	김형희 이정은
등록번호	5~491
등록	1984년 11월 20일
주소	서울 종로구 숭인동 1375번지
전화	02, 2266~4848 . 2277~8787
이메일	yyj 4848a@nate.com
인쇄	씨앤제이프린팅
대표	조계완
전화	031-944~5641 / fax 031-945~5640

판 권 소 유

사진 제공
김운기
충청일보 사진부장, 국장
한국사진작가협회 청주지부장 역임
충북대학교 석좌교수
청주시 문화상, 충청북도 문화상,
서울시 언론인상 수상

감수
이종임
고려대학교 식품공학박사 학위취득
한양대학교 식품영양학과 겸임교수
대한식문화연구원 원장
수도요리전문학교 학장

감수자
김정운
목포대학교 농학박사학위 취득
보성녹차연구소 육종재배연구실장
차 친환경재배등 다수
차나무 육종 및 재배등 다수

잘못된 책은 구입처에서 바꾸어 드립니다. 편저자의 허락없이 사진복제 불허

참고문헌
한국원예식물 / 화훼원예식물 / 원예백과 / 모아심기 / 용기에 기르기 / 원예도감

Contents

관엽식물 기르기 ……… 4	잭과 콩나무 ……… 50	몬스테라 ……… 99	안슈륨 ……… 148
흑룡 ……… 6	석창포 ……… 51	싱고니움 ……… 100	아칼리파 ……… 150
관엽식물 이론 ……… 8	새롬 ……… 52	포토스 ……… 101	차란지아 ……… 151
하이드로컬쳐 ……… 12	단발 고사리 ……… 53	알로카시아 ……… 103	에쿠메아 ……… 152
모레아트 ……… 13	덩굴사철나무 ……… 54	마란타 ……… 105	아페란트라 ……… 153
관여 옮겨심기 ……… 14	디펜바키아 ……… 55	빼레아 ……… 106	호야 ……… 154
잎의 정리 ……… 15	드라세나 ……… 56	휘카스 ……… 108	자귀나무 ……… 155
포기 나누기 ……… 16	소쿠리란 ……… 58	세네키오 ……… 109	아구라스 ……… 156
잎 모양정리 ……… 17	히트가즈 ……… 59	콜리우스 ……… 110	파보니아 ……… 157
관엽 4계절관리 ……… 18	피카라 ……… 60	칼라데아 ……… 112	세네시오 ……… 158
관엽증식 ……… 20	벤자민 ……… 61	프데리스 ……… 114	시나몬 ……… 159
삽목증식 ……… 21	히포에데스 ……… 62	히포에스데스 ……… 116	갈라데아 ……… 160
슈가바인 ……… 22	피카스, 프미라 ……… 63	듀란타 ……… 117	아테늄 ……… 161
아이비 ……… 23	페디란사스 ……… 64	베고니아 ……… 118	호야 ……… 162
아그라오마 ……… 24	피토니아 ……… 65	에피시아 ……… 119	크루시아 ……… 163
이시리나 ……… 25	브라이덜 베일 ……… 66	이네시레 ……… 120	커피나무 ……… 164
아비스 ……… 26	베어그라스 ……… 67	푸이리하이비카스 ……… 121	브라키톤 ……… 165
아패랜드라 ……… 27	유카 ……… 68	죽백 ……… 122	황반판다누스 ……… 166
아스파라가스 ……… 28	도꾸리란 ……… 69	펜실 구락스 ……… 123	콜루스암비아 ……… 167
아로카시아 ……… 29	산스베리아 ……… 70	아비스 ……… 124	플라티세롬 ……… 170
피카라 ……… 30	피카라 ……… 72	오리질란 ……… 126	에스카난토스 ……… 171
이포메아 ……… 32	인도고무나무 ……… 74	하트키즈라 ……… 127	몬스테라 ……… 173
에어프렌츠 ……… 34	벤자민 ……… 76	레푸로레피스 ……… 128	오렌지 자스민 ……… 174
종이학란 ……… 35	빈로우지 ……… 78	아스파라가스 ……… 130	프라시누스 ……… 175
캐리시아 ……… 36	불사조 ……… 79	줄고사리 ……… 132	크리스마스 ……… 176
기누라 ……… 37	이레카 야시 ……… 80	아지안탐 ……… 133	스테노카루스 ……… 177
칼라디움 ……… 38	테이불 야시 ……… 82	캉가루주머니 ……… 134	알카키풀라티움 ……… 178
기후겟토 ……… 39	슈트직구 ……… 84	자란 ……… 135	티페부아 ……… 179
쿠션부시 ……… 40	퓌란사스 ……… 85	병해충 대책 ……… 136	태안시아세로 ……… 180
크립단시스 ……… 41	슈프레라 ……… 86	구주마니아 ……… 138	극락조화 ……… 181
크로톤 ……… 42	크로톤 ……… 88	푸리세아 ……… 140	아시안티롬 ……… 182
쿠와즈이모 ……… 43	히네샌나 ……… 90	나나스 ……… 141	알로에덴트론마 ……… 183
커피의 이해 ……… 44	소철 ……… 91	콜롬네아 ……… 142	아카페이테누아라 ……… 184
산스베리아 ……… 46	푸자크 야시 ……… 92	레오레겔리아 ……… 143	화월 ……… 185
코리우스 ……… 47	칼라디움 ……… 93	스토네치아 ……… 144	허브 기르기 ……… 192
콜지리네 ……… 48	디펜바키아 ……… 97	사쿠라란 ……… 146	난초 기르기 ……… 284
유사고무나무 ……… 49	아그라오네마 ……… 98	아브틸론 ……… 147	용어해설 ……… 318

관엽, 허브, 란 기르기 강좌

우리 인간들은시시 때때로 숨을 쉬고 휴식을 취할 수 있는 생활의 공간이 필요하다. 여기에 관엽, 허브, 란 식물들을 현관 베란다 옥상 등 공간들에 심어 기르기 하는 것이 하나의 방법일 것이다.

아침 저녁으로 관엽식물들을 간간히 물을 주고 돌보며 호흡을 같이 하면서 그 식물들의 특징을 이해하고 관리한 것도 즐거운 일일 것이다.

그리고 허브〈향초〉기르기와 그 특징들을 함께 설명했다. 다분히 기르는 것으로 끝나는 것이 아니라 차를 만들어 마시는 것은 매우 신선한 일이다.

특히 로즈마리라는 향초는 말 그대로 향기의 대명사다. 생활 주변에는 분에 담아 기르면서 향기를 가까이 하면 머리가 맑아진다는 것은 서양에서 실험에 의해서 실증된 것이다.

한국 최초로 관엽 허브 란 식물들이 독자들의 여가선용에 많은 도움이 되리라 확신하며 본서를 세상에 내놓는 바이다.

공기 정화에 보탬이 되는 "소철"

관엽식물觀葉植物

관엽식물이란?

잎사귀의 빛깔이나 모양을 보고 즐기기 위해 기르기한 식물을 말한다. 그린으로 다른 식물들과 함께 심으면 그 존재감이 한 층 돋보인다.

더 나아가 현대 사회에 있어서 생활 주변에 분에 담아진 것이나 생활 공간에 심으면 일종의 인테리어로써도 발군拔群이라 할 수가 있다.

관엽식물은 일반 꽃과는 달리 반그늘이나 또는 그늘에서 기르는 것이 많기 때문에 음지의 정원이나 틈새의 공간에서도 기르기 할 수 있는 것이다.

흑룡 dowarf lilyturf

과명 : 백합과/ 증식법 : 포기 나누기
최저온도 : 0도/ 일조 : 반그늘
물주기 : 흙의 표면이 마르면 준다
특징 : 아래로 늘어 뜨리며 자란다

관리의 포인트

  거무스름한 잎의 색이 독특한 용의 수염의 일종으로, 정원이나 화분에 그리고 모아심기에 좋다. 반그늘에서도 잘 자라기 때문에 식물들의 공간 채우기에도 적합하다. 흑룡은 대단히 튼튼한 성질이므로 배수가 잘 되는 곳이라면, 그늘에서도 잘 자란다. 비료는 이식할 때 완효성 비료를 주는 것으로 충분하다. 생육이 나쁘면 간혹 액비를 준다. 포기나누기로 증식 한다.

고무나무

학명 : *Ficus elastica Roxb.*
과명 : 뽕나무과
원산지 : 전 세계 열대 및 온대
최저 온도 : 10도

관리의 포인트

 일년 내내 양지에서 관리한다. 겨울의 온도는 10도 이상을 유지해 주고, 건조한 상태로 관리한다. 비료를 너무 주면 포기가 약해지기 때문에, 생육기에는 완효성 비료를 치비하는걸로 충분하다.

형태상의 특징

 잎이 크고 넓고 둥근 타원형으로 엽육이 두껍고 생육이 왕성하다. 잎색은 적색을 띤 진녹색으로 이면의 주맥과 잎대는 적갈색이다.
 새로 나오는 순에는 적갈색의 포를 뒤집어 쓰고 나온다. 잎면은 맥주를 탈지면에 묻혀서 닦아주면 광택이 난다.

관엽식물의 싱싱하고 다양한 모습을 보고 즐기려면, 시기에 맞추어 분갈이를 해주어야 한다. 관엽식물의 옮겨심기〈분갈이〉과정을 사진과 함께 자세히 설명한다.

1. 이식에 필요한 도구와 식물〈피쿠스레투사〉

2. 화분 밑구멍에 망조각을 놓는다.

3. 적옥토를 화분 높이 5/1정도 넣는다.

4. 적옥토가 보이지 않게 상토를 넣는다.

5. 식물을 포트에서 빼낸다.

6. 뿌리에 흙을 부드럽게 털어낸다.

7. 흙을 털어낸 모습

8. 심을 식물을 화분에 위치를 확인 하고 흙은 넣지 않는 화분 높이가 2cm 남기고 흙을 채운다.

9. 심을 위치가 결정되면 뿌리 덩이와 화분 벽 사이에 상토를 넣는다.

10. 흙이 어느정도 넣어지면 가는 젓가락으로 뿌리를 다져 넣는다.

11. 조금씩 흙을 채워 나간다.

12. 10번과 같은 방법으로 흙을 넣는다.

13. 10~12를 반복해 흙을 가득 채운다.

흙을 넣고 손으로 눌러서 안정 시킨다.

화분 밑구멍에서 물이 흘러 내릴 정도로 듬뿍 물을 준다.

옮겨 심기 완성

식물은 생장을 지속적으로 한다. 생장한 식물을 그대로 방치하면 뿌리가 분 안에 꽉차서 생장에 지장을 주므로 분갈이가 필요하다.

기존 화분보다 더 큰 화분에 옮겨 심는 방법을 사진과 함께 설명 한다.

1. 옮겨 심기에 필요한 도구와 몬테스라

2. 분에서 식물을 빼내서 서로 엉켜있는 뿌리를 가위로 정리한다.

3. 뿌리를 잘라낸 부분

4. 식물을 분리하고 뿌리에 흙을 털어내고 풀어 낸다.

5. 부패한 뿌리를 가위로 잘라낸다.

6. 나머지 뿌리와 부패한 뿌리를 3/1정도 정리하는 것이 좋다.

7. 화분 밑에 자갈을 5/1정도 깐다.

8. 자갈이 보이지 않을 때 까지 상토를 넣는다.

9. 실제로 화분에 식물을 넣어 위치를 확인하고 흙을 넣지 않은 부위가 2cm까지 상토를 넣는다.

10. 심을 식물의 위치가 결정되면 뿌리 뭉치와 화분 사이에 상토를 넣는다.

11. 화분이 크기 때문에 긴 젓가락을 세워서 흙을 쑤셔넣고 뿌리가 마르지 않도록 한다.

12. 10~11을 반복해 흙을 빨리 넣어 식물과 흙이 잘 붙도록 한다.

13. 키가 클때는 죽은 잎 줄기를 잘라 낸다

14. 잎 줄기를 잘라내고 정리된 모습

15. 화분 밑구멍에서 물이 흘러 내리 때 까지 물을 듬뿍 준다.

16. 옮겨심기 완성

하이드로 컬쳐

흙을 사용하지 않고 식물을 기르는 것을 수경재배라고 말한다. 수경 재배의 장점은 청결하고 아랫 구멍이 있을 필요도 없고 자유롭게 분위기에 맞추어 두는 장소를 선택할 수 있는 묘미가 있다.

1. 하이드로 볼 큰입자, 중입자, 소입자를 뿌리 부패 방부제.

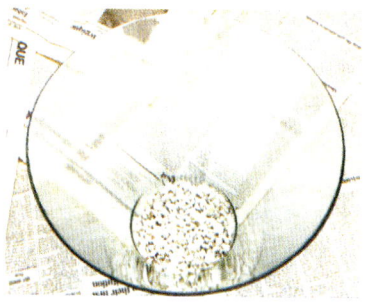

2. 식물을 심을 큰 화분.

3. 다음에 하이드로볼 큰 입자와 중입자를 섞어서 화분 중앙에 중심이 되도록 식물의 뿌리를 펴서 심는다.

4. 뿌리가 덮여질 때까지 하이드로 볼을 넣고 소립과 다른 식물을 넣고 물을 화분에 넣고 작업을 완성 한다.

모래 아트〈藝術〉

유리 용기는 밖에서 안을 볼 수 있으므로 칼라풀하게 만들 수가 있다. 모래 아트도 하이볼 컬쳐의 하나다. 색 모래를 사용해 좋아하는 관엽 식물을 모아심기 한다. 미리 작품을 구상해 놓고 순서대로 색갈이 있는 모래를 넣어가면 된다.

그외 시판하는 원예용 모래를 사용할 수도 있다. 또한 여러가지 색 구슬을 넣을 수도 있다.

1. 유리 용기, 뿌리 부패 방지제, 색 모래

2. 용기 밑에 뿌리 부패 방부제를 넣고 위에서 색모래를 넣는다.

3. 적색형이 붕괴되지 않도록 중앙을 넓혀 넷 코너의 적색이 보이지 않도록 한다.

4. 위에서 넷 코너에 다음색을 넣어 화분의 6활까지 모래를 넣고 식물을 심는다.

5. 화분에 유리 모래를 넣고 색모래의 상이 붕괴되지 않도록 주의 한다.

6. 색 모래의 표면을 평탄하게 고르고 용기의 3/1정도 물을 넣고 작업을 완성 한다.

옮겨심기 〈얼룩이 아그레오마〉

관엽식물의 이식 하기는 화분이 적을 때 뿌리가 분안에 꽉차 있을 때 뿌리의 부패를 일으켜 생장이 나쁘게 된다. 잎 끝이 마른 다거나 아랫 잎이 떨어지거나 뿌리가 분 밑으로 빠질 때 뿌리 부패의 원인이 되므로 익을 한다. 일반적으로 관엽식물은 1~2년 정도가 되면 포기가 크게되어 분과의 바란스가 맞지 않을 때 분갈이 한다.

1.화분 가득히 생장한 것을 커다란 분에 옮겨 심는다.

2.뿌리가 가득차 빼내기 힘들 때 화분 한쪽을 두드리면 빠진다.

3.분에서 빼낸 뿌리의 3/1을 정돈한다.

4.커다란 화분 위에서 3/1정도의 배양토를 넣는다.

5.화분 중심에 포기를 넣어서 심을 위치를 정한다.

6.배양토를 위에서 넣고 작업을 종료 한다.

7.물을 분 밑에서 흘러 내릴 정도로 듬뿍 준다. 그리고 화분 표면을 평탄하게 고른다.

8.상한 잎이나 노란 잎은 가위로 뿌리 밑에서 자르고 잎을 정돈한다.

9.잎의 정리가 끝난다. 전체적으로 안정된 모습이 되었다.

정리 잎모양 -코리우스-

이식이나 포기 나누기를 할 때 그리고 잎이 무성해졌을 때 잎을 정리하고 잎이나 줄기를 잘라낸다. 이 잘라낸 줄기나 잎을 사용해 포기를 번식 시킨다. 코스를 잘 숙지하면 간당하게 번식 시켜 기르는 즐거움을 즐길 수가 있다. 정리의 대표적인 식물은 베고니아나 삐레아 등이 있다. 여기서는 코리우스를 소개 한다.

1. 분 안에 잎이 무성하여 전체적으로 바란스가 나쁘게 되였으므로 잎을 정리 이식.

2. 이식 전 잎을 어느정도 잘라 정리한다.

3. 전체 정리해 새싻이 나올 때 바란스가 잡히도록한다.

4. 분에서 빼낸 뿌리의 흙을 3/1정도 흩으려 낸다.

5. 커다란 분에 배양토를 넣고 이식하고 물을 듬뿐준다

6. 잎을 정리할 때 자른 줄기를 잘 보관해 둔다.

7. 자른 잎 줄기 아랫 부분을 30분 정도물에 담가둔다.

8. 5호분에 배양토를 넣고 8개로 나누어진 잎을 흙속에 각각 2/1~3/1 정도 넣는다.

9. 물을 듬뿍주고 바람이 없는 음지에 둔다. 뿌리가 나와 생장하면 이식한다.

포기 나누기 -스파티 필름-

포기가 분 가득히 되었을 때는 이식을 염두에 두고 포기 나누기를 한다.

이때 나눈 포기 크기에 맞춰 분의 크기를 정한다. 분은 기존보다 2~3호 분 크기에 한다. 그리고 포기는 너무 세밀하게 나누지 않도록 한다. 세밀하게 되면 생육에 지장이 있고 회복에 지장이 된다. 포기 나눌 때 손과 가위를 이용 한다.

1. 잎이 무성해 분 가득히 식물이 생장 하고 있다. 이식이 필요 한 시기이 다.

2. 분에서 빼낸 식물의 뿌리 가 서로 휘감 겨 있다.

3. 식물의 뿌리에 있는 흙을 절 반 정도 떨어 낸다.

4. 뿌리 부분에 가위를 사용 하면 작업이 쉽다.

5. 뿌리 부분의 반 정도로 손 으로 나눈다. 이때 뿌리 부 분의 흙이 깨 질 염려는 없 다.

6. 포기를 둘로 나눈 모습 거 의 같은 포기 로 나뉘었음을 알 수 있다.

7. 이식할 때 같 은 크기의 화 분에 새로운 배양토를 넣 어 이식 한 다.

8. 분의 밑 구멍 에서 물이 흘 러 내릴 정도 로 물을 듬뿍 준다.

9. 뿌리 정리와 같이 잎도 정 리해 균형을 맞춘다.

잎의 정리 아이비

관엽식물의 늘어지면, 줄기를 캇트해 정리 하고 줄기는 삽목해 번식 시킨다.

1. 5~6월, 9월 중순~10월에 한다. 줄기는 30분 정도 물에 담근다.

2. 5~8cm로 자르고 줄기의 길이는 2/1~3/1을 배양토에 2~3개 모아서 꽂는다.

3. 물을 듬뿍 주고 바람이 없는 밝은 음지에 둔다.

퓟도니아

소형으로 기른 퓟도니아는 생장하면 잎이 무성해 진다. 잎 정리할 때 가위를 사용한다.

1. 자른 잎을 30분 정도 물에 담가둔다.

2. 줄기 위 3/1 정도 남기고 꽂는 위치를 조절 한다.

3. 새로운 배양토에 잎과 잎이 썩이지 않도록 이삭을 꽂는다.

빼빼로미아

빼빼로미아의 잎은 두텁고 튼튼 하므로 잎 모양, 줄기모양, 이삭 모양이 된다. 잎을 정리할 때는 줄기가 많은 꽃 이삭이 되므로 그것을 이용해 본다.

1. 정리한 잎을 사용한다. 배양토는 버미큐라이트와 사용한다.

2. 줄기에 잎이 붙어 있는 것은 제일 먼저 자른 자를 천아 모양이라 부른다.

3. 줄기를 꽂은 다음 물을 듬뿍주고 음지에서 배양토가 마르지 않도록 관리한다.

관엽식물 4계절 관리 -춘하추동-

계절에 따라 온도 및 햇빛 등 변화가 많이 있다. 봄 여름 가을 겨울에 따라 물주기와 비료 그리고 두는 장소 등 가장 기르기에 알맞은 환경에 맞춰 관리하는 것을 설명 한다.

봄~옮겨심기나 포기 나누기가 적당한 시기이다. 날씨가 따뜻해지는 봄은 월동을 한 관엽식물의 옮겨 심기나 포기 나누기를 해준다. 옮겨심기할 때 뿌리가 상하지 않도록 주의하고 보다 큰 화분에 옮겨 심는다. 포기 나누기는 식물을 너무 적게 나눠지지 않도록 한다. 그외에 해충이 있는지 잘 관찰 한다.

물주기~화분의 흙이 마르면 밑구멍에서 물이 나올 정도로 듬뿍 주고 통풍이 잘되는 곳에 두고 건조에 주의 한다.

비료~완효성 비료를 준다. 고형 비료를 흙위에 놓는다든지 1개월에 액체 비료를준다

1.스파디필름의 포기를 빼낸다. 뿌리가 서로 휘 감겨 있다.

2.빼낸 포기의 뿌리에 붙어 있는 흙을 털어서 반분으로 포기 나누기를 한다.

3.포기 나누기를 반분으로 하고 각각 새로운 분에 심는다.

여름~한 여름은 직사광선을 닿지 않도록 한다.

고온을 좋아하는 관엽식물을 관리하기 좋은 계절이다. 여름은 대부분의 식물들은 잘 자란다. 직사광선을 직접 닿으면 잎이 탈 수 있으므로 옥외에 있는 것은 밝은 음지에서 관리한다. 실내에 있는 것은 레스 카텐을 쳐 차광이 필요 하다.

물주기~분의 흙이 마르면 밑구멍에서 물이 흘러나올 정도로 준다.그리고 통풍이 좋은 곳에서 여수를 하고 건조에 주의 한다.

비료~완효성 비료를 준다. 고형 비료를 흙위에 놓는다. 단 여름은 비료를 많이 주지 않는 것이 바람직 하다.

가을~태풍에 사고나지 않도록 난간에 걸쳐 놓은 화분에 주의!!

가을에 조심 할 것은 태풍이다. 옥외나 베란다에서 관엽식물을 관리하는경우는 태풍이 분다는 정보가 있으면 그에 대비해야 한다.

난간에 메달아 놓은 행잉바스켓 등이 떨어지지 않도록 하고 키가 큰 것은 펜스에 묶어 두는 것이 안전 하다.

물주기~화분의 흙이 마르면 밑구멍에서 흘러 내릴 정도로 준다.

비료~완효성 비료를 준다. 그리고 1개월 1회 액체 비료를 준다.

겨울~월동을 하기 때문에 옥외에 있는 관엽식물은 온실이나 실내로 들여 놓는다.

관엽식물에 있어서 겨울은 추위가 심해 생장하기 힘든 계절이다. 그러므로 최저 온도의 차이는 식물에 따라 다르지만 일반적으로 온실이나 실내에 놓는다. 창가는 야간에는 온도가 내려가니 되도록 안쪽으로 들여 놓고 에어컨과 난로 바람은 주의한다.

물주기~분의 흙이 마르면 후 수일이 지나면 밑구멍에 물이 흘러 내릴 정도로 주고 흙이 마른 듯하게 관리 한다. 건조한 실내에서는 엽수를 하고 공중 습도를 유지토록 하다.

비료~겨울은 생장하지 않으므로 비료는 주지 않는다. 실내 기온이 항시 따뜻해 식물이 계속 생장을 하면 주어도 된다.

관엽식물 증식 -잎꽂이-

관엽식물을 기르려면 증식 방법을 배워야 한다. 잘 알고 있는 잎 꽂이와 삽목을 설명한다. 그리고 증식한 식물이 잘 기르기해 전전과 뿌리 나누기를 한다.

1. 산스베리아 7호 화분에 잘 생육한 잎 꽂이를 한다.

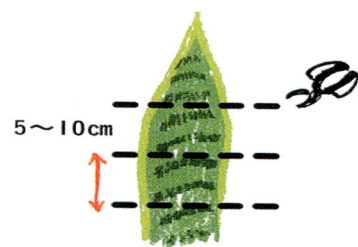

2. 5~10cm로 잎을 자른다.

3. 4호정도 화분에 용토를 넣는다.

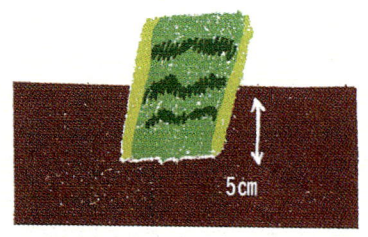

4. 산스베리아 페페로미아 등 주로 초목류로 한다. 삽목시 자른 잎우 아래가 바뀌지 않도록 주의 한다.

5. 둥굴게 자른 잎을 꽂이 한다.

6. 잎의 하부에서 발근 발아 한다. 옮겨 심기후 물 과잉은 뿌리 부패의 원인이 되므로 10일 이상 간격으로 물을 준다.

증식 -줄기 삽목-

세프렐라 드라세나 등 충실한 줄기로 생육기에 증식하는 방법이다. 발아까지는 시간이 걸리지만, 실패는 적다. 잘 숙지를 바란다.

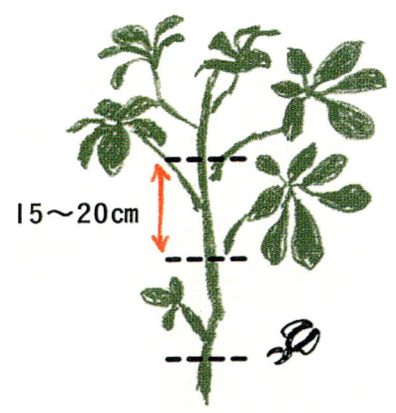

1. 상태가 양호한 줄기를 사용하고 새싹〈신아〉발생이 좋은 경화되지 않은 새 싹을 사용하는 것이 좋고 20cm정도를 가위로 자른다.

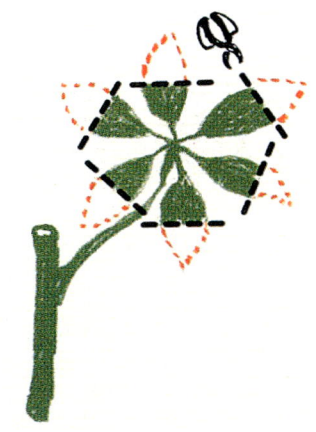

2. 잎을 1~2매 남기고 그 잎 절반 정도를 잘라낸다. 잎의 숫자가 많으면 증산이 많아 수분 부족으로 실패할 수 있다.

3. 조제된 삽수는 깊은 용토에 곧게 꽂는다.

4. 화분에 용토에 비료를 넣으면 뿌리가 썩거나 잎이 고사되는 원인이 되기 때문에 삽목용 상토를 사용하는 것이 좋다.

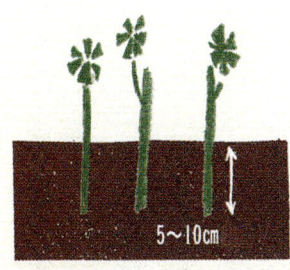

5. 삽목의 깊이는 5~10cm정도로 하는 것이 좋다.

6. 삽목 후 물을 충분히 주고 발근하기까지 건조하지 않게 분무기로 물을 분사해 준다. 발근 전에는 삽수가 움직이지 않아야 하며 반 음지에서 관리 한다.

슈가바인 Parthenocissus 'Sugarving

담쟁이덩굴 속
원산지~세계 열대 아열대

특징
잎이 작은 농녹색의 5매의 소엽으로 구성되여 있다. 주의할 점은 잎이 건조하면 진딧물이가 발생 하기 쉬우니 건조에 주의 한다. 잎 뒷면에서 단맛의 수액이 나온다. 반음지나 반 양지를 좋아 한다.

시저스 〈담쟁이 덩굴〉 Cissus sp.

과명~시저속 포도과
세계 열대, 아열대 원산으로 슈가바인보다 잎이 크다. 공기 정화 식물로 인기리에 기르기 하고 다이어트 식품으로도 이용 한다.

기르기 포인트
연중 통풍이 좋고 밝은 음지를 좋아한다. 일조량이 부족하면 도장되기 쉽고 잎색이 나쁠뿐이 아니라 생육이 좋지 않다. 비교적 건조에 강하기 때문에 과습에 주의한다. 슈가바인은 5℃ 이상, 시저는 10℃ 이상을 유지 해야 한다. 〈사진 상 수가바인, 하 시저스〉

아이비 ivy 두릅나무과

학명 : *Hedera helix L.*
증식법 : 삽목
최저온도 : 0℃ / 일조 : 양지/반 그늘
물주기 : 흙의 표면이 마르면 준다
특징 : 퍼지며 아래로 늘어 뜨리며 자란다

관리의 포인트

　근자에는 "헤데라"라는 이름으로 출하되고 있는 모아심기로 널리 알려진 식물이다. 덩굴성인 줄기는 모아심기에 행잉 바스켓 심기에 최적이다.

　2개월에 1회 완효성인 고형 비료를 주고 흙의 표면이 마르면 물을 듬뿍 준다. 물을 줄 때는 포기 전체에 위로부터 걸치도록 한다. 너무 자란 가지는 차례로 잘라 정돈 하지만, 자른 가지를 삽목으로 이용하면 좋다.

　계속 통풍이 잘 되도록 하여 물크러지지 않도록 관리를 해야 한다. 저온에는 강하지만, 그렇다고 영하 이하로 내려가지 않도록 해야 한다.

샤무록

모나리자

아그라오마 aglaonema

과명 : 토란과 증식법 : 포기 나누기
최저온도 : 10℃ 일조 : 반 그늘
물주기 : 흙의 표면이 마르면 준다
특징 : 퍼지며 아래로 늘어 뜨리며 자란다

관리 포인트

　아그라오마네는 가지가 땅에 기는듯이"포복성"과 직립성인 것이 있다. 포복성의 대표종은 "콤무타쏨"이다. 줄기는 높이 약 50cm정도가 되고 암녹색의 잎에 회색 얼룩이 있다.

　봄부터 여름에 걸쳐서 2개월에 1회완효성인 고형 비료를 주고 흙의 표면이 마르면 물을 준다. 겨울은 건조한 상태로 둔다. 저온에는 다소 약하므로 겨울에는 실내에 둔다.

조무초〈아침안개 초〉 artemisia

과명 : 국화과/ 증식법 : 포기 나누기, 삽목
최저온도 : 0℃
물주기 : 흙의 표면이 마르면 준다
특징 : 퍼지며 자란다

관리의 포인트

　온 녹색으로 매우 아름다우며 정원의 모아심기의 조연으로 적합하다. 양지에서도 잘 자라고 다른 식물과의 상생도 발군이다. 어느정도 습기가 있는 흙에 이식 한다. 생육기에는 월 1~2회 정도 묽은 액비를 준다.

　흙의 표면이 마르면 물을 준다. 추위에는 비교적 강하고 옥외에서 월동 할 수 있다. 그 후 강한 포기를 만들기 위해 늦가을에 3/2정도까지 잘라 되 심으면 바람직스럽다.

아사리나 asarina

과명 : 참깨엽초과/ 증식법 : 삽목, 파종
최저온도 : 5℃/ 일조 : 양지, 반 그늘
물주기 : 흙의 표면이 마르면 준다
특징 : 퍼지며 자란다

관리 포인트

 선명한 초록색이 매력적인, 덩굴성 식물로 지주 등에 잎들이 휘감기면서 자라며, 파랑, 보라, 흰색 등의 범종 모양의 꽃이 핀다. 토피아라-꾸밈이나 바스켓에 심어도 매우 좋다.
 내한성이 있는 다년초로 양지나 반 그늘에서 잘 자란다. 고온 다습은 싫어 하므로 배수가 잘 되는 흙에 심어야 한다. 퍼져서 자라기 때문에 그랜드카바에 어울린다. 꽃도 오랫동안 피므로 생육기에는 액비를 준다. 번식은 삽목이나 파종으로.

아디안탐 adiantum

과명 : 고사리과/ 증식법 : 포기 나누기
최저온도 : 3℃/ 일조 : 반 그늘
물주기 : 흙의 표면이 마르면 준다
특징 : 수양버들처럼 늘어져 퍼지며 자란다

 아디안탐은 세계 각지에 분포하는 식물로 잎의 표면에 물이 묻으면 튀기는 성질이 있다. 건조에 약해 물 부족이 되면 잎이 쪼글쪼글해져 버리기 때문에, 화분 흙이 마르지 않도록 주고 2개월에 1회 완효성인 고형 비료를 준다.
 증식은 포기 나누기로, 이식 용토는 적옥토에 부엽토를 2~3할 섞은 흙을 사용 하지만, 시판중인 관엽식물용인 배양토도 좋다. 겨울에는 최저 5도 이상이 되도록 실내에서 관리해야 한다. 깔대충의 해충에 약하므로 약제로 예방을 해야 한다.

아비스〈아스프레니움〉 bird,s fem nest

과명 : 차샘시다과/ 증식법 : 포자,용어해설 참고
최저온도 : 5℃/ 물주기 : 흙의 표면이 마르면 준다
특징 : 퍼지며 자란다

관리의 포인트

아비스는 세계에서는 열대에서 한 대까지 800여 종이 있다. 그 중에서도 아스프레니움과 파초 일엽이 인기가 있다. 2개월에 1회 완효성인 고형 비료를 웃거름으로 주고 흙의 표면이 마르면 물을 준다.

그리고 부지런히 잎의 뒷쪽에 분무기로 물을 뿌려 주어야 한다. 깍대충이란 병충해가 발생하기 쉬우므로 약제로 예방을 한다. 겨울에는 실내에 들여 놓고 5도 이상이 되도록 한다.

증식을 할 때에는 봄부터 여름에 걸쳐서 포자를 뿌린다.

포자胞子란, 균류나 식물이 무성생식을 위해 형성하는 생식 세포, 발아에 의해 한 개체가 되는데, 특정 세포에서 감수분열 하는 것.

아펠랜드라 aphelendra

과명 : 쥐꼬리망초과/ 증식법 : 포자
최저온도 : 5℃/ 일조 : 반 그늘
물주기 : 흙의 표면이 마르면 준다
특징 : 퍼지면서 자란다

관리 포인트

    열대 미국을 중심으로 약 80여 종이 있으나 그 중에서도 "다니아"라고 하는 품종이 일반적으로 미국적인 분위기의 꽃이 매력적이다. 직사광선에 약하므로 반 그늘이 최적이다.

    고온을 좋아하고 추위에 약하므로 겨울에는 10도 이상이 되도록 관리한다. 비료가 부족하면 녹색이 연해지고 얼룩 무늬가 불선명해지므로 5~9월에 걸쳐서 완효성 비료를 2개월에 1회 준다.

    또 건조에는 약하므로 흙의 표면이 마르면 즉시 물을 주어야 한다. 증식은 삽목으로 한다.

아스파라카스 Asparagus

학명 : *Asparagus myriocladus Bak.*
과명 : 백합과／ 증식법 : 포기나누기
최저온도 : 0℃ / 일조 : 양지, 반 그늘
물주기 : 흙의 표면이 마르면 준다
특징 : 옆으로 퍼지며 곧게 자란다

"덴쓰프롤스"
여름에는 반 그늘을 좋아한다. 햇빛을 너무 쪼이면 딱딱해 지므로 주의한다
"풀모사스, 나누스"
양지나 반그늘에서 잘 자란다. 너무 많이 뻗은 덩굴은 빨리 처리한다.
"아스파라카스, 팔키타스"
특히 양지를 좋아하는 품종이다. 덩굴이 너무 많이 뻗으면 일찍 잘라 되 심는다.
"아스파라카스, 메이리"
곧게 뻗는 성질의 품종, 5도 이상을 유지한다.

관리의 포인트

아시아, 유럽, 아프리카에 약 150여 종의 품종이 있다. 그리스어로 "가시가 잘 나뉘어진다" 라는 의미가 있고 부드러운 바늘 모양의 잎들이 빽빽하게 무성하다.

비료는 봄, 가을 생육기에 2~3회 완혀성 고형 비료를 주고 흙의 표면이 마르면 물을 준다. 만일 물부족이 되면 잎이 누렇게 되므로 주의한다. 여름에는 옥외, 겨울에는 실내에서 0도 이상이 되도록 한다.

너무 자란 줄기가 나오면 일찍 자르고 전체를 모양있게 정돈한다. 증식은 포기나누기로 한다.

불가리스

아로카시아   arocasia

과명 : 토란과/ 증식법 : 삽목
최저온도 : 10℃/ 일조 : 반 그늘
물주기 : 흙의 표면이 마르면 준다
특징 ; 곧게 자란다

관리의 포인트

　아로카시아는 열대 아시아가 원산으로 약 70여 종이 있다. 잎에 광택이 있는 것도 있다. "오드라"라고 하는 품종은 토란처럼 생겼으나 식용은 안된다. 봄에서 가을의 생육 기간에는 2개월에 1회 고형비료,
　그리고 잎의 뒤쪽에 분무ㅠ기로 물을 뿌려준다. 단 겨울에는 실내에 들여놓고 10도가 되도록 흙을 말리고, 반 휴면 상태로 관리한다. 증식은 6~8월에 많이 자란 가지를 잘라 삽목으로 한다.

유사 참억새   misconthus

과명 : 벼과/ 증식법 : 포기나누기
최저온도 : 0℃/ 일조 ; 양지
물주기 : 흙의 표면이 마르면 준다
특징 : 곧게 자란다

관리의 포인트

　흔히 산야에 자생하고 있는 참억새와 비슷하다. 참억새보다 가는 잎으로 관엽 식물로도 인기가 있고, 녹색 식물과 얼룩이 있는 것도 있다. 어떤 식물과도 궁합이 좋아서 꽃꽂이로 좋다
　양지에서 기르고, 건조에는 강하고 과습에는 약하다. 가을에 지상부가 시들면 포기 밑동을 잘라 되 심는다. 대단이 튼튼한 식물로 자꾸 늘어 나므로 모아심기를 할 때는 포트에 심기도 하고 포기 나누기로 증식을 시킬 수도 있다.

초심자에게 기르기 좋은 생명력 강한,
파키라 글라브리

과명~봄파카과〈판야과〉

주요특성~열대 아메리카에 부포하는 상록 저목으로 자생지에서는 10m이상 자라고 속명은 파키라라는 프랑스령 파아나의 지명에서 유래된 관엽식물로 주로 유통되는 글라브라 종은 아쿠아테아 종이다. 아쿠아테아의 열매는 식용한다.

글라브라 종에 비하여 잎이 적고 가늘고 길다.

기르기 포인트

여름의 강한 햇빛을 피하고 그 외에는 양지에서 관리한다.내음성은 있지만, 일조량이 부족하면 도장되기가 쉬우므로 밝은 곳에서 관리한다.

물은 흙이 마르지 않도록 관리한다. 내한성은 적고 겨울철 과습은 뿌리 썩음의 원인이 되므로 주의한다. 기온은 최저 5도c이상 유지하는 것이 좋다.

소철 소철과

학명~*Cycas revoluta Thumb.*
원산지~동남 아시아, 일본
증식법~실생이나 삽목으로 한다
물주기~흙의 표면이 마르면 듬뿍준다
일조~반그늘 최저온도~3℃

특성 및 관리 포인트

남국의 분위기를 가지고 있으나, 일반적으로 판매되고 있는 소철은 우리나라에서 만들어진 것이고 그리고 분재용으로 판매되고 있다.

봄부터 가을까지는 화분의 표면이 마른듯 하면 듬뿍 주고 겨울에는 5℃이상의 온도를 유지한다. 단, 16℃~35℃에서 잘 자란다.

그리고 물을 너무 많이 주면 뿌리 부패가되기 쉬우니 주의 한다. 액비를 여름은 10일에 준다. 3년에 한번씩 큰 분으로 이식한다.

이포메아 sweet potato

과명 : 메꽃과/ 증식법 ; 포기 나누기
최저온도 ; 10℃ / 일조 : 양지
물주기 : 흙의 표면이 마르면 준다
특징 : 아래로 늘어 뜨리며 자란다

관리의 포인트

  가을의 특산품인 고구마의 일종이다. 특히 잎의 아름다움을 관상하는 것을 이포메아로 분류 하지만, 사진과 같이 꽃도 아름답다. 덩굴성인 관엽식물로써 행잉 바스켓이나 트레리스 등에 최적이다.
  품종은 라임 그린색의 잎이 아름다운 "라임"등이 출하된다. 양지를 좋아하고 여름의 더위와 강한 직사광선을 개의치 않고 건강하게 자란다. 겨울에는 10도 이상의 따뜻한 장소에서 기른다. 증식은 삽목이나 포기 나누기

이레시네 beefsteak plant

과명 : 비름과/ 증식법 : 포기 나누기
최저온도 : 10℃/ 일조 : 양지
물주기 : 흙의 표면이 마르면 준다
특징 : 퍼지며 자란다

  붉은 보라색의 잎이 개성적이여서 아름다운 잎을 관상한다. 최근엔 모아심기의 소재로 많이 이용 한다. 가지를 옆으로 벌리며 퍼지기 때문에 화단이나 그라운드 커버에 용으로 많이 사용하고 있다.
  튼튼해서 잘 자라고 햇빛을 좋아 한다. 특히 봄부터 가을에 햇빛을 잘 쪼이면 잎색이 아주 좋아진다. 겨울의 온도는 10도 이상을 유지해 주고 건조 상태로 기른다. 흙의 표면이 마르면 물을 주고 2개월에 1회 완효성 비료를 준다.
  봄과 가을에 포기 나누기로 증식을 한다.

1. 카피타타

2. 스트레프트피라

에어프렌츠   air plant

과명 : 파인애풀과
증식법 : 포기 나누기
최저온도 : 5℃
일조 : 반 그늘
물주기 : 흙이 마르면 준다
특징 : 퍼지며 곧게 자란다

3. 세레리아나

4. 키세로그래피카

관리의 포인트

대부분 손이 가지않는, 인테리어 관엽식물로써 인기 있는 에어프렌츠는 "티란지아" 라고 부르는 품종 등이 있다. 전체에 공중의 수분과 양분을 흡수하는 조직이 있기 때문에 그다지 손질은 필요치 않으나 실내에서 기르는 경우는 어느정도 관리를 해주면 건강하게 자란다.

연간을 통해 반 그늘에서 관리하고 겨울에는 5도 이상을 유지한다. 물은 10일 정도 세면기 등에 물을 채워 하룻밤 적시는 것이 제일 좋다. 그리고 1개월에 1~2회 액체 비료를 분무기로 뿌려 주도록 한다.

* 에어프렌츠는 수많은 품종이 있어 어느 것이나 개성적인 모양을 즐길 수 있다.

에피스시아 flame violet

과명 : 바위담배과/ 증식 : 삽목
최저온도 : 10℃ / 일조 : 반그늘
물주기 : 흙의 표면이 마르면 준다
특징 : 아래로 늘어 뜨리며 자란다

관리의 포인트

　남국풍의 분위가 감도는 상록 관엽식물이다. 고온다습한 그늘을 좋아하고, 우리나라의 기후에도 비교적 적합한 식물로 관리하기 쉽다. 봄 가을은 반 그늘에서 관리하고 겨울에는 10도 이상의 온도에서 관리한다.
　흙이 마르면 물을 주고 봄과 가을에는 10일에 1회 완효성 비료를 준다. 가능하면 햇빛이 세지않고 기르고 2년에 초 여름에 분갈이를 해준다. 그리고 이 때 삽목으로 증식 시킨다.

에렌다니카 Ellen Danica

과명 : 포도과/ 증식법 : 삽목
최저온도 : 5℃ / 일조 : 양지
물주기 : 흙의 표면이 마르면 준다
특징 : 아래로 늘어 뜨리며 자란다

관리의 포인트

　진한 그린의 잎 그리고 색과 광택이 아름다운 덩굴성인 행잉 바스켓이나 펜스 등에 얽어 놓아도 좋다. 반그늘에서도 자라지만, 보다 튼튼하게 기르기 위해 햇빛이 잘 닿는 장소에 두고 겨울에는 5도 이상이 되어야 한다.
　그리고 흙이 마르면 물을 주어 적당한 수분을 유지토록 한다. 겨울을 제외 하고는 2개월에 1회 완효성 비료를 준다. 2년에 1회 정도 초여름에 이식하고, 너무 뻗은 가지는 정돈해 이것을 삽목을 한다.

중반 종이학 란

외반 종이학 란

관리의 포인트

종이학 란은 포복하며 자라는 가지 끝에 생기는 새끼 포기를 종이학으로 빗댄 것이라고 한다. 잎이 부드럽고 넓은 품종과 그리고 가는 품종, 또는 얼룩이 들어간 것도 있어 인기다.

2개월에 1회는 완효성 고형 비료를 주고 겨울에는 건조한 상태로 관리한다. 그늘에도 강하지만, 될 수 있으면 양지에서 관라하는 것이 덩굴이 자꾸 만들어지면서 잘 자란다.

개체를 늘릴 때에는 늘어진 포기를 잘라서 삽목으로 하기도 하고, 포기 나누기도 할 수 있다. 저온에도 강하기 때문에 5도c이하로 내려가지 않으면 괜찮지만, 서리는 맞지 않도록 한다.

종이학 란 st Bemerd`s lily

과명 : 백합과
증식법 : 포기 나누기
최저온도 : 0℃
물주기 : 흙의 표면이 마르면 준다
특징 : 아래로 늘어 뜨리며 자란다

캐리시아   callisia

과명 : 닭의장 풀/ 증식법 : 삽목
최저온도 : 3℃/ 일조 : 양지
물주기 : 흙의 표면이 마르면 준다
특징 : 아래로 늘어 뜨리며 자란다

관리의 포인트
　행잉 바스켓용인, 소형 관엽식물로 귀여운 핑크색이 일품이다. 햇빛이 잘 드는 곳을 좋아 하는데, 한 여름에 잎이 타기 쉬우므로 반 그늘에서 관리하고 겨울에는 3℃가 되도록 한다.
　물은 적게주고 잎 뒤에 분무기로 물을 뿌려 주어야 타지않고 잘 자란다. 봄부터 가을에 걸쳐서 2개월에 1회 완효성 비료를 준다. 초여름에 이식 하는데 이 때 삽목으로 간단히 증식을 시킨다.

카라테아   calathea

과명 : 구즈우콘과/ 최저온도 : 10℃
증식법 : 포기 나누기/ 일조 : 반그늘
물주기 : 흙의 표면이 마르면 준다.

관리의 포인트
　모양이 독특해 인기가 있는 관엽식물로, 주로 화분용으로 기른다. 반 그늘을 좋아하는 성질로 직사광선을 피하고 봄과 가을은 레이스의 커튼을 넘을 정도의 빛에서 기르고, 겨울에는 유리 너머의 빛을 쪼인다.
　추위에는 약하므로 일년 내내 실내에서 기르는 것이 바람직 하다. 특히 저온이 계속되면 잎색이 변해지므로 주의를 해야 한다. 생육기에는 30~40일마다 완효성비료, 10일마다 1000배의 액비준다.

카레테아　　　　　　란기포리아

그리고 2년에 1회정도, 초여름에 둘레가 큰 화분으로 옮겨 심는데, 이 때 포기 나누기로 증식을 시킨다.

기누라   Java velvet plant

과명 : 국화과/ 증식법 : 삽목
최저온도 : 3℃/ 일조 : 양지, 반그늘
물주기 ; 흙의 표면이 마르면 준다
특징 : 아래로 늘어 뜨리며 자란다

관리의 포인트

　붉은 보라색을 깃들인 비로드 모양의 잎이 아름다운 식물로, 개성적이기 때문에 모아심기나 화단의 주연으로써 좋다. 그늘에서도 자라지만, 햇빛이 부족하면 색과 모습이 나빠지므로 가능한 한 햇빛을 쪼인다. 2개월에 1회는 약간의 ㅇ한효성 비료를 준다. 때때로 잎 뒤에 분무기로 물을 뿌려준다. 초여름에 너무 자란 가지를 잘라 되 심기로 이식을 하는데, 자른 가지로 삽목을 한다.

화월   dollar plant

과명 : 꿩의 비름과/ 증식법 : 삽목
최저온도 : 3℃/ 일조 ; 양지, 반그늘
물주기 : 흙의 표면이 마르면 준다.
특징 : 곧게 자란다

관리의 퐁린트

　"화월"이라는 이름으로 예로부터 알려진 다육식물로, "돈이 열리는 나무"라는 별명으로도 알려져 있다. 양지를 좋아 하지만, 약간의 그늘에서도 잘 자란다. 고온을 좋아하며 비교적 저온에도 강하지만, 겨울에는 3℃ 이상으로 관리를 한다.
　건조에 강하고 과습을 하면 뿌리가 뿌패하기 쉬우므로 주의한다. 흙이 마르면 물을 주고 2개월에 1회 완효성 비료를 준다. 생육이 좋기 때문에 뿌리가 가득 차면 초여름에 큰 분으로 옮겨 심고 삽목도 실시한다.

칼라디움 cammon caladium 천남성과
학명 : *Caladium Carolyn Whorton*

증식법 : 분구
최저온도 : 10℃ / 일조 : 양지, 반그늘
물주기 : 흙의 표면이 마르면 준다.
특징 : 퍼지며 자란다

관리의 포인트

 카라디움은 열대 미국을 중심으로 약 15종이 있다. 잎에 적색과 흰색의 모양이 들어가 있어 인기가 매우 높다. 비료는 봄부터 가을에 걸쳐서 완효성인 고형 비료를 2개월에 1회를 주고 물은 흙의 표면이 마르면 준다.

 봄과 가을에는 햇빛이 잘 드는 곳에 두지만, 한 여름에는 반그늘에서 관리한다. 봄에 심는 구근이므로 증식 시킬 때에는, 봄의 이식할 때 구근을 쪼개어 이식한다. 겨울에는 실내에 들여 놓고 구근을 휴면하게 한다.

캔디담

로즈뱃드

토란 잎과 비슷하며, 잎에 아름다운 무늬가 있어 매우 매력적이다.

기후겟토 알파니아 shell ginger

과명 : 생강과/ 증식법 : 삽목
최저온도 : 5℃/ 일조 : 양지
물주기 : 흙의 표면이 마르면 준다
특징 : 곧게 자란다

관리의 포인트

  열대 지방이 원산지로 아름다운 꽃이 "월도"라는 식물로, 노란색의 아름다운 색이 들어 있는 "황반월도"로 잎을 주로 관상 한다.
  별명으로 알파니아라고도 부른다. 얼룩의 색을 예쁘게 하기위해 자주 햇빛을 쪼여주고 겨울은 5도 이상이어야 한다. 2개월에 1회 완효성 비료를 준다. 겨울에는 잎이 마르는 일이 있으나. 봄에 다시 새 잎이 나와서 성장한다. 2년에 더 큰 화분으로 옮겨심고 포기 나누기로 증식을 한다.

캐 사 바   cassava

과명 : 등대초과/ 증식법 : 삽목
최저온도 : 5℃/ 일조 : 양지
물주기 : 흙의 표면이 마르면 준다
특징 : 곧게 자람

관리의 포인트

  중남미가 원산으로 아프리카 등에서는 지하에 생기는 감자 모양의 부분을 주식으로 하고, 여기서 채취하는 전분으로 디져트 등에 사용되는 "디피오카"가 만들어진다 주로 얼룩무늬가 들어간 단풍 잎과 닮은 잎을 관엽식물로써 즐긴다 따뜻한 양지에서 기르고, 겨울은 5도 이상으로 기르고 흙의 표면이 마르면 물을 준다; 다뜻한 곳에서는 초여름에 삽목으로 늘린다.

쿠션부시 cushion bush

과명 : 국화과/ 증식법 : 삽목
최저온도 : 7℃ / 일조 : 양지, 반그늘
물주기 : 흙의 표면이 마르면 준다
특징 : 퍼지며 자란다

관리의 포인트

　오스트리아가 원산으로, 잎과 줄기가 프라치나와 같이 은색으로 빛나고 잇기 때문에 "프라티나"의 별명으로 불린다. 고온다습이 단점으로 과습이 되면 포트리치스 병이 발생이 쉬워지니 주의한다.

　배수가 잘 되게하고 특히 여름에 통풍이 잘 되는 반그늘에서 관리한다. 겨울에는 최저온도가 7℃가 되면 옥외에서도 월동이 가능하다. 서리를 맞지 않도록 한다. 추운 지방에서는 밝은 실내로 옮기고 물주기는 삼간다. 생육 왕성으로 비료는 필요없다.

그린네클리스 green neckless

과명 : 국화과/ 증식법 : 삽목
최저온도 : 3℃ / 일조 : 양지, 반그늘
물주기 : 지나치지 않도록 준다
특징 : 아래로 늘어 뜨리며 자란다

관리의 포인트

　이름 그대로 녹색의 네클리스와 같은 모양으로 인기가 있다. 유사한 초생달 모양의 초생달 네클리스도 있다. 행잉 바스켓용으로 적절하다. 따뜻한 곳을 좋아하고 선인과 같은 다육식물이기 때문에 배수가 잘 되게 하고 흙이 마른 때에만 포기 밑동에 살짝 물을 주고 과습이 되지 않도록 한다. 1개월에 한번 웃거름으로 액비를 주면 꽃이 핀다. 5~6개의 구슬이 달린 줄기를 잘라 얕게 묻으면, 새싹이 나와 증식이 된다.

초생달 목걸이

크립탄사스   cryptanthus

과명 : 파인애플과/ 증식법 : 삽목
최저온도 : 5℃/ 일조 : 양지, 반그늘
물주기 : 흙의 표면이 마르면 준다
특징 : 아래로 늘어 뜨리며 자란다

관리의 포인트

　가로와 세로로 줄무늬 모양과 같은 얼룩 무늬가 들어가 있다. 미니관엽으로 인기가 있다. 겨울은 유리 너머의 햇빛을 쪼여주고 3도 이상의 온도를 유지한다. 직사광선으로 잎이 타기 쉬우므로 통풍이 잘되는 반그늘에서 기르고 흙이 마르면 물을 주고, 1개월에 1회 완효성인 액비를 준다. 추위에는 강하고, 겨울에는 건조 상태로 관리한다.
　포기 밑동에서 새끼 포기가 나와서 점점 증식하기 때문에 초여름에 이식하고 동시에 포기 나누기를 해서 증식을 한다.

그레코마   ground ivy

과명 : 자소과/ 증식법 : 삽목
최저온도 : 5℃/ 일조 : 양지, 반그늘
물주기 : 흙이 마르면 준다
특징 : 아래로 늘어 뜨리며 자란다

관리의 포인트

　원래 잡초였던 것이다. 매우 튼튼하며 생육이 왕성한 식물이다. 그 중에서도 흰 얼룩 무늬가 들어간 품종이 인기가 있고, 아래로 늘어 뜨리는 성질을 이용해 행잉 바스켓 용으로 적절하다.
　배수가 잘되는 곳에 기르고 흙의 표면이 마르면 물을 준다. 양지에서 기르면 잘 자란다. 노지에 기르는 경우에는 잡초처럼 너무 퍼지는 일이 있으므로 너무 자라지 않도록 주의 한다.

크로톤 croton

학명 : *Coxliaeaum variegatum var.pictum*
과명 : 등대초과/ 증식법 : 삽목
최저온도 : 8℃/ 일조 : 양지
물주기 : 흙의 표면이 마르면 준다
특징 : 곧게 자란다

관리의 포인트

　잎에 광택이 있는 것이 아름답고, 오렌지, 적색 등의 예쁜 무늬가 들어가 있고 1년을 통해 햇빛을 자주 쪼여줘야 잎 색이 선명해진다. 열대가 원산이므로 더위에 강하고 추위에 약한 성질이므로 겨울은 8도가 되도록 한다.
　봄부터 가을에 걸쳐서 흙 표면이 마르면 물을 주고 때때로 분무기로 잎 뒤에 물을 뿌려 준다. 반대로 겨울은 건조한 상태로 관리한다. 2개월에 1회는 완효성 비료를 준다.
　초여름에 더 큰 화분으로 이식 하면서 삽목으로 개체를 늘린다.

카세란

잎색과 모양이 갖가지이다.

쿠와즈이모 alacasia odara

과명 : 토란과/ 증식법 : 삽목
최저온도 3℃ / 일조 : 반그늘
물주기 : 흙의 표면이 마르면 준다
특징 : 곧게 자란다

관리의 포인트

유사 토란으로 토란을 속 닮은 소박한 잎을 관상한다. 고온다습한 기후를 좋아하고 그늘에서도 잘 자라지만, 간간이 햇빛을 쪼여준다. 특히 여름에는 반그늘에서 기른다. 너무 강한 빛을 쪼이면 햇빛에 탈수가 있으므로 주의를 해야 한다.

표면이 마르면 물을 주고 때때로 분무기로 잎 뒤에 물을 뿌려준다. 겨울은 온도를 3도 이상이 되도록 하고, 옥외에서 기를 경우 2개월에 1회 완효성 비료를 주고 초여름에 삽목으로 증식한다.

월 귤 月橘 chinese box

관리의 포인트

화분용으로 판매되는 월귤은 유사 귤로 "오렌지 자스민"으로 불린다. 자스민과 유사한 향기가 나는 작은 흰 꽃이다. 겨울에 달리는 감미로운 열매도 관상 할 수 있다. 봄부터 가을에 걸쳐서는 햇빛이 잘 드는 장소에서 기른다.

겨울은 5도 이상이 되도록 하고, 기본적으로는 튼튼해 대단이 기르기 쉬운 식물이지만, 건조에는 약하므로 흙의 표면이 마르면 물을 준다. 생육 기간에는 2개월에 1회 완효성 비료를 준다. 그리고 초여름에 삽목으로 증식을 한다.

기호식품
커피의 바른 이해

커피는〈Coffeea spp〉꼭두서니과로 목본이다. 주산지는 아프리카가 원산지로, 현재는 남미나 중남미에서 커피의 생산량이 가장 많으며, 아프리카, 동남아시아에서도 많이 재배하고 있다. 생산량으로는 브라질이 약 150만 톤으로 가장 많고 콜롬비아 87만톤, 인도네시아 40만 톤, 베트남과 멕시코가 각각 30만 톤 그 외에 과테말라, 코스타리카 등의 중미가 50만 톤 정도를 생산하고 있다.

커피는 파종한 지 7~12개월에 이식하여 3년 후에 향기가 좋은 흰 꽃이 피며, 6~8개월 후에 홍색으로 익은 1~1.8cm의 열매가 달리는데, 이 열매가 커피콩으로 커피의 원료가 된다. 커피 종류로는 보통 재래종으로는 아라비카 커피, 리베리카 커피, 로부스타 커피 등이 있다. 커피의 성분으로 쓴맛은 카페인, 떫은 맛은 탄닌, 신맛은 비장산, 단맛은 당질 때문이다.

이중 지방은 16% 정도의 함유량을 가지며 공기에 닿으면 화학반응을 일으켜 맛이 변하므로 주의가 필요하다. 지방산으로는 포화지방산이 스테카르산, 팔미트산과 불포화지방산인 올레산과 필수지방산인 리놀렌산이 상당량 들어 있다. 커피의 생두 자체에는 향이 없지만, 가열하게 되면 내부에서 아미노산과 환원당이 반응을 일으켜 커피 특유의 향이 생긴다.

인간이 섭취하고 있는 기호식품의 대부분은 카페인을 다량 함유하고 있다. 아울러 카페인은 전 세계의 약 60여가지 식물에 들어 있는데, 주로 커피나 차, 콜라, 코코아, 마태차와 같은 기호식품에 다량 함유하고 있다. 콜라의 경우는 40mg/100mL, 코코아는 5ml/한잔, 캔커피는 46mg/100mL, 초콜렛에는 30g당 약 20mg의 카페인이 들어 있다.

그러나 카페인을 함유하고 있으면서 카페인의 활성이나 작용을 억제하는 성분이 함께 들어있는 식물은 오로지 녹차밖에 없다. 카페인은 인체에 있어 중추신경계를 흥분시켜 수면지연, 권태감과 일시적인 피로회복, 강심 작용으로 동맥을 확장 시키고, 심장박동수를 상승시키게 된다. 그리고 이뇨 작용과 항문근을 수축하여 운동이나 민첩성을 증가 시킨다.

붉으기 전 커피원두

커피열매가 열린 커피나무

또한, 위산 분비를 촉진시켜 열량을 증가시키도 한다. 이처럼 적당량의 카페인은 인간의 몸을 이롭게도 하지만, 지나치게 많은 카페인은 여러 가지 부작용을 초래한다. 즉 현기증, 귀울림, 구토감, 불면증, 부정맥, 가슴 두근거림의 급성 중독 현상이 나타나게 된다. 아울러 만성적으로는 동맥경화나 심근경색의 원인이 되는, 콜레스테롤 함량을 높인다. 이러한 결과로 심장질환을 유발시키고, 소변 중의 칼슘 배출이 증가되어 골다공증을 유발시키므로 적당량의 카페인을 섭취 하여야 한다. 그러나 녹차는 카페인이 함유되어 있어도 체내에 흡수되는 양이 적을 뿐 아니라 오히려 콜레스테롤을 감소시키는 작용을 하여 고혈압이나 심장병을 예방하는 효과가 있다.

〈현재에 있어서 누구나 할 것없이 커피 마시기가 일상화 되고있다. 아울러 커피에 대한 바른이해가 되었으면 하여 게재함. 편저자〉

볶은 커피원두

산스베리아

학명 : *Sansevieria trifasciata var.*
과명 : 백합과
원산지 : 열대 아프리카, 동부 인도

형태상의 특징

잎은 길이가 1,2m 정도 자라며, 폭은 5~10cm 정도이며, 잎은 육질이 두껍고 넓으며 끝은 뾰쪽하고 광택이나며 잎가 양 옆에는 1cm 정도 폭의 황색 세로 줄 무늬가 있다.

뿌리 째 분주를 해야 본 종이 그대로 나오며, 엽삽을 하면 무늬가 없는 S. trifasciata종이 나온다. 꽃은 잎과 잎 사이에서 꽃대가 길게 나와 화수에 흰색의 꽃이 핀다.

관리의 포인트

검과 같이 날카로운 잎과 독특한 모양으로 인기가 있는 식물이다. 반 그늘에서도 잘 자라지만, 원래는 양지를 좋아하는 성질이므로 한여름에는 반 그늘에서 관리하고, 그 이외의 계절은 양지에 둔다.

추위에는 대단이 약하므로 겨울에는 10도 이상의 온도와 물기를 없에고 휴면을 시킨다. 여름철 생육기에는 양분을 필요로 하기 때문에 6월과 8월에는 완효성 비료를 준다. 2년에 더 큰 화분으로 분갈이를 해 주고 포기 나누기로 증식시킨다. 최근에는 마이음이온이 나오는 식물로 인테리어 샵 등에서 인기가 있는 식물이다.

코리우스   painted nettle

학명 : Coleus bhmei Benth
과명 : 자소과/ 증식법 : 파종
최저온도 : 8℃ / 일조 : 반그늘
물주기 : 흙이 마르면 준다
특징 : 퍼지며 자란다

형태상의 특징

 높이 50~80cm정도 자라는 다년초로 온대 지방에서는 일반적으로 일년초 또는 온실성 다년초로 취급된다. 줄기와 잎에는 털이 있고 줄기는 각이 져 있다.
 줄기의 기부는 단단하게 목질화 되어 있다. 잎은 난원형으로 끝은 좁아지면서 뾰쪽하다. 잎 가에는 치아상의 거치가 있으며 잎 표면에는 녹색 바탕에 자홍색의 점 무늬가 있다.
 꽃은 가을에 피고 상판은 흰색, 하판은 청색 또는 보라색이다. 꽃은 보통 꽃대에 윤생하고 정생 총생화서로 핀다.

관리의 포인트

 다른 식물과의 모아심기에 좋은 코리우스는, 세계에 약 150종 이상이나 있다. 코리우스는 기르기 쉽고 대게의 꽃과의 상생이 좋아 잘 궁합이 맞다.
 1개월에 1회 1,000배 정도의 액비를 주든가 완효성 고형 비료를 준다. 봄부터 가을에 걸쳐서는 흙이 마르면 물을 주고 특히 여름에는 매일 준다.
 가을에 햇빛을 많이 쪼이면 잎색이 좋아지지만, 여름에는 반그늘에 둔다. 1년초이기 때문에 시들지만, 삽목이나 파종으로 간단하게 늘린다. 배수가 좋은 흙을 사용한다.

마티

프리즘

소엽코리우스

숙근 코리우스

콜지리네 cordyline

과명 : 용설란과/ 증식법 : 삽목
최저온도 : 5℃/ 일조 : 양지
물주기 : 흙의 표면이 마르면 준다
특징 : 퍼지며 자란

관리의 포인트
  콜지리네는 일반적으로는 텔미나리스 라고 하는 품종이 인기이지만, 품종은 20여 종이 있다. 비료는 완효성인 고형 비료를 2개월에 1회 정도 준다. 증식법은 화분 바닥에서 삐어져 나오는 굵은 뿌리 줄기를 자르고, 삽목을 해 덮어두면 증식된다.
  물은 마르면 주고 간간이 잎 뒤를 물을 뿌려준다. 저온에는 강하지만, 겨울은 실내에 들여놓고 5ㄷ 이상 온도가 되게한다. 창가 등에 두고 밤과 낮의 온도차가 적게하고 진드기와 패각충에 주의한다.

세프레라 scheffelera

과명 : 오갈피나무과/ 증식법 : 삽목
최저온도 : 5℃/ 일조 : 반그늘
물주기 : 흙의 표면이 마르면 준다
특징 ; 퍼지며 자란다

관리의 포인트
  손바닥처럼 큰 잎을 펴는 세프레라는 많은 종류가 있으나 그 중에서도 홍콩 세프레라 등이 일반적으로 많이 판매되고 있다. 그늘에서도 기르지만, 너무 빛을 많이 받으면 포기가 약해지기 때문에 간간이 빛을 쪼이고 반그늘에서 관리한다.
  물은 봄과 가을에 표면이 마르면 주고 겨울은 건조 상태로 관리 하지만, 일년을 통해 간간이 잎 뒤에 분무기로 물을 뿌려 준다. 2개월에 1회 완효성 비료를 주고 2년의 초여름에 분갈이를 해 준다.〈"홍콩" 가장 일반적인 품종, 작은 잎이 둥근 모양을 하고 있는 것이 특이하다〉

유사 고무나무 rubber plant

과명 : 뽕나무과
증식법 : 삽목, 취목
일조 : 양지, 반그늘
물주기 : 흙의 표면이 마르면 준다
특징 : 곧게 자란다

관리의 포인트

　주로 따뜻한 지방에서 출하된다. 광택이 있는 계란 모양의 잎이 선명해 인기가 있는 관엽식물이다. 특히 양지와 그늘에서도 기르기가 가능하다.
　저온에도 강해서 매력적이다. 비료는 완효성인 고형 비료를 2개월에 1회 정도 준다. 물은 화분의 표면 흙이 마르면 듬뿍준다.
　그리고 이 때 잎의 뒷쪽에도 분무기로 물을 부려주면 좋다. 증식할 때에는 삽목과 취목의 방법이 있다. 이식 할 때에는 배수가 잘되는 흙을 사용해야 한다.
　겨울에는 밝은 창가 등에 놓아두고 기른다. 최저온도는 3도 이상이 되도록 한다.

잭과 콩나무 Australian chestnuts

과명 : 콩과/ 증식법 : 삽목, 파종
최저온도 : 7℃/ 일조 : 양지
물주기 : 흙의 표면이 마르면 준다
특징 : 곧게 자란다

관리의 포인트

　이름 그대로 포기 밑동에 큰 씨앗을 남기고 곧게 뻗은 모습은 화분용 식물로 친숙하다. 양지바른 장소에서 기르고 물은 흙이 마르면 준다. 간간이 잎 뒤에도 분무기로 물을 뿌려준다.
　추위에 약하므로 겨울은 7도 이상을 유지해 관리한다. 원래는 크게 자라는 나무이기 때문에 커지면 보다 큰 화분으로 이식한다. 삽목과 취목으로 증식 하지만, 큰 씨앗을 발아 시켜서 조금씩 자라나는 모습을 보는 것도 즐거운 일이다.

싱고니움 syngonium

과명 : 토란과/ 증식법 : 삽목
최저온도 : 10℃/ 일조 : 양지, 반그늘
물주기 ; 흙의 표면이 마르면 준다.
특징 : 퍼지며 자란다

관리의 포인트

　그늘에도 강하고 실내에서도 기를 수 있다. 반대로 너무 강한 햇빛을 받으면 잎이 타버리므로 따뜻한 시기에는 그늘에서 관리한다. 따뜻한 기후를 좋아하므로 겨울에는 가능하면 햇빛을 자주 쪼이고 온도를 10도 이상 유지한다.
　약간 습기가 있는 상태로 기르고 봄부터 여름의 생육기에는 완효성 비료를 1개월에 1회정도 준다. 초여름 이식하고 삽목으로 증식한다.

석창포 grassy leaned sweet flg

과명 : 토란과/ 증식법 : 포기 나누기
최저온도 : 0℃ / 일조 : 양지, 반그늘
물주기 : 흙이 마르면 준다
특징 : 퍼지며 자란다

관리의 포인트

본래는 산야초였던 것을 품종을 개량한 것으로 얼룩 무늬가 들어간 것 등 아름다운 모양의 품종이 있고, 정원의 가장 자리나 모아심기로 최적이다. 바위의 그늘 등에 자생하고 있는 식물이기 때문에 반그늘을 좋아 하므로 건조 상태로 기른다.

추위에는 강해 옥외에 심어둔채로 월동이 가능하다. 건조에는 약하므로 흙이 마르면 물을 준다. 포기 나누기로 늘리는데, 채취한 종자로도 증식.

세 담 sedum

과명 : 꿩의 비름과, 국화과 등
증식법 : 삽목/ 최저온도 : 5℃
물주기 : 흙의 표면이 마르면 준다

관리의 포인트

소형의 관엽식물로 "만년초"로 알려진 품종들이 많이 있다. 옆으로 퍼지며 자라는 성질이므로 모아심기의 조력이나 화단의 가장 자리를 두르는데 최적이다.

배수가 잘되는 흙에 이식하고 양지나 반그늘에서 기른다. 건조를 좋아 하므로 장마와 겨울을 물주기를 삼가한다. 여름의 고온다습을 싫어하는 것이 약점이지만, 반대로 추위에는 대단이 강하고 옥외에서도 월동이 가능하다. 생육이 왕성하므로 삽목으로 계속 늘릴 수 있다.

세 롬 selloum

과명 : 토란과/ 증식법 : 삽목
최저온도 : 3℃/ 일조 : 반그늘
물주기 : 흙의 표면이 마르면 준다

관리의 포인트

크게 쫙 째진 잎이 개성적인 식물로, 추위와 그늘에도 강하고 튼튼하게 기르기 쉬운 식물이다. 반그늘의 일조가 가장 좋고 봄부터 가을에 걸쳐서는 레이스 커튼 너머로 겨울에는 유리창 너머의 햇빛을 쪼인다.

물을 좋아하고 봄가을은 흙의 표면이 마르면 물을 준다. 그리고 겨울에는 건조 상태로 관리한다. 잎 뒤에 물을 뿌려준다. 생육기, 1주일에 1회 액비를 주고, 50일에 완효성 비료를 준다.

단발고사리　Nephrolepis

과명 : 넉줄고사리과/ 증식법 : 포기 나누기
최저온도 : 3℃/ 일조 : 반그늘
물주기 : 흙의 표면이 마르면 준다

관리의 포인트

　열대나 아열대를 중심으로, 약 30여 종의 품종이 있다. 잎은 근경에서 곧바로 뻗고 날개와 같이 퍼진다. 배수가 잘되는 흙에 이식하고 봄과 가을에는 흙이 마르면 물을 주고 2개월에 1회 완효성 비료를 웃거름으로 준다.

　겨울에는 건조 상태로 관리한다. 단발 고사리는 패각충이 발생하기 쉬우므로 약제로 빨리 방제토록 한다. 반그늘을 좋아 하므로 봄부터 가을에는 반그늘에서 기르고 겨울에는 햇빛이 잘 닿도록 한다.

차 란　chloranthus

과명 : 죽절초과/ 증식법 : 삽목
최저온도 : 3℃/ 일조 : 반그늘
물주기 : 흙의 표면이 마르면 준다

관리의 포인트

　차잎과 비슷해 차란이란 이름이 붙여 있다. 반그늘에서 기르고 겨울은 얼지 않도록 관리한다. 여름에 강한 햇빛을 받으면 잎이 타버리므로 주의한다. 흙의 표면이 마르면 물을 주고 2개월에 1회 완효성 비료를 준다.

　또 여름의 생육기에는 물주기를 겸해서 액비를 주면 잘 자란다. 2~3년 후 큰 분으로 옮기고 , 이때 너무 자란 가지를 잘라서 삽목으로 증식한다.

디지코데카 false aral

과명 : 오갈피과/ 증식법 : 삽목
최저온도 : 3℃/ 일조 : 양지
물주기 : 흙의 표면이 마르면 준다

관리의 포인트

　톱니바퀴 모양의 들쭉날쭉한 모양의 잎이 특징적인 관엽식물로, 화분 심기로 관상한다. 일년 내내 양지바른 곳에서 관리하고 여름의 생육기에는 완효성 비료를 준다. 겨울은 온도가 3도가 되도록 하고 흙의 표면이 마르면 물을 준다.
　너무 추우면 잎이 떨어져 버리므로 주의한다. 가지가 뻗으면 잘라 되심고 새 잎이 나오도록 한다. 크게 자란 포기는 여름에 이식 하는데, 이때 너무 자란 부분을 잘라서 삽목으로 이용 증식한다.

덩굴사철나무 wintercreeper

과명 : 화살나무과/ 증식법 : 파종, 삽목
최저온도 : 0℃/ 일조 : 양지, 반그늘

관리의 포인트

　상록의 덩굴 식물로, 종횡으로 퍼지면서 자라는 성질이 있다. 백색과 황색 등의 얼룩무늬가 들은 종이 있고, 화분꽃이나 모아심기, 그라운드커버 등 폭넓게 이용된다.
　양지나 반그늘에서 잘 자란다. 밑거름으로 완효성 비료를 섞어서 이식하고 2개월에 1회 액비로 웃거름을 주고, 표면이 마르면 물을 준다. 겨울과 한 여름 이외는 언제나 이식할 수 있기 때문에 크게 자란 것은 이식 한다. 삽목이나 파종으로 증식

디펜바키아   dumb cane

과명 : 토란과/ 증식법 : 삽목, 포기 나누기
최저온도 : 10℃/ 일조 : 반그늘
물주기 : 흙의 표면이 마르고난 다음 준다

관리의 포인트

  디펜바키아는 열대 미국을 중심으로 약 30여 종이 있다. 봄부터 가을에 걸쳐서 2개월에 1회 고형 비료를 준다. 약간 다습을 좋아한다. 간간이 잎 뒤쪽에도 분무기로 물을 뿌려준다.
  반그늘이 이상적이다. 포기 나누기와 삽목으로 증식 하지만, 즙액이 피부에 닿으면 염증이 생기므로 주의한다. 이식은 비옥하고 배수가 잘되는 흙에, 겨울은 10도가 되도록 하고, 되도록이면 건조한 상태로 관리를 한다.

듀란타   duranta

과명 : 마편초과/ 증식법 : 삽목
최저온도 : 5℃/ 일조 : 양지, 그늘
물주기 : 흙의 표면이 마르면 준다

관리의 포인트

  듀란타는 주로 열대를 중심으로 약 36여 종이 있다. 6m 나되는 "레펜스", 많은 포기가 가지가 퍼지고 잎이 라임 엘로우가 되는 "라임"이 특히 인기가 있다. 2개월에 1회 고형 비료를 준다.
  물은 마르면 주고 일조는 일년을 통해 햇빛이 잘 드는 곳이 최고이지만, 반그늘에서도 자란다. 겨울에는 5도 이상의 온도를 유지해 실내에 들여 놓는다. 봄부터 가을에 걸쳐서 생육 기간에 삽목으로 증식 시킨다.

드라세나 dracaena

학명 : *Drcaena deremensis N, E, Br*
과명 : 용설란과/ 증식법 ; 삽목
최저온도 : 7℃ / 일조 : 반그늘
물주기 : 흙의 표면이 마르면 준다

형태상의 특징

높이 3~4.5m정도 자라며 줄기는 직립한다. 잎은 엽병이 없고 좁으며 긴 피침형으로 줄기며 밀생한다. 길이는 3~5m로 새로 나온 잎은 직립하고 오래된 아랫 잎은 뒤로 젖혀져서 곡선을 그리며 늘어진다.

잎 앞면은 광택이 나고 진녹색 바탕에 중앙에 유백색의 새로선이 있으며 사이사이에 녹색이 끼여 있는 것이 특징이다. 꽃은 원추화서로 길이는 1.3cm정도 되고 외측은 암적색이고 내측은 흰색이며 불쾌한 냄새가 난다.

관리의 포인트

드라세나는 열대가 원산으로 약 50여 종정도의 품종이 있다. 주로 화분에 기르며 성장하면 높이 5m나 된다. 잎의 폭이 넓은 것도 있고 일반적인 것은 가는 잎의 컨신네, 줄기가 굵고 폭이 넓은 플레그랜스 등이 있다.

어느 품종이나 비료는 봄과 가을에 걸쳐서 2개월에 1회 완효성 비료를 준다. 용토는 시판중인 원예용 흙을 사용 하던가 적옥토에 부엽토를 1~2할 정도 섞어서 이식한다. 물은 흙의 표면이 마르면 준다.

맛 산

컨신네, 레인보

곳드세비아나

플로그렌스

프레오메네   인치빗사

소쿠리〈술병〉란 nolina

과명 : 용설란과 / 증식법 : 파종
최저온도 : 3℃ / 일조 : 양지, 반그늘
물주기 : 흙의 표면이 마르면 준다

관리의 포인트

 우니크한 모양으로 인기 있는 소쿠리란은 그 모양이 소쿠리를 닮은 것으로 그 이름이 붙여졌지만, 최근에는 "노리나"의 이름으로 부르기도 한다. 봄부터 가을까지 양지나 반그늘에 두고, 겨울에는 양지에서 관리 한다.
 건조를 좋아 하므로 과습을 조심하고, 흙이 마르면 물을 준다. 4~6월 사이에 1회 완효성 비료를 준다. 크게 자라면 큰 화분이 아니어야 과습이 안되고 잘 자란다. 파종으로 증식한다.

삼 백 초 outtuyrna cordoata

과명 : 삼백초과 / 증식법 : 포기 나누기
최저온도 : 0℃ / 일조 : 반그늘, 그늘
물주기 : 건조가 계속되면 준다

관리의 포인트

 옛부터 십약이라 하고 그 약효는 인정된다. 최근에는 얼룩 무늬가 들어간 품종도 있고, 그늘에서 잘 자라는 성질이 있다. 햇살이 강한 장소보다는 반 그늘이나 그늘에서 기른다.
 이식할 때에는 밑거름과 물을 주고 그 후는 건조가 상당이 계속될 때에 물을 주면 된다. 그리고 튼튼해 방치해 두어도 잘 자란다. 6~7월 경에는 흰 꽃을 관상할 수 있다. 봄 가을에 포기 나누기로 증식한다.

하트가즈 wood`s ceropegia

과명 : 라마과/ 증식법 : 삽목
최저온도 : 5℃/ 일조 : 양지, 반그늘
물주기 : 흙의 표면이 마르면 준다
특징 : 아래로 늘어 뜨리며 자란다

관리의 포인트

 긴 덩굴을 아래로 늘어 뜨리며 마치 하트 모양의 귀여운 잎이 많이 달린다. 아래로 길게 늘어 뜨리는 특성을 살려서 행잉 바스켓으로 만드는 것이 일반적이다.

 봄가을은 양지에서 관리하고 여름에는 반그늘에 두고, 겨울에는 온도를 5도 이상을 유지해 관리를 한다. 흙의 표면이 마르면 물을 주고 봄 가을에 1~2회 완효성 비료를 주는데, 많은 양은 삼간다.

 또 1년을 통해 너무 과습이 되지 않도록 관리한다. 크게 자란 포기는 초여름에 이식 하는데, 이때 너무 자란 부분을 잘라 되 심어 증식 한다.

파키라 Guiana chestnuts

학명 : *pachiar aquatca Aubl.*
과명 : 물밤나무과
증식법 : 삽목, 파종
원산지 : 멕시코 남부, 브라질, 페루
최저온도 : 3도/ 일조 : 양지, 반그늘
물주기 : 흙의 표면이 마르면 준다
특징 : 곧게 자란다

관리의 포인트

　파키라는 일반적으로 판매되고 있는 것은 멕시코 원산의 것이 주류다. 건조에 강해 종자는 카이엔낫츠로 식용으로도 이용된다. 백색과 황색의 얼룩 무늬가 들어간 것도 있다.
　비료는 2개월에 1회로 완효성인 고형 비료를 준다. 파종과 삽목으로 증식시키지만, 파종의 경우는 햇빛이 부족하면 줄기가 굵게 자라지 않기 때문에 일조에 주의 한다.
　물주기는 봄부터 가을동안은 화분 흙이 마르면 주고 겨울은 건조 상태로 관리한다. 겨울은 3도 이상, 온도로 실내에 둔다

트라데스칸디아　tradescantia

과명 : 닭의장풀과
증식법 : 포기 나누기, 삽목
최저온도 : 10℃ / 일조 : 반그늘
물주기 : 흙의 표면이 마르면 준다

관리의 포인트

　많은 품종이 잇지만, 그 중에서도 세로로 가는 심줄이 들어간 품종이 많이 판매되고 있다. 꽃은 행잉요으로 많이 즐긴다. 긴 이름을 줄여 "트라칸"이라고도 부른다. 봄부터 가을에 걸쳐서 표면이 마르면 물을 주고 겨울은 10도 온도로 건조 상태로 관리 하는데 난방중인 실내에서는 분무기로 물을 뿌려 준다.
　여름부터 가을에 주 1회의 비율로 액비를 준다. 성장해 포기가 흐트러지만 포기 밑동을 잘라 되심으면 깨끗하게 정돈된다. 포기 나누기와 삽목으로 증식한다.

벤자민　benjamin

과명 : 뽕나무과/ 증식 : 삽목, 취목
최저온도 : 5℃/ 일조 : 양지, 반그늘
물주기 : 흙의 표면이 마르면 준다

관리의 포인트

　벤자민은 열대아시아~오스테일리아가 원산으로 높이는 20m이상이나 크는 식물이다. 얼룩 무늬가 들어간 종이나 밝은 녹색의 잎이 인기가 있고 특히 줄기를 얽어 짠 것 같은 화분용으로 인기가 있다.
　비료는 2개월에 1회 고형 비료를 준다. 겨울은 5도 이상의 실내에서 관리하고 화분의 흙이 하얗게 마르면 물을 준다. 그늘에서도 관리할 수 있으나 처음 얼마 동안은 잎이 떨어지는 일이 있으므로 주의한다. 삽목과 취목으로 증식한다.

히포에테스 baby's tear

학명 : *Hypoestes sanguinolenta Hook*
과명 : 쥐꼬리망초과/ 증식법 : 삽목
최저온도 : 3℃/ 일조 : 양지
물주기 : 흙이 마르면 준다

관리의 포인트

　약 150여 종의 품종 중에서 가장 일반적으로 인기가 있는 것은 "피로스타키아"이다. 녹색 잎에 엷은 핑크색과 얼룩 무늬가 들어가 있다. 생육 기간인 봄에서 여름은 1개월 2~3회 1.000배정도 묽게한 속효성인 액비를 주고 양지에서 기른다.
　여름은 반그늘에, 겨울은 따뜻한 실내의 창가에 두고 3도 이상의 온도를 유지하고 흙이 마르면 물을 준다. 증식은 삽목으로 한다.

피레아 stingless nettle

과명 : 쐐기풀과/ 증식법 : 삽목 포기나누기
최저온도 : 0℃/ 일조 : 반그늘
물주기 : 흙 표면이 마르면 준다

관리의 포인트

　피레아는 주로 열대나 아열대의 식물이지만, 전 세계에 약 400여 종이 있다. 소형으로 취급되고 있으며 인기가 있다. 반그늘에서 기르고 봄과 가을의 생육기에는 2개월 1회 완효성인 고형 비료를 준다.
　물은 여름에는 하루 오전 오후에 두번 준다. 늘리기는 봄 여름에 삽목과 포기 나누기로 한다. 가능한 배수가 잘되는 흙에 이식하고, 겨울은 3도 이상의 온도를 유지하고 실내에서 관리한다.

피카스, 프밀라 ficus pumila

과명 : 뽕나무과/ 증식법 : 삽목
최저온도 : 5℃ / 일조 : 양지, 반그늘
물주기 : 흙의 표면이 마르면 준다

관리의 포인트

하트처럼 생긴 잎이 매력인 작은 관엽식물로 잎에는 흰 얼룩 무늬가 들어가 있고 덩굴성인 줄기를 뻗어서 토피아리 제조로 한다. 생육 기간인 봄에서 가을에는 2개월에 1회 완효성 비료를 주고 흙의 표면이 마르면 물을 준다.

증식은 너무 자란 잎은 자르고 삽목으로 증식한다. 이식 때 용토는 배수가 잘되는 흙을 사용 하지만, 시판중인 용토를 사용해도 좋다. 추위에는 강하지만, 겨울에는 5도 이상의 실내에서 기른다.

피카스, 레디캔스 ficus radican

과명 : 뽕나무과/ 증식법 : 삽목
최저온도 : 0℃ / 일조 : 양지, 반그늘
물주기 : 흙이 마르면 준다

관리의 포인트

피카스와 푸밀라는 유사 식물로 같은 얼룩 무늬가 들어 있으나 큰 잎이 특정적인 품종이다. 양지를 좋아 하지만, 반그늘에서 기른다. 수분을 좋아하는 성질이므로 흙의 표면이 마르면 물을 준다.

봄과 가을에 완효성 비료를 준다. 겨울은 0도 이상으로 온도를 유지하고 햇빛이 잘 드는 실내의 창가 등에 두면 무리는 없다. 크게 자라면 뿌리가 가득 차기 때문에 3년에 1회 정도 이식한다.

페디란사스 pedilanthus

과명 : 등대초과/ 증식법 ; 삽목
최저온도 : 5℃/ 일조 : 양지
물주기 : 흙의 표면이 마르면 준다

관리의 포인트
　줄기의 육질이 두꺼워 굵고 화분용의 다육식물로도 판매되고 있다. 얼룩 무늬의 품종이 일반적이지만, 다양한 품종들이 있다. 추위에 강하지만, 겨울에는 5도 이상의 온도르 관리한다. 흙의 표면이 마르면 물 준다
　다육 식물이기 때문에 건조에 강하고 다습에 약하므로 물을 너무 주지 않도록 한다. 특히 장마철에 뭉크러지 않도록 조심한다.겨울이 되면 잎이 떨어지는 일이 있지만, 봄에 다시 싹이나와 재생한다. 2개월에 1회 완효성 비료를 준다.

페페로미아 peperomia

학명 : *Peperomia incana A Dietr.*
과명 : 후추과/ 증식법 : 포기 나누기, 삽목
최저온도 : 5℃/ 일조 : 반그늘
물주기 : 흙의 표면이 마르면 준다

　넉넉하고 독특한 모양이 들어간 관엽 식물로 주로 화분에 심기로 적합하다. 일년을 통해서 반그늘에서 관리하고 강한 직사 광선을 피하도록 해준다.겨울에는 5도 이상의 온도를 유지하고 흙 표면이 마르면 물을 주지만, 본래 건조에 강하고 과습을 싫어 하므로 물을 너무 많이 주면 줄기와 잎이 부패 하므로 주의한다.
　특히 겨울의 물주기는 삼간다. 10일에 한번은 완효성인 액비를 준다. 포기가 크게 자라기 때문에 2년에 1회는 옮겨 심는데, 이때 포기 나누기도 하고 너무 자란 가지를 잘라 삽목으로 증식 시킨다.

피토니아 fittonia

학명 : *Fittonia verschaffeltii E. coem. val*
과명 : 쥐꼬리망초과/ 증식법 : 삽목
최저온도 : 10℃ / 일조 : 양지, 반그늘
물주기 : 흙의 표면이 마르면 준다

관리의 포인트

녹색 잎 바탕에 흰색과 검붉은 예쁜 모양이 들어간 피토니아는 모아심기나 행잉 바스켓의 메인으로 적합하다. 반그늘이나 그늘에서도 잘 자라고, 반대로 강한 햇빛은 잎이 타 버리므로 조심한다.

흙이 마르면 물을 주고 잎 뒤에도 뿌려준다. 생육 중에는 월 1회 정도 완효성 비료를 웃거름으로 준다. 추위에 약하므로 겨울은 실내에서 관리한다. 발리 크게 자라므로 여름에 보다 큰 용기에 옮겨 심고 삽목으로 증식한다.

풍지초 hakonechloa

과명 : 벼과/ 증식법 : 삽목, 포기 나누기
최저온도 : 0℃ / 일조 : 반그늘
물주기 : 흙의 표면이 마르면 준다

관리의 포인트

가늘고 긴 잎이 포기 밑동에서 많이 나오고, 조릿대와 같이 시원한 분위기가 매력적인 관엽 식물이다. 그 중에서도 노란 모양이 들어간 "금리엽초"라는 품종이 많이 출하된다. 대단이 튼튼해 기르기 쉬운 것이지만, 한 여름의 직사광선을 쪼이면, 잎 색이 나빠지므로 주의한다. 겨울은 지상부가 시들어도 포기 밑동을 베어내면 다음해 봄에는 다시 새싹이 나와서 자란다. 포기 나누기를 하고 봄부터 가을까지 고형 비료를 준다. 여름에 이식하고 포기 나누기로 늘린다.

브라이덜 베일 tahitian bridal veil

과명 : 닭의장풀과/ 증식법 : 삽목
최저온도 : 0℃ / 일조 :양지
물주기 : 흙의 표면이 마르면 준다

관리의 포인트

 흰 꽃을 많이 피우고 신부의 상의 면사포와 같이 아래로 늘어지는 브라이덜 베일은 행잉 바스켓과 흡사하다. 생육이 왕성하고 기본적으로 대단이 튼튼해 기르기 쉬운 식물이다.
 봄부터 가을에 완효성 비료를 주고, 약간 건조 상태로 기르고, 표면이 하얗면 물을 준다. 봄에는1.000배의 액비로 웃거름으로 주면 생육이 좋다. 햇빛이 부족하면 꽃 맺음이 나빠지기 때문에 가능하면 양지에서 기른다.

프레크트랜사스 mint leaf

과명 : 자소과/ 증식법 : 삽목
최저온도 : 5℃ / 일조 ; 반그늘
물주기 : 흙의 표면이 마르면 준다

관리의 포인트

 강한 직사광선에 닿으면 잎이 타기 때문에 일년을 통해 반그늘에서 기른다. 따뜻한 기후를 좋아 하지만, 추위에도 강하고 5도 이상이면 옥외에서도 월동이 가능하다. 흙이 하야면 물을 준다. 겨울은 삼가하고 잎 뒤에 물을 뿌려준다.
 여름은 완효성 비료를 2개월에 1회 주고 월동을 한 후 봄에 한층 큰 화분으로 옮겨 심고 너무 자란 부분은 포기 밑동에서 정리해 주면 좋다. 그리고 삽목으로 간단하게 증식한다.

베어그라스 bear grass

과명 : 금방동사니과/ 증식법 : 포기 나누기
최저온도 : -5℃/ 일조 : 반그늘
물주기 : 흙이 마르면 준다

관리의 포인트
  가늘고 긴 잎이 모아심나 화분용으로 폭넓게 사용할 수 있는 상록성인 다년초이다. 내한성이 있고, 다소 영하권이 되어도 기를 수 있고, 양지에서 반그늘까지 1년 내내 잘 자란다. 원래 마른 초지에서 자생하는 식물이므로 건조에 강하고 과습에는 약하다. 배수가 잘되는 흙에 이식하고 흙이 마르면 물을 준다. 장마철엔 과습에 주의, 비료는 거의 필요없고 가을에 완효성 비료를 조금 주고 포기 나누기로 증식 한다.

베고니아, 렉스 king begonia

학명 : *Begonia rex Putz.*
과명 : 추해당과 증식법 : 포기 나누기, 잎삽목
최저온도 : 8℃/ 일조 : 반그늘
물주기 : 흙의 표면이 마르면 준다

관리의 포인트
  아름다운 꽃이 피는 베고니아 품종 중 아름다운 잎을 즐기는 관엽 베고니아로, 형체와 모양 색등은 품종에 따라 반그늘에 두고 표면이 마르면 물을 준다. 고온다습을 좋아하기 때문에 건조하지 않도록 한다. 겨울은 8도 이상의 온도를 유지한다.
  추위에는 비교적 강하므로 추위에 잎이 떨어져도 봄에 다시 싹을 내고 재생한다. 월 1~2회 속혁성인 액비를 준다. 포기가 크게 자란 것은 초 여름 이식하고 포기나누기나 잎삽목으로 증식한다.

유 카 백합과

학명 : *Yucca filamentosa L..*

일조~양지
물주기~화분의 흙이 건조하면 듬뿍준다.
최저온도~3℃   번식방법~삽목

*특징

  유카는 북아프리카, 중앙아시아, 남아프리카에 걸쳐 약 60여 종이 있다. 대부분 건조 지대에서 생육한다. 내한성으로 공원이나 정원에서 많이 기른다.

  도한 남미에서 수입한 둥굴고 굵은 모양의 줄기들을 모아심어 싹이 나온 것을 "청년나무라"라 불리며 원예점 진열대에 놓여 있다.

  비료는 봄과 가을에 1회씩 완효성 비료를 준다. 많이 주면 생장이 빨라져 포기가 쓰러짐으로 주의한다. 번식은 봄과 여름에 걸쳐 늘어진 가지를 잘라서 삽목을 한다. 좋은 흙에 부엽토를 1~할 혼합시켜 심는다.

  물주기는 화분의 물이 마르면 듬뿍 준다. 물을 너무 많이 주면 뿌리가 썩는다.

에레환티베스~멕시코 남부와 과테말라가 원산으로 "에레환티베스란 이름은 "상아다리"라 하는 의미로, 줄기 모양에서 유래 되었다.

도꾸리란 백합과

일조~양지 물주기~화분이 마르면 듬뿍준다.
최저온도 0℃ 번식~실생

*특징~아메리카 텍사주에서 멕시코에 걸쳐 건조지대에 6종이 있다. 도꾸리란은 멕시코 원산으로 줄기는 기부가 불룩해 도구리 모양에서 이름을 부른다.

장대하고 굵게 서 있다. 줄기의 선단에 광택이 롱 녹색의 잎이 아래로 늘어져 있는 자세에서 "포니텔"이라고도 부른다. 비료는 적은 듯이 봄과 가을 1회 완효성 비료를 준다.

두는 장소는 햇빛이 잘 드는 곳에 둔다. 만일 태양빛이 부족하면 기저부가 부풀지 않을 수 있으므로 주의가 필요하다. 심는 용토는 적옥토를 2~3활정도 흙에 혼합해 사용한다.

겨울 나기는 0℃이상 이고 따뜻한 곳에서는 옥외에서도 기르기 한다.

줄기의 선단에 잎이 붙고 광택이 있는 롱 짙은 녹색의 잎을 길게 아래로 늘어 뜨린다.

은황~도꾸리란의 미니 관엽으로 인기가 높아 특히 인테리어로 주목을 받고 있다.

산스베리아 백합과

학명~*Sansevieria trifasciata* Prain
일조~양지, 여름은 밝은 음지.
물주기~표면이 마르면 주고 저온시에는 물주기를 끊는다.
최저온도 15℃. 번식~포기나누기

*특징

  산스베리아 속은 아프리카 마다카르의 아열대 지역에 60~70종이 있다. 긴 잎을 달고 있는 종은 섬유를 추출 하는데도 이용되고 있다.

  "트라화키아타"는 아열데 아프리카 원산으로 뿌리 줄기는 지하에서 뻗는다. 여러매의 잎이 수직으로 늘어져 있다. 잎의 길이는 1m나 되고 담녹색에 짙은 황녹색의 줄 무늬가 있다.

  비료는 봄과 가을에 2개월 1회로 완효성을 준다. 번식은 포기 나누기나 잎 꽂이를 하지만, 반점종은 잎꽂이를 하면 반점이 없어질 수 있으므로 주의가 필요한다.

  물주기는 봄과 여름동안에만 화분이 건조하면 주지만, 겨울은 15℃이하일 때는 물을 끊고 화분을 건조 시킨다. 봄과 가을, 겨울은 햇빛이 잘 드는 곳에 두고 여름은 밝은 음지에 두고 관리를 한다.

  토리화스키아타, 로젠티~산토리아종 중에서 근자에 많이 출하되고 있는 품종이다. 황백색의 붉은 반점이 있다. 저온시에는 물주기를 삼가 한다.

토리아스키아타, 골덴 하니~황백색의 복원 반점이 크게 들어 있다.
거의 전반이 은녹색이고 줄무늬가 눈에 띄지 않는다.
저온시에는 물주기를 주의 한다.

토리아스키아타, 홋쓰라 심풀렛스~"로젠티'보다 잎의 폭이 넓은 것이 특징이다.
근자에 인기가 있오 많이 출하되고 있다. 자세이 보면 반점이 있다.
저온시에는 물주기를 삼간다.

토리화스키아타, 실바 하니~높이 10~20cm로 잎은 원줄기에 붙고 담녹색에 짙은 녹색의 줄무늬가 있다.

피카라 물밤나무과

학명~*Pachira aquatica Aubi.*
일조~양지, 음지
물주기~표면이 마르면 듬뿍 준다.
최저온도~5℃
번식~삽목 또는 실생

*특징

　피키라속은 열대 아메리카에 2종이 있지만, 일반적으로 출하되고 있는 것은 멕시코 원산이 많다. 원래에는 물가에 사는 식물이지만, 곤조에도 강하다.
　종자를 식용함으로 "카엔나스"라고도 부른다. 줄기는 굵고 표면은 회녹색이다. 잎의 형태는 손을 편것 같으며 짙은 녹색이다.
　백색이나 황색의 반점이 있는 품종도 있다. 비료는 2개월에 1회 완효성 비료를 준다. 번식은 실생과 삽목으로 한다.
　실생의 방법으로는 햇빛이 부족하면 줄기가 굵게되지 않으므로 주의가 필요 하다. 물주기는 봄에서 가을까지는 화분의 흙이 마르면 주고 겨울은 건조하게 관리를 한다.
　겨울은 3℃ 이상은 유지하는 실내에 둔다.

아쿠티카~줄기가 굵게되어 생잔한 것. 이 소형의 미니 관엽이 인기가 많다.

아쿠리카, 비리에카타~"아쿠라카"에 백색이나 황색의 황색의 반점이 들어가 있는 것."후이리 파키라' 라고도 불리운다.

아쿠티카~일반적으로 팜매되고 잇는 품종의 대부분이 멕시코 남부에서 페루에 걸쳐 분포되어 있다. 줄기가 세겹으로 꼬여져 있는 것이 볼만해 인테리어로써 인기가 많다.

인도고무나무 뽕나무과

학명~*Ficus lyrata Warb.*
일조~양지 물주기~마르면,
최저온도~3℃ 번식~삽목, 취목

*특징

 인도의 마레반도 원산으로 높이 30cm이상 자란다. 굵은 줄기에 커다란 잎은 작고 콤펙트한 소화분까지 있다.

 새싹은 따뜻한 생육 시기에는 크게 늘어진다. 예전부터 나무 줄기에서 나오는 유액은 고무 원료로 이용 했지만 양질의 유액을 채취할 수 있는 식물을 발견 한부터 이용되지 않고 있다.

 비료는 봄과 가을에 걸쳐 완효성 비료를 준다. 번식은 삽목이나 취목으로 한다. 물주기는 표면이 마르면 듬뿍 준다.

 심는 용토는 적옥토에 부엽토 20%를 섞어서 사용한다. 겨울에는 최저 온도가 3℃ 이상으로 온실이나 실내에서 관리 한다.

 테코라 고무나무~고무나무 중에는 일반적인 품종인 인도고무나무로 불리며 시판되고 있다. 잎이 타원형으로 광택이 있는 짙은 녹색이다. 물은 건조하면 준다.

추비기노나 바리에카타~오스테리아 원산으로 줄기에서 뿌리를 내지만 줄기는 굵지 않다. 잎에 황백색의 반점이 크게 들어 있다. 물은 건조하면 준다.

카시와바 고무나무~잎 모양이 카시와 나무와 비슷해서 이 이름으로 불린다. 줄기가 굵지 않고 잎이 크다. 물주기는 마르면 주고 겨울은 실내 관리.

인도고무나무~테코라 고무나무 보다 약간 작은 잎을 갖고 있다. 관리는 테코라 고무나무와 같으며, 물주기는 화분 흙이 건조 해지면 준다. 겨울은 온실이나 실내에서 관리 한다.

벤자민 〈뽕나무과〉
Ficus benjamina L..

일조~양지
물주기~표면이 마르면 준다.
최저온도~5℃
번식~삽목, 취목

*특징

　벤자민은 인도 동남 아시아 오스트라리아 원산으로 키 20m 이상으로 생장한다. 줄기는 회백색이고 잎은 계란형으로 광택이 있는 녹색이다.

　마디 포기가 되면 줄기에서 노출된 뿌리가 나온다. 비료는 2개월에 1회의 완효성 비료를 준다. 번식은 삽목이나 취목으로 한다.

　물은 화분의 표면이 마르면 듬뿍 준다. 겨울은 최저온도 5도C가 되도록 실내에서 관리 한다. 두는 장소는 햇빛이 잘 닿는 장소로 한다. 음지에서 길들여 지면 좋지만 초기에는 잎이 떨어져 버릴 수가 있으므로 주의가 필요하다.

　최근에는 반점과 밝은 녹색의 잎이 인기가 있다.

　벤자민~미니 관엽의 벤자민으로 흙이 건조 하도록 관리하는 것이 기본이다. 단 분무기로 엽수하여 온도를 유지 한다.

스타 라이트~잎에 커다란 황백색의 반점이 있다. 상쾌한 분위기로 인테리어로 인기가 있다.

벤자민 화와이~황녹색의 잎에 백색의 반점이 있다. 줄기가 유연해 3가닥으로 자유롭게 엮을 수가 있다.

줄기를 엮어넣은 벤자민으로서 인테리어 개념으로 인기가 있는 품종이다.

빈로우지 야시과

일조~양지
물주기~화분 표면이 마르면 듬뿍 준다. 겨울은 마른듯 하게.
최저온도~10℃
번식~실생〈종자〉

*특징

 인도와 아시아 원산으로 줄기는 단일로 생장하며 높이 20m 이상 자란다. 잎은 깃털 모양의 잎으로 아치 모습을 한다.
 햇빛이 잘 닿는 장소에서 관리한다. 물은 화분의 표면이 마르면 듬뿍 준다. 엽수도 충실이 해 준다.
 비료는 많이 주면 너무 웃자라므로 잎색이 나쁠 때 준다. 비료 주는 시기는 봄에서 여름에 걸쳐 2개월에 1회 완효성 비료를 준다.
 번식은 실생으로 하고 용토는 배수가 잘 되는 흙을 사용 하지만 관엽식물용으로 지정이된 시판 흙을 사용하면 좋다.
 월동은 추위에 약함으로 10℃ 이상을 유지하여 실내에 둔다.

불사조 Phoenix
야시과

일조~양지
물주기~화분의 흙이 마르면 준다. 엽수.
최저온도~3℃
번식~포기 나누기, 실생

*특징

  아시아, 아프리카, 아열대 지역이 원산으로 잘 알려진 "로베레니"는 라오스 원산으로 줄기는 단일하고 높이는 생장하면 2~4m가 된다.

  화분 심기도 많이 하지만 꽃꽂이용으로도 많이 이용한다.

  "신노우 야시"라는 별명도 있다. 비료는 봄과 가을에 1회 완효성 비료를 준다.

  2~3년 키우면 뿌리가 가득 차서 화분에 뿌리가 삐져 나오므로 옮겨 심기를 한다.

아레카 야시 야시과

일조~밝은 음지
물주기~화분 표면이 마르면 준다.
겨울은 마른 듯 관리 한다.
최저온도~9℃
번식·포기 나누기

*특징

별명 "코데나 야시"라 불리며 원산지는 마다카르카스섬에 20종 정도 있다. 줄기의 높이는 8m이고 잎이 떨어지면 떨어진 흔적이 대나무의 마딩과 비슷한 것이 특징이다.

잎은 광택이 있고 날개 모양의 잎은 담녹색을 하고 있다. 잎이 직사광선을 맞으면 황녹색으로 변한다.

비료는 봄에서 여름에 걸쳐 2개월에 1회 완효성 비료를 준다. 번식은 포기 나누기와 실생을 하지만, 포기 나누기가 쉬워 많이 한다.

물주기는 봄, 가을은 화분 흙이 마른 듯 하면 듬뿍 주고 겨울은 마른 듯한 기분으로 한다. 월동은 실내에서 8도를 유지토록 한다.

아레카 야시~밝은 음지에 두고 잎의 광택을 즐긴다.

쿠리사리도 칼부스 루테센스~날개 모양과 잎의 엷은 색이 매력적이다. 밝은 음지에 두고 관리 한다.

테이블야시 야시과

일조~밝은 음지
물주기~화분 표면이 마른듯 하면 듬뿍 준다.
최저온도~5℃
번식~실생

*특징

　멕시코 원산으로 줄기는 단일로 높이가 3m나 된다. 높이가 60cm인 극소형 품종 "테레라"도 있다.
　잎은 샅깃 모양이고 잎색은 은녹색이나 짙은 녹색이다. 비료는 생육 기간인 봄 가을 2개월에 1회 완효성 비료를 준다.
　카이가람충이 붙기 쉬우므로 주의가 필요하다. 물주기는 봄에서 가을은 화분 표면이 마르면 듬뿍 주고 겨울은 마른 듯 관리 한다.
　그리고 공중 습도를 높이기 위해 분무기로 엽수를 한다. 월동은 실내에서 5℃ 이상을 유지토록 하고 관리 한다.

칸논치구 야시과

일 조~밝은 음지
물주기~화분 흙이 건조하
면 주고 엽수도 한다.
최저온도~3℃
번식~포기 나누기

*특징

  중국 동남부의 원산으로 줄기가 높게 생장하면 2~3m나 된다. 잎의 모양이나 색채 그리고 반점 등이 다른 품종도 있다.

  선물로 인기가 있는 품종이며 토기 화분에 심어져 있는 것도 있다. 비료는 봄 가을에 걸쳐 1회 완효성 비료를 준다.

  물주기는 화분 표면이 마르면 주고 엽수도 한다. 번식은 봄 여름에 포기 나누기로 한다. 심는 흙은 배수가 잘되는 것을 이용한다.

  관리는 봄 가을은 밝은 음지에 두고 겨울은 유리창 너머 햇빛이 닿는 장소에 둔다.

  비교적 저온에 강하지만, 따뜻한 곳에서는 노지에 심을 수가 있다. 겨울은 실내에서 관리 한다.

슈로치구~줄기가 크게 되어 현관 입구의 장식으로 한다. 칸논치구와 같이 종류가 많다.

칸논치구~잎은 넓고 길며 소판상으로 수그리고 있다. 품종이 많고 관상 가치가 높다.

슈트 칙구 야시과

일조~밝은 음지
물주기~화분의 표토가 마르면 물을 화분 밑구멍에서 흘러 나올 정도로 듬뿍 준다.
최저온도~3℃
번식~포기 나누기

*특징

  중국 남서부가 원산으로 줄기는 높이 2~4m나 된다. 잎은 반 원형으로 백이나 우유 백색의 줄무늬 모양이 들어 있는 품종이 있다.

  비료는 봄과 가을에 걸쳐 2개월에 1회씩 완효성 비료를 준다. 물주기는 화분의 표토가 말만 하면 듬뿍 준다.

  번식은 봄에서 가을에 포기 나누기로 한다. 심을 용토는 배수가 잘 되는 흙을 사용 하지만, 시판중인 관엽식물용도 좋다.

  겨울은 최저온도 3℃ 이상 유지가 되도록 하고 실내에서 관리 한다.

퓌란사스

일조~양지나 밝은 음지
물주기~흙이 마르면 준다.
최저온도~15℃
번식~실생

*특징
　열대 아시아 원산으로 잎의 색은 붙어 있는 뿌리쪽이 적색으로 맛이 강한 종류이다.
　잎이 녹색이 강한 종류 등도 있다. 밤이되면 잎을 오므린다. 뿌리 밑이 항아리 모양으로 부풀고 수분을 머금고 있다.
　비료는 2개월에 1회 완효성 비료를 준다. 겨울은 주지 않는다. 번식은 실생으로 하고 한다.
　물주기는 화분의 표토가 마르면 화분 밑구멍에서 물이 흘러 나올 정도로 듬뿍 준다.
　겨울은 최저온도 15℃를 유지하여 밝은 음지에 두고 관리 한다.
　한여름에는 직사광선이 닿지 않도록 주의 한다.

슈푸레라

일조~양지 바른 곳
물주기~화분의 표토가 마르면 듬뿍 준다.
최저온도~3℃
번식~삽목, 취목

*특징

열대 아시아와 오스트레리아, 뉴질랜드, 하와이 제섬에 150종이 있다. 일반적인 종류로는 알포리코자로 대만 중국 원산의 "야도리후카나무"라 불리고 있다.

나무 줄기는 높이 3~7m까지 자란다. 잎은 장타원이나 불규칙한 우유빛 백색의 반점이 있다. "후이리야도리후카 나무"도 있다.

"혼콘" 또는 "혼콘카본"라 불리지만 "카폭"과는 별개 종이다. 비료는 2개월에 1회준다. 음지에 강하한 품종이지만, 연약해 진다든지 낙엽이 진다든지 하기 쉬우니 될 수록 양지에서 기른다.

월동은 0~3℃를 유지하도록 해 실내에서 관리 한다.

혼콘 바리에가타~잎 모양이 약간 원형으로 황색 반점이 잇는 것으로 이 반점으로 인기가 있는 품종이다.

웨누로사~인도 원산으로 소고목으로 선명한 녹색의 잎으로 인한 인기가 있고 잎 모양이 대형으로 약간 길고 가는 것이 특징이다.

알포리코자 레나타~잎의 선단이 2개로 갈라져 있는 것이 특징이다. 반점이 있는 품종을 소개하면, "알포리 코라", "쥐이나인" 등이다.

크로톤 대극과

학명 : Codiaum variegatum var. pictum
일조~될수 있는데로 양지
물주기~화분의 흙이 하얗게 마르면 듬뿍 준다.
최저온도~8℃ 번식~삽목

*특징

마레제도, 태평양 제도, 오스트리아 북부에 15종 정도가 있다. "헨요우복구"라고도 불리며 잎의 모양은 "아케보노"나 "사마 프린스"등의 잎이 넓은 품종이나 "골드스타"나 "류우노히게"등의 잎이 가는 품종.

"하베스토 문" 등의 잎이 타원처럼 생긴 품종도 있다. 또 잎의 색이 버라이티하게 풍부하고 적색과 오렌지색, 황색, 복숭아색 등이 있다.

단 아랫 잎이 반점으로 된 것도 많다. 비료는 2개월에 완효성 비료를 주고 봄과 가을은 화분의 흙이 마르면 주고 여름은 화분이 마르지 않도록 준다.

겨울은 마른 듯 준다. 년간을 통해 햇빛을 충분히 받도록 하지만, 직사광선에 품종의 특징이 나오지 않것도 있으니 주의가 필요하다.

* **아케보노**~잎의 폭이 넓은 품종의 대표로써 알려져 있다. 홍색, 황색, 적색의 콘트라스트가 인기가 있다.

골드스타~잎의 길이가 13~17cm이다. 일본 나가시마에서 소화 42년에 만들어진 품종.

하베스트문~잎의 길이가 15~25cm나 된다. 타원형의 황색과 녹색이 선명해서 인기가 있다.

류우세이~가는 잎의 품종으로 선명한 녹색과 황색의 콘트라스트가 볼만해 메니아들에게 인기가 있다.

사마 프린스~"아카보노"와 같고 잎의 폭이 넓은 품종의 대표로 알려져 있다. 잎에 황백색의 반점이 크게 들어 있다.

하네센나 마베과

일조~양지 바른 곳
물주기~화분 흙이 마르면
최저온도~10℃
번식~실생, 삽목

*특징

　서인도제도, 브라질, 알젠틴 등에 분포하고 있다. 소엽에서 되는 날개 모양의 겹잎이다.
　커다란 날개 뿌리와 같은 잎은 밤이 되면 오므리며 밑으로 숙인다.
　9~10월 경에 신선한 황금색의 꽃이 가지끝에 커다란 방모양으로 핀다.
　비료는 2개월에 1회 완효성 비료를 준다. 번식은 삽목이나 실생으로 하고 물주기는 화분의 표토가 마르면 듬뿍 준다.
　겨울은 최저온도 10℃가 되도록 해 양지에서 관리 한다. 추위에 약하므로 겨울은 실내에서 관리가 바락직하고 음지에서 관리하면 꽃피우기가 어려움이 따른다.

소철 소철과

학명~Cycas revolute
일조~양지 바른 곳
물주기~화분 흙이 마르면 듬뿍 준다.
최저온도~5℃
번식~포기 나누기

*특징

  오스테리아, 아프리카 동부, 일본에 넓게 분포하고 있다.
  경질인 날개 모양으로 광택이 난다.
  그리고 선형의 작은 잎이 달린다. 비료는 2개월에 1회 완효성 비료를 준다.
  번식은 포기 나누기로 한다. 물주기는 화분의 표토가 마를만 하면 듬뿍 준다. 엽수도 해주어야 한다.
  겨울은 최저온도 5도가 필요하다. 겨울은 서리가 맞지 않도록 실내에서 관리 한다.
  아랫 잎이 마르면 제거한다. 만일 줄기를 자르면 새로운 싹이 나오지 않을 수가 있으므로 주의가 필요하다.

쿠쟈크 야시 야시과

일조~밝은 음지
물주기~화분의 흙이 마르면 듬뿍 준다.
최저온도~5℃
번식~실생

*특징

　열대 아시아를 중심으로 약 20종이 있다. 잎이 깔죽 깔죽하다. 크게 자라면 쿠쟈크가 날개 뿌리를 넓힌 것 같이 보인다.
　잎은 광택이 있는 녹색으로 아름답다. 비료는 2개월에 1회 완효성 비료를 준다. 생육이 좋으므로 너무 무성하게 자라지 않도록 비료를 적게 준다.
　번식은 실생으로 물주기는 화분이 마르면 듬뿍 준다. 비교적 건조에 강하지만 한여름엔 엽수를 자주 해준다. 겨울은 최저온도 5도가 필요하고 밝은 음지에 두면 튼튼이 기를 수 있다.

칼라디움 핑크 뷰티 천남성과
Caladium Pink Beauty

일조~양지 바른 곳
물주기~흙이 건조하면 준다
최저온도~8℃
번식~구근〈둥근뿌리〉

*특징

　열대 아메리카에 약 15종이 있다. 잎이 산뜻한 분위기로 여름의 관엽식물로 인기가 많다.
　시판되고 있는 것 중에서 인기가 있는 종류는 가나 원산의 잎이 넓고 삼각형인 "숀바카"의 교배종을 총칭해 "혼쏘라늄"이라 부른다.
　비료는 봄에서 여름에 걸쳐 2개월에 1회 완효성 비료를 준다. 물은 화분의 표면이 마르면 듬뿍 준다.
　두는 장소는 봄과 가을은 햇빛이 닿는 장소에, 한 여름은 밝은 음지에 둔다. 번식은 봄에 구근을 심어 기른다.
　월동은 실내에서 휴면 시킨다. 온도는 8℃를 유지 하도록 한다.

캔디다늄~가장 포퓰러한 최고의 품종의 하나이다. 옛부터 재배된 "시라사기"의 별명을 갖고 있다.

파니 먼슨~핑크색이 잎의 대부분이다. 짙은 그린과 바란스가 좋아 메니아들에게 사랑을 받는다.

죤 비트~선명한 그린과 홍색의 콘트라스트가 여름 하늘에 별빛처럼 반짝인 듯 하다. 중형의 품종으로 무던한 분위를 풍긴다.

크림숀 웨프~옛부터 있는 품종으로 대형이다. 잎색이 그린이 짙고 적색은 적음으로 백과 그린 적색과의 콘트라스트가 잘 어울린 품종이다.

중형화분의 카라디늄, 캔디타늄~중형 화분에 기른 카라디늄이 볼만하다.

카라디늄 로즈팟트~황금색의 잎 중앙이 핑크색으로 어딘지 모르게 다정 다감의 정서를 자아내고 있다.

카미라~줄기가 서있는 소형의 품종으로 잎이 우유빛 백색으로 선명한 녹색을 띠고 있다. 높이는 20~30cm로 인기 있는 품종이다

엑소티카~코스타리아의 원산종으로 원예 품종. 화분에 심어 관상하는 열대성 상록 관엽식물이다. 줄기는 굵고 연약하며 잎은 호생한다. 잎 길이는 20cm정도고 너비는 10cm이다.

포토픽 스노~잎은 두텁고 무성하게 붙어 있는 것이 특징. 반점도 많고 짙은 녹색과 얕은 녹색의 콘트라스트가 볼만하다.

디펜바키아 천남성과 *Diffenbachia cv. Exotica*

일조~밝은 음지 물주기~화분이 건조하면 준다
최저온도~10℃ 번식~포기 나누기, 삽목

*특징

    열대 아메리카에 약 30종이 있다. 즙액을 입에 대면 수일간 말이 어렵다. "담푸게"란 이름도 있다. 비료는 봄 가을에 2개월에 1회 완효성 비료를 준다. 물은 화분이 건조하면 듬뿍 준다.

    다습을 좋아 하므로 수시로 엽수를 한다. 번식은 포기 나누기나 삽목. 줄기에서 나오는 액은 독성이 있으므로 작업시 주의한다. 심는 흙은 배수성이 좋은 비옥한 흙을 사용하고 월동은 10℃를 유지하고 화분의 흙은 마르게 한다.

아구라오네마 천남성과
Aglanema Deborah

일조~밝은 음지
물주기~화분의 흙이 마르면 듬뿍 준다
최저온도~10℃
번식~실생, 포기 나누기, 삽목

*특징

열대 아시아에 약 50종이 있고 포기가 포복하는 것과 직립하는 타입이 있다. 포복하는 종의 대표적인 것은 "코스타씀"이 있고 말레지아 반도의 원산은 한 포기에서 개량된 자란 것 "콘무타씀"이 있다.

줄기의 높이 50cm정도 되고 잎은 암녹색으로 회녹색의 모양도 들어 있다. 비료는 봄에서 가을의 생육 기간에 2개월에 1회 완효성 비료를 준다.

물주기는 봄에서 가을은 화분의 흙이 건조하면 주고 겨울은 말린다는 개념으로 한다. 월동은 저온에 약함으로 따뜻한 실내에서 관리 한다.

실버 퀸~가장 많이 기르기한 품종. 줄기는 직립하고 은녹색 바탕에 녹색 반점이 들어 있다. 신선한 분위기에 인기가 있다.

코스타씀~말레지아 반도 원산. 줄기가 포복하는 종의 대표. 잎은 암녹색 바탕에 백색반점이 있다. 유사 품종으로 막슘이.

파롯트 쟝글~옅은 녹색과 암녹색의 콘트라스트가 볼만 하다. 포복하는 타입으로 낮은 관엽식물로 모아심기에 좋다.

몬스테라 천남성과

학명 : Monstera
　　　　delicaisa Liebm
일조~밝은 음지
최저온도~3℃
번식~삽목

*특징

　열대 아메리카에 약 30종이 있다. 히모 몬테스리라는 열대 아메리카산으로 줄기는 덩굴 식물로 늘어지고 밖으로 뿌리를 낸다. 잎은 짙은 날개 모양으로 톱니형이 있다.

　단, 어린 잎에는 톱니형이 없다. 비료는 생장기에 완효성 비료를 2개월에 1회 정도 준다.

　물주기는 화분이 건조하면 주고 헤고충이 붙은 곳에는 물을 가볍게 뿌려준다. 두는 장소는 년간을 통해 밝은 음지에 둔다.

　번식은 삽목. 번식은 삽목. 심는 용토는 적옥토에 부엽토 20%혼합 사용하고 겨울은 온도3℃를 유지해 실내에 관리 한다.

하트필림 시루카~소화 55년에 일본에서 들어온 것으로 잎색은 대부분 은백색으로 인기.

싱고니움 천남성과

학명 : Syngoniumpodophyllum
일조~밝은 음지
물주기~화분 흙이 마르면 듬뿍 준다
최저온도~8℃ 번식~삽목

*특징

　열대 아메리카 원산으로 많은 품종이 있다. 대표적인 "화이트 버터 후라이"가 있다. 줄기가 덩굴식물로 늘어지고 밖으로 뿌리를 낸다.
　잎 모양은 화살촉 모양과 비슷하다.
　비료는 생육기에 2개월에 1회 완효성 비료를 준다. 물주기는 봄에서 가을은 건조하면 듬뿍 주고 겨울은 말린다는 기분으로. 엽수도 간간이 해 준다. 번식은 늘어진 가지를 잘라 삽목한다.
　월동은 실내에 두고 온도 8도를 유지 관리 한다.

하트필림 화이트 버터 후라이~중앙 아프리카가 원산으로 잎색은 짙은 녹색이고 입맥과 그 주변이 우유빛 백색을 하고 있어 인기가 있는 품종이다.

포토스 천남성과

학명~Scindapsus aureus
일조~밝은 음지
물주기~흙이 마르면 준다
최저온도~5℃
번식~삽목

*특징

 열대 아시아 태평양 제도에 약 10종이 있다. 줄기가 덩굴성으로 열대 지방에서는 나무를 타고 오를수록 한다. 생장하면 수고 10m가 된다.

 줄기는 부착 뿌리를 길게 늘어 뜨린다. 관엽식물로 길들여져 있고 헤고 기둥에는 화합 한다든지 거는 포기로 해 즐긴다.

 잎은 광택이 있고 선명한 녹색이다. 비료는 봄에서 가을에 걸쳐 완효성 비료를 준다.

 물주기는 물이 마르면 듬뿍 준다. 두는 장소는 봄에서 가을은 밝은 음지에 두도록 하고 번식은 삽목으로 한다.

 월동은 5도℃ 이상을 유지해 관리한다.

포토스~잎에 황색의 반점이 있는 것이 특징이다. 포토스 품종으로 대표적인 품종이다.

마불퀸~옆은 황색에서 백색의 반점이 있다. 이 불규칙한 반점이 인기가 있다. 성질은 약간 약하다.

포토스 라임~잎의 색이 밝은 라임에로 향한다. 부드러운 분위기가 있고 최근의 인기 품종이다.

알로카시아 토란과

학명~Alocasia amazonica

일조~밝은 음지
물주기~화분의 표토가 마르면 듬뿍 준다.
최저온도~10℃
번식~취목

*특징

  열대 아시아에 70종이 있다. "오도라"는 뿌리 줄기가 흙덩이 모양이 되지만, 일부의 종류를 제외 하고는 식용이 되지 않는다.

  그대문에 "쿠와지 이모" "알로카시아"의 별명이 있다. 잎이 녹색계의 것과 메타릭계의 것도 있고 반점이 들어 있는 것도 있다.

  저온에 강하다. 비료는 봄에서 가을 생육 기간의 2개월 1회 완효성 비료를 준다. 물은 흙이 마르면 주고 겨울은 흙을 건조하게해 반 휴면상태로 둔다 번식은 6~7월에 가지를 잘라 삽목한다. 월동은 10℃를 유지해 실내에서 관리한다.

*오도라 파리에가타~일본 남부에서 인도에 걸쳐 분포하고 저온에 강하고 잎에 흰 반점이 있다.

쿠푸레아~잎의 표면이 짙은 녹색으로 뒷면이 다색이다. 밝은 음지에 둔다.

아마래카~잎맥이 녹백색으로 떠서 나온 것처럼 보인다. 교배하여 탄생한 원예 품종이다.

마란타 마란타과
Maranta Leuconeura

일조~밝은 음지
물주기~화분 흙의 표토가 마르면 듬뿍 준다.
최저온도~8℃
번식~포기 나누기, 삽목

*특징

  열대 아메리카에 약 20종이 있다. "레우코네우라"브라질 원산으로 줄기는 땅을 향해 늘어지며 마디에서 뿌리를 내어 넓혀 간다.

  야간이 되면 잎이 똑바로 서서 닫는다. 이 모양에서 영명으로 "기도식물"이란 의미가 있다.

  "에리토로네우라"나 "켈쇼워아나" 등의 변종이 있다. 비료는 생육 기간인 봄부터 가을 사이 2개월에 1회 완효성 비료를 준다.

  물은 화분이 마르지 않도록. 번식은 봄에서 여름에 삽목이나 포기 나누기로 한다. 심을 용토는 보수성이 좋은 흙을 사용하고 월동은 8도를 유지 실내에 둔다.

* 레우코네우라 켈쇼워아나~ 잎맥이 자신과 비슷하며 "몬요쇼우"

* 카디에레이 미니바~잎에 엷은 톱니 모양이 있고 녹색에 은색의 반점이 들어 있다. "아사라 도우미"란 별명도 있다.

삐레아 천남성과
일조~밝은 음지
물주기~화분의 표토가 마르면 듬뿍 준다.
최저온도~3℃ 번식~삽목, 포기 나누기
*특징

　열대와 아열대 지역에 많지만, 전 세계적으로도 약 400종이 분포하고 있다. "카디에레이"는 베트남이 원산이다.

　잎은 녹색 바탕에 은색 바탕의 반점이 불규칙하게 들어 있다. 그리고 다른 풀의 낮은 잎의 소형 품종도 있고 모아심기나 미니 관엽식물로 인기가 있다.

　비료는 봄 여름의 생육 기간에 2개월에 1회 완효성 비료를 준다. 물은 화분이 건조하면 듬뿍 준다. 여름은 매일 2회 아침 저녁으로 준다. 두는 장소는 밝은 음자, 번식은 포기 나누기나 삽목으로 심는 흙은 배수가 좋은 흙을 사용하고 월동은 3℃ 이상 유지 실내에서 관리 한다.

문와레~잎 모양이 계란형으로 잎의 표면이 자리멘 모양으로 맹황색에 다갈색 모양이 들어 있다.

넨무라리 퓌리아~서인도 제도에서 페루에 걸쳐 분포한다. 포복형으로 잎은 거의가 타원형이고 선명한 녹색이 특징이다.

Q. 잎색이 엷어 보이는데 이유가 무엇입니까?

A. 일반적으로 섬세한 잎식물은 한 여름에는 다루기가 어렵다. 잎색이 엷어지고 갈색으로 되고 엽소 현상이 오기 때문에 반음지에서 두고 관리를한다. 겨울에는 응애가 흡즙하면 잎색이 엷어지는 경우가 있다. 그리고 잎 전체가 백색으로 변하기도 한다. 응애는 건조한 환경에서 발생하기 쉽다. 예방적 차원에서 분무기로 물을 분사해 습도를 올려 관리하는 것이 바람직 하다.

휘카스 뿌미라

원산지~일본에서 인도이다.

특징~잎의 형태가 하트형으로 길이 3cm정도이다.

줄기는 덩굴형으로 나무 등걸이나 바위를 의지 삼아 생장한다. 잎에 흰 복윤 반점이 있는 품종이다.

감는 성질을 이용해서 모아심기에 이용한다.

일조~월동은 0℃ 이상을 유지해 햇빛이 잘 드는 장소에서 관리 한다.

비료~봄 가을 생육 기간에 2개월에 1회 완효성 비료를 준다.

물주기~화분의 표토가 마르면 듬뿍 준다.

번식~늘어진 가지를 잘라서 삽목으로 한다. 심는 용토는 배수성이 좋은 흙을 사용한다.

시판중인 전용 관엽식물 용토를 구입해 사용해도 좋다.

미도리노스즈~나에비아 남부 원산으로 잎은 구상으로 직경이 1cm정도이고 녹색이다. 별명 "그린넥데스"라고도 한다.

세네키오 국화과

원산지~세계 각 지역에 약 2,000여 종이 있다.

*특징

줄기는 덩굴성으로 잎이 아이비와 닮은 종류나 다육질 잎의 종류가 있다.

라디칸다스~남아프리카가 원산으로 줄기를 길게 늘어뜨린다. 잎은 다육으로 짙은 녹색이다.

일조~한 여름은 밝은 음지에 두고 관리하고 그 외에는 양지에서 월동을 한다. 최저온도 3℃이다.

비료~봄 가을에 1~2회 완효성 비료를 준다.

물주기~화분의 표토가 마르면 듬뿍 준다.

번식~삽목, 포기 나누기

콜리우스 자소과

학명~*Coleus blumei Benth.*

원산지~아시아, 아프리카, 태평양 제도, 오스트리아, 열대와 아열대에 150종 이상 있다. "뿌밀스"는 스리랑카가 원산이고 "부츠메이"는 지와 섬이 원산.

특징~줄기가 옆으로 늘어지고 잎이 소형으로 "히메 코리우스"라 부른다. 일반적으로 기르고 있는 인기 종류.

풀의 높이는 20~30cm이다. 잎이 넓은 품종과 가는 품종 프린지를 하고 있는 품종 등이 있다.

일조~양지나 밝은 음지. 월동은 8℃ 이상을 유지해 실내에서 관리 한다. 가능하면 봄에서 가을은 햇빛이 잘 닿는 곳이나 밝은 음지에 둔다.

물주기~봄과 가을은 화분이 건조하지 않도록 준다. 여름은 화분이 마르기 쉬우므로 조석으로 주고 겨울은 화분 흙이 건조하면 듬뿍 준다.

비료~1개월에 1회씩 농도가 낮은 화학 비료를 준다.

번식~삽목~실생

* 풀메이~우에서 시계 방향으로 임릿트, 렛트, 페도우 레이스, 마티, 화이트 즈라이아

* 풀메이 후렉스~인기가 있는 원예 품종으로 밝은 음지에서 관리 한다.

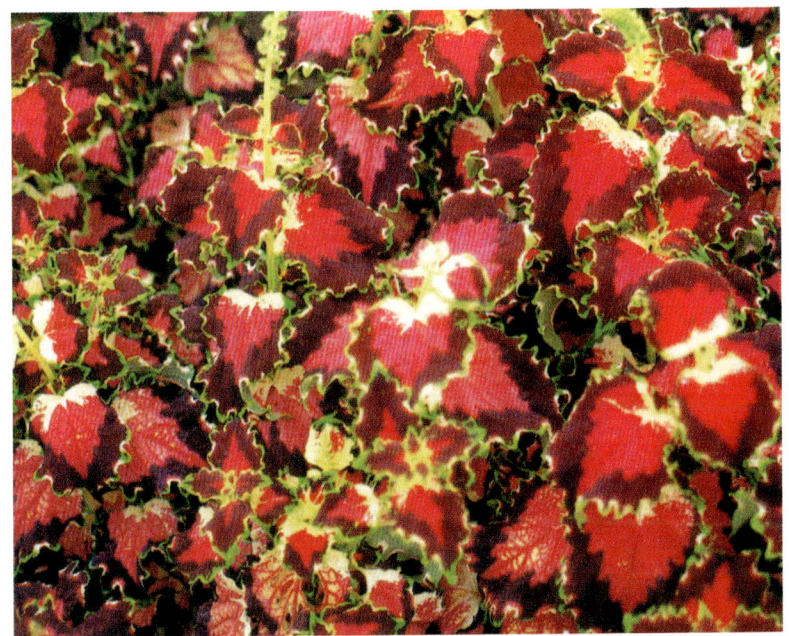

푸미라 레인보~"히메 코리우스"라고도 부른다. 비료기가 너무 많으면 잎색이 변하므로 너무 과하지 않도록 준다. 카이카라 충이 붙게 되는 것을 주의한다.

풀메이페도우 레이스 레인보~중앙부가 홍색이고 그 외에는 어두운 적녹색과 황녹색이 함께 어우러진다.

이에로~잎 전체가 황녹색으로 덮혀 있다. 반점은 없다. 밝은 음지에서 관리 한다.

칼라테아 마란타과

학명~*Calathea insignis Bull.*

원산지~중남미가 원산으로 약 100종이 있다.

"마코아나"는 브라질

특징~잎에 5가지 모양이 들어 있으므로 "고시캬바에쇼우"라고도 불리운다.

일조~연간을 통해 밝은 음지에 둔다. 광선이 강하던지 바람이 쎄면 잎이 둥룰게 된다. 월동은 실내에서 10℃를 유지해 관리한다.

비료~비료는 봄에서 가을에 걸쳐 생육 기간에 2개월 1회 완효성 비료를 준다.

물주기~물은 봄과 가을은 화분이 마르면 듬뿍 준다. 습도가 낮으면 잎이 둥굴게 됨으로 습도를 높이도록 분무기로 엽수를 해준다. 겨울은 마른 기분으로 한다.

번식~삽목, 포기 나누기

쿠로카타~브라질 원산으로 꽃 줄기의 선단에 밝은 오렌지색의 꽃이 핀다. "골드 스타"란 별명을 갖고 있다.

마코야나~잎에 5색이 있고 되는 홍색을 띤다.

난키 포리아~브라질 원산으로 잎이 가늘고 길다. 화살촉 날개 모양이다. 그리고 잎에 무늬가 들어 있다. 프린지를 한 것 처럼 보인다.

푸테리스 고사리과

원산지~세계 열대와 아열대를 중심으로 약 300종이 있다. 일보에는 "아마후사시다"나 "이토모로소우"등 그 종류가 약 25종에 이르고 있다.

특징~일부 종류는 약초로 이용하고 싱싱한 잎은 식용으로 한다. "알보리네아타"는 잎이 날개 모양으로 폭이 넓고 은백색의 반점이 있다.

일조~밝은 음지로 직사광선을 피한다. 월동은 실내에서 최저온도 3℃이상을 유지해 관리한다.

비료~1개월에 2~3회 속효성 비료를 준다.

물주기~화분의 흙이 건조하지 않도록 한다. 물이 부족하면 잎이 쭈굴 쭈굴해지므로 물주기에 신경을 써야 한다.

번식~포기 나누기

* 화우데이~중국 원산으로 소형으로 자태가 아름다워 인기가 있다.

쿠레티카 알보리네아타~푸테리스의 대표적인 품종. 미니 관엽식물로 인기가 있다.

쿠레티카 쿠리스타타~잎이 가늘고 선단이 둥굴며 쭈굴 주굴 하게 된다.

히포에스테스 천남성과

원산지~남아프리카 마다카스카르, 남서아시아 등에 약 150종이 있다.

특징~생장하면 높이가 1m이상 된다. 잎은 녹색에 엷은 핑크색의 반점이 있다.

일조~봄 가을은 되도록 양지에 두고 여름은 밝은 음지에 두고 겨울은 실내에서 햇빛이 유리를 통과 하도록 하고 최저온도 3℃이상을 유지케해 실내에서 관리 하도록 한다.

물주기~화분의 표토가 마르면 화분 밑구멍에서 물이 흘러 나올 정도로 풍족하게 준다.

번식~삽목, 실생

휘로스타키아, 화이트 스폿트~ "핑크 스폿트"와 같은 종으로 흰반점이 있다. 인기가 있는 품종이다.

듀란타 마편초과

원산지~멕시코 서인도 제도에서 남아프리카 남부에 걸쳐 약 36종이 있다. "레펜스"는 멕시코와 서인도 제도에서 브라질 원산이다.

특징~생장하면 6m나 된다. 포기는 잘 분지하고 "라임"은 잎 전체가 황색이다.

일조~년간을 통해 햇빛이 잘 닿는 양지에 두고 월동은 5도 이상을 유지 실내에서 관리 한다.

비료~2개월에 1회에 완효성 비료를 준다.

물주기~화분의 표토가 마르면 화분 밑구멍에서 물이 흘러 나올 정도로 듬뿍 준다.

번식~봄과 여름 생육 기간에 삽목 한다.

베고니아 베고니아 과

학명~*Begonia masoniana Imscher*

원산지~오스트리아를 제외한 전세계의 열대와 아열대 지역에 분포해 약 2.000종이 있다. "렉스"는 인도의 앗삼 지역이 원산지 이다.

특징~다년초 또는 반저목으로 꽃과 잎을 관상하는 대표적인 식물로써 많은 원예 종이 있다. "서있는 나무 베고니아" 부르는 것의 대표로 "콕키아네"가 있으며 줄기가 똑바로 생장한다. 렉스는 잎의 색이 핑크색이다. 짙은 녹색의 품종이다.

기타 "윌, 폼"이나 "실바, 쥬길"등 잎이 아름다운 것이다.

일조~봄 가을은 밝은 음지에 두고 겨울은 실내에서 햇빛이 닿은 곳에 최저온도 8℃이상을 유지 관리 한다.

비료~1개월에 2~3회 속효성 액체 비료를 준다.

물주기~흙이 마르면 듬뿍 준다.

번식~봄 여름에 삽목이나 포기 나누기로 한다.

에피스시아 아카쇼우

원산지~서인도 제도, 열대 아메리카에 분포하고 있다.

* 특징

잎은 롱녹색이나 은녹색 등이 있다. 햇빛의 강약에 따라 잎색이 변화 한다.

적색, 핑크색, 황녹색 등의 꽃이 핀다. 줄기가 옆으로 뻗어가고 아래로 수구린다.

비료~봄 여름에 10일에 1회 속효성 비료 준다 물주기~화분의 흙이 마르면 듬뿍 준다.

일조~최저온도 10℃, 겨울의 온도는 15℃가 필요 하다. 그리고 밝은 음지에 두고 관리 한다. 겨울의 물은 건조한 듯 하게 관리 한다.

번식~삽목

이레시네 아욱과

원산지~오스트리아, 중남미의 아열대에 약 80종이 분포하고 있다.

특징~잘 분지하여 지면을 울타리 같이 생장하므로 그랜드 카바 등에 활용 하면 바람직 하다. 잎색은 녹색이나 적자색이 있고 잎맥이 황색, 선홍색이 있다. 아름다운 잎색이 관상 가치가 크다.

일조~겨울의 최저온도는 10℃가 필요하고 서리를 맞지 않도록 주의가 요한다.

양지에 두워서 관리한다. 만일 햇빛이 부족하면 아름다운 잎색을 관상할 수 없으므로 주의가 필요 하다.

물주기~화분의 표토가 건조하면 밑구멍에서 흘러 나올 정도로 후북하게 준다.

번식~삽목, 포기나누기

푸이리하이비카스
천남성과

원산지~열대~온대 지방에 약 200종이 있다.

* 특징

녹색의 잎에 백색의 반점이 있다. 그리고 적색의 꽃이 핀다.

비료~2개월에 1회 완효성 비료를 준다.

일조~겨울의 최저기온은 5℃가 필요하고 여름에는 밝은 음지에서 관리 한다. 그 외의 계절엔 양지에 두고 관리 한다. 아브라충과 하디니 등 병 해충에 주의 한다.

물주기~화분의 표토가 마르면 밑구멍에서 물이 흘러 나올 정도로 듬뿍 준다.

번식~삽목

죽백 Podocarpus
나한송과

특성~죽백 나무속은 일본 대만 원산으로 상록 고목으로 최대 25m크기로 자생한다. 산사에 많고 엽맥이 종방향으로 배열 되였고 전록의 광택이 있는 잎이 마주 보고 나고 일조량이 좋은 곳에서 생육을 잘한다.

기르기 포인트

내음성이지만, 일조량이 풍부한 곳에서 잘 자란다. 물주기는 표토가 건조하지 않도록 관리하고 월동은 노지에서도 가능하지만, 어린 묘는 내한성에 약하기 때문에 찬바람에는 유의해야 한다.

방임으로 잘 자라기 때문에 전정은 필요하지 않다.

죽백나무는 액운을 맊아 준다는 속설이 있다.

펜실 구락스
이사과

원산지~전 세계에 넓게, 습지대에 분포하고 있다. 특히 습지대에 많이 살고 있다.

* 특징

담녹색의 잎은 깍아놓은 연필과 같이 끝이 뾰쪽하고 톱바로 위를 향해 늘어져 있다.

일조~겨울의 최저온도는 5℃가 필요하고 겨울은 가능하면 실내에서 관리하는 것이 바람직 하다. 양지에 두고 관리 한다.

물주기~자칫 잘못해 물부족이 된다면 잎끝에서 부터 시들어짐으로 화분이 건조하지 않도록 주의 한다.

번식~포기 나누기

헤테라 헤릭스모나리자~아이비 종류중 하나, 줄기는 덩굴성으로 잎은 3~5잎이다. 영국에는 아이비 종류가 500종

아이비 두릅나무과

학 명~*Hedera helx L.*

원산지~북아프리카, 유럽 아시아에 8종이 있다

* 특징~"형태상으로 "아이비"의 이름으로 친밀감이 있다. 상록으로 줄기는 덩굴성이고 다수의 뿌리가 땅위로 뻗는다. 나무 줄기나 벽, 담 바위 등에 부착해 늘어진다. 일본에 "카지타"가 있다.

일조~두는 장소는 년간을 통해 햇빛이 잘 드는 곳이 바람직 하다. 저온에 강하지만 월동은 0℃가 필요 하고 모아심기나 벽걸이 Hanging Basket으로 하면 분위가 업된다.

물주기~화분의 표토가 마르면 듬뿍 준다.

번식~너무 많이 길게 자란 줄기를 잘라서 삽목으로 번식 시킨다.

카나리 엔시스~카나리아 제도에서 귀화해 아프리카에 분포한다.

헤테라 헤릭스 골덴 차일드~영국의 아이비 중에서 가장 인기가 있는 품종이다.

헤테라 헤릭스 쥬빌리~영국의 아이비의 하나로 녹색의 잎이 특징이다. 테두리는 흰반점이 있다.

카나리엔시스 휘리~카나리엔 시스 반점이 있는 품종이다. 그랜드 카바로서 활용되고 있다.

샴 오리질란~잎의 폭이 넓고 테두리가 백색으로 매력이 있어 메니아들에게 인기가 있다.

나카후 오리질 란~일반적으로 나돌고 있는 품종으로 튼튼해 기르기가 쉽다.

오리질 란 유리과

원산지~남아프리카

* 특징~꽃이 핀 후에 어린 기둥을 붙여 수그린 자세가 오리질을 붙인 것 처럼 보여짐으로 이 이름이 붙여졌다. 잎은 유연하고 잎폭이 넓은 것과 가는 종류가 있다.

일조~음지에 강한 식물이지만, 되도록 양지에 두고 관리하는 것이 바람직 하다.

물주기~봄과 가을에 표토가 마르면 듬뿍 주고 겨울은 건조하는 듯이 관리 한다.

비료~비료는 2개월에 1회분의 비료를 준다.

번식~늘어진 어린 줄기를 잘라내어 삽목을 하던지 포기 나누기로 한다.

웃티~부라질 나탈이 원산이다. 잎의 맥에 하얀 녹색이 있다. 벽걸이로 사용해도 멋스러움을 창출 할 수 있다.

웃테 레디 하트~잎의 맥에 옅은 핑크색의 복윤 반점이 들어 있다. 벽걸이 화분용으로도 인기가 있는 품종이다.

하트 카즈라 두릅나무과

원산지~케즈 페기아 속은 아프리카, 마다카스카르, 열대 아시아 등에 약 160종이 있다. 하즈 카즈라는 나탈리가 원산이다.

* 특징~줄기는 덩굴성으로 다육질로 땅속에 커다란 괴줄기를 붙이는 것이 많다. 덩굴성 줄기가 아래로 길게 늘어지고 줄기가 하트형이다.

일조~여름 동안은 밝은 음지에 두고 봄, 가을 겨울에는 햇빛이 잘 드는 곳에 둔다. 월동은 실내에서 5℃ 이상을 유지토록 관리한다.

비료~봄 가을에 1~2회 완효성비료를 준다.

물주기~화분의 표토가 마를만 하면 듬뿍 준다.

번식~무카고 모양의 줄기 부분을 삽입하여 번식한다.

문라이트~소형으로 잎이 담녹색이며 "쓰데"와 많이 닮은 종으로 인기가 있다.

네푸로레 피스 고사리과

학명~*Nephrolepis exaltata var.*

원산지~열대와 아열대에 약 30종이 있다.
일본에도 각 지역에 분포하고 있다.

* 특징~잎은 줄기에서 바로 늘어지고 날개상 잎이 된다. "타마시다" 품종의 "페티코트"로 선단이 가늘게 도열되어 있다.

일조~봄에서 가을은 밝은 음지에서 겨울은 햇빛이 잘 닿도록 관리한다. 최저온도 3℃.

비료~2개월에 1회 완효성 비료를 준다.
카이람 충이 발생하기 쉬우니 주의.

물주기~봄과 가을은 화분의 흙이 마르면 주고 여름은 자주, 겨울은 마른 듯 하게.

최저온도 3℃

번식~포기 나누기

스콧트 타마시다~작은 날개 조각의 잎으로 가늘게 도열되어 있다. 선명한 녹색을 하고 있는 소형 품종이다.

쓰데 타마시다~잎은 날개 모양의 잎으로 선명한 녹색을 하고 있다. 일반적인 모양을한 소형으로 매우 인기가 있는 품종이다.

보스톤 타마시다~옛부터 기르기 하고 있는 대형 품종으로 잎이 길게 늘어지면 1m이상이 된다.

아스파라가스 풀루모서스 백합과
학명~*Asparagus plumosus Baker*

원산지~아시아, 유럽, 아프리카에 약 150종이 있다.
* 특징~잎은 퇴화 했으며, 잎처럼 보여지는 것은 작은 가지들이 평편하게 된 거짓 잎이다.

비료~생육기에 2~3회 완효성 비료를 준다.

아스파라가스 팔카타스~잎은 버들잎상으로 농녹색이며 작은 가지가 선단에 3~5매씩 붙는다.

아스파라가스 풀루모서스~잎은 매우 가늘고 밀생하여 매우 섬세한 모습이 매력이다.

* 너무 늘어진 덩굴이 생기면 일찍 잘라준 것이 바람직스럽다.

물주기~뿌리가 분에 가득 하므로 화분의 표토가 마르면 밑구멍에서 물이 흘러 나올 정도로 듬뿍 준다.

번식~원칙적으로는 포기 나누기를 한다. 심는 용토는 배수성이 좋은 흙을 사용 하지만, 시판 되고 있는 시중의 관엽식물 전용토도 권장 할만하다.

아스파라가스

스마이락스~강한 햇빛을 받으면 잎이 타버릴 수 있으니 주의가 필요하다.

잎이 선명한 녹색을 하고 있다.

아스파라가스 메이리~줄기가 직립하고 다수의 작은 가지를 원통상으로 밀생하고 있다. 내한성이 강하다

아스파라가스 스프렌게리~줄기는 덩굴성으로 2~3m정도 늘어진다. 잎은 선명한 녹색을 하고 있다.

줄고사리
고사리과

학명~*Nephronepis*
　　　cordifolia ⟨L⟩K. Presl

원산지~대만에 분포하고 있다.

* 특징

줄기가 바위 등에 착생하고 있다.상록으로 년간을 통해 잎을 관상 할 수 있는 좋은점이 있다. 은백색색의 털이 덮혀 있는 뿌리 줄기가 길게 늘어져 있다.

비료~2개월에 1회 완효성 비료를 준다.

물주기~화분의 표토가 마르면 밑구멍에서 물이 흘러 나올 정도로 듬뿍 준다. 행잉 바스켓에 심으면 마를 수가 있으니 물주기에 주의가 필요하다.

일조~겨울의 최저온도는 3℃가 필요하고 서리를 맞지 않도록 밝은 음지에 두고 관리 한다.

번식~포기 나누기

토훼지 훼루메~열대 아메리카 원산의 대형종.
약간의 대형 녹색의 잎이 크게 신장이 되어 간다.

랏데아눔~열대 아프리카에서 남태평양에 분포하고 잎이 많이 생긴다.
"쓰리쓰쓰"나 "오샨 스프레" 등의 품종이 있다. 잎은 날개상으로 길게 생장.

아지안탐 고사리과

원산지~세계의 열대 아열대에 넓게 분포하고 있다.

*특징
아지안탐의 이름은 그리스어로 "습하지 않다"의 의미로 잎면이 물을 겉돌게하는 성질에서 불려진 이름이다.

비료~1개월에 2~3회 속효성 비료를 준다.

물주기~아지안탐은 건조에 매우 약하다. 만일 물부족이 되면 잎이 쪼글 쪼글하게 됨으로 화분의 흙이 마르지 않도록 주의 한다.

번식~포기 나누기나 포자로 한다. 심는 용토는 적옥토에 부엽토 2~3% 혼합해 사용 한다.

일조~겨울은 최저온도 5℃가 되도록 하고 실내에서 관리 한다. 나메쿠지에 약하므로 주의 한다.

캥거루 주머니
마디풀과

* 특징

덩굴성의 착생 식물로 잎이 팽팽하여 저수지처럼 물을 담고 있다. 적색의 작은 꽃이 핀다.

일조~겨울의 최저온도는 10℃가 필요하고 양지에서 관리 한다. 여름에는 직사광선이 닿지 않도록 밝은 음지에서 관리 한다.

비료~2개월에 1회 완효성 비료를 준다.

물주기~화분의 표토가 마르면 밑구멍에서 물이 흘러 나올 때까지 듬뿍 준다.

번식~삽목.

차란 죽절초과

학명~Thea sinensis
원산지~한국, 중국, 일본

* 특징

차잎을 닮은 광택이 있는 농록색의 잎으로 줄기가 옆으로 뻗어 있으므로 벽걸이Hanging Baskt에 심어 걸어서 기르면 좋다. 5~6월에 담황색의 방향성이 있다. 그리고 작고 가련한 꽃이 핀다.

일조~겨울의 최저온도는 5℃가 필요 하다. 밝은 음지에 두고 관리 한다.

물주기~화분의 표토가 마르면 화분 밑구멍에서 물이 나올 정도로 듬뿍 준다.겨울은 과습과 건조에 약함으로 건조하다 정도로 한다.

번식~삽목, 포기 나누기

병 해충의 종류와 대책

관엽식물은 기본적으로 튼튼 하지만, 병 해충의 발생과 그 발생으로 인해 식물이 고사 되는 원인의 대표적인 병해충의 증상과 대책들을 설명 한다.

그을림 병~잎과 줄기의 표면에 검은〈그을림〉가 있어 광합성이 원활치 못해 생육에 지장을 받고 따라서 진딧물의 배설물〈그을림〉은 바이러스의 원이 된다.
대책~진딧물의 방제를 철저히 한다. 그리고 그을림을 털어낸다.

탄저병~잎에 갈색의 반점이 생기고 병증상은 동심 윤문이 생기며 가운데가 고사된다. 고온다습한 환경에서 발생하고 질소 비료의 과다시 발생하고 주변의 식물들에게도 전염을 시킨다.
대책~전전정을 해주고 통풍을 좋게하며 병든 곳은 잘라서 폐기한다.

잿빛 곰팡이 병~잎이 썩어 녹아 내리고 회색과 갈색 곰팡이가 생긴다. 장마 등 습도가 높은 시기에 특히 약하다. 그리고 통풍 등 환경이 나쁘면 발생이 심하다.
대책~통풍이 잘 되도록 관리하고 곰팡이가 발생한 부위는 처분다.

매미충류~새싹이나 잎을 흡즙하여 생육에 지장을 준다. 끈적 끈적한 즙의 배설물이 병균을 옮긴다. 햇빛 부족과 통풍이 미비한데서 발생을 한다.
대책~자주 환기를 시키고 유기제의 살충제를 살포다.

개미~화분의 흙에 집을 짓고 식물의 생장을 저해한다. 진딧물의 배설물을 먹고 생존한다.
대책~진딧물을 방제한다. 발병시는 살충제를 살포한다.

온실 가루이~잎을 흡즙하여 식물의 생장을 방해한다. 끈적 끈적한 점액을 배설 하면서 병원균을 매개한다.그리고 주변의 식물에 옮겨 기생하다.
대책~유기질 계통의 살충제를 살포한다.

진딧물류~잎과 줄기에서 흡즙하여 식물을 약하게 한다. 그리고 끈저 끈적한 배설물이 병을 매개 한다. 통풍이 안좋고 일조량이 부족하고 질소 비료가 많을 때 잘 발생한다.
대책~가을과 겨울에는 활동이 적으므로 적정 시기에 유기질 살충제를 살포 하는데 잎 전체가 흠뻑 젖을 수 있도록 충분이 살포한다.

초파리류 전반~통풍이 불량하고 습기가 많은 환경에서 많이 발생하다.
대책~분의 표면의 흙이 건조 하도록 관리하고 발생 시에는 카보입제를 살포하여 유충과 알을 포살한다. 표면의 흙을 제거하고 적옥토 등 영양분이 없는 용토로 덮는다.

응애류~잎 이면에 기생하여 흡즙하고 흡즙 부위는 엽록소가 파괴되어 심하면 낙엽이 된다. 고온과 건조시 발생이 많다.
대책~물에 약하기 때문에 발생 부위에 분무하여 가습한다. 발생 부위를 제거 하거나 물로 씻어준다. 그리고 살충제를 살포한다.

구즈마니아 마그니피카 구즈마니아속 파인애플과

학 명 : *Guzmania magnifica* Hort
과 명 : 파인애플과 번식 : 포기 나누기
일 조 : 밝은 음지 물주기 : 화분의 몸통에 준다

특 징 : 열대 아메리칸 원산으로 줄기가 둥글고 넓으며 잎은 짙은 녹색이다. 잎 가장 자리에는 가시가 없다. 같은 파인애플과의 "엘메아"에는 가시가 있으므로 구분할 때는 이것을 포인트하면 된다.

* 사진 좌 구란 무리~짙은 녹색의 잎과 선명한 적색의 콘트라스트가 함께 어우러져 볼만하다.
* 사진 우 디스티 후로라~밝아 보이는 녹색의 잎과 황색에서 적색으로 변화하는 꽃으로 관상 가치가 있어 인기가 있다.

꽃은 줄기 중앙부에서 늘어져서 선단에 적, 핑크, 오렌지 등의 아름다운 화포를 만들어 피며 꽃을 장기간 관상하며 즐길 수 있다.

체리~약간 짙은 잎은 짙은 녹색이다. 중후한 분위기가 있어 선물 하는데 인기가 있다.

퓌에스타~짙은 녹색의 잎과 적색에서 녹색으로 변하는 꽃색이 최근에 인기가 모아지고 있다.

모라도~짙은 녹색의 잎과 황색의 꽃이 유니크 하다

꽃을 관상한다

푸리 세아 파인애플과

일 조 : 밝은 음지
물주기 : 화분의 몸통 부위에 준다
최저온도 : 8℃
번 식 : 포기 나누기

* 특징

중앙 남아메리카와 서인도제국에 약 250종이 있다. 착생종이 대부분으로 잎은 구주마니와처럼 둥굴고 넓다. 중앙부에서 꽃대가 직립하고 화포에 색이 붙는다. 잎에는 가시가 없다.

잎에 종으로 반점이 있는 "화이트라인"이나 옆에 반점이 있는 "스프렌디스"는 잎색이 불루가 된다. "인코아나스"는 적색으로 직립해 가느다란 꽃이 특징이다.

비료는 봄, 가을에 10일에 1회 속효성 액체 비료를 준다. 물은 화분 용토의 가운데 주지만, 몸통의 중앙에는 물을 남기지 않는다.

번식은 포기 나누기로 한다. 두는 장소는 밝은 음제에 년간을 통해 둔다. 월동은 8도 이상의 따뜻한 곳에 둔다.

인코아나니스~잎은 짙은 녹색을 하고 붉게 직립하는 꽃이 관상의 가치가 있다.

나나스 파인애플과

일 조~양지
물주기~화분의 흙이 마르면 준다.
최저온도~5℃
번식~상부의 싹을 잘라 삽목한다.

* 특징

열대 아메리카에 5~7종이 있다. 대표적인 것은 "파인애플"로 식용을 한다. 브라질 원산으로 줄기 중앙부에서 뻗어나온 꽃축의 선단에 과실이 달린다.

비료는 2개월에 1회 완효성 비료를 준다. 물주기는 화분의 흙이 마른듯 하면 듬뿍 준다.

두는 장소는 연간을 통해 양지에 둔다. 겨울은 유리창너머에서 5℃ 이상으로 관리 한다.

콜룸네아 제스네리아과
학명 : *Columnea gloriosa T.*

일조~밝은 음지
물주기~화분 흙이 마르면 준다
최저온도~8℃
온도 : 7도C
배양토 : 밭흙, 부엽토, 모래 3:5
번식~삽목 또는 실생으로 한다.

* 특징

열대 아메리카에 약 100~160종이 있다. 착생종으로 수목이나 바위 등에 부착해 줄기가 길게 아래로 늘어져 생육한다.

비료는 2개월에 1회 완효성 비료를 준다.

물주기는 화분의 흙이 건조하면 주고 공중의 습도를 유지키 위해 분무기로 엽수를 해준다.

공중 습도가 낮으면 잎이 뿔뿔이 떨어진다.

두는 장소는 봄에서 가을은 밝은 음지에 두고 겨울은 햇빛이 닿는 장소에 8℃ 이상이 되도록해 관리한다.

패각충이나 바다니아가 발생하기 쉬우므로 주의 한다.

레오레겔리아 파인애풀과
학명~*Neoregelia L.BSmitM*

일조~양지
물주기~화분의 흙이 마르면 준다.
최저온도~5℃
배양토~밭흙 부엽토 모래를 3: 4: 3의 비율로 혼합해 심거나 수태에 심어 관상 한다.
번식방법~개화 후 흡지를 떼어서 삽목 번식한다.

* 특징

많게는 브라질에 약 70여종이 분포하고 있다. 열대 우림 수목에 착생하고 잎이 둥굴고 크게 넓혀 간다.

중앙부가 평탄하여 물이 담겨 있고 잎의 녹색에는 가시가 있다. 비료는 월 1~2회 속효성 액체 비료를 준다.

물주기는 화분 몸통 부분에 물을 주어 몸통 부분에 물이 남이 있도록 한다. 두는 장소는 햇빛이 닿는 장소에 둔다. 번식 방법은 포기 나누기로 하고 월동은 5℃이상을 유지토록해 관리 한다.

스토네리치아 국화과

일조~양지
물주기~화분의 흙이 마르면 준다.
최저온도~3℃
번식방법~포기 나누기

* 특징

남아프리카에 약 4종이 있다. "니코라이"는 대형으로 높이는 10m나 된다. 잎은 긴모양의 장타원형으로 화포는 다갈색으로 꽃의 외측은 백색이고 내측은 옅은 청색이다.

"레기나에"는 높이가 1m로 줄기가 없다. 꽃은 원통상의 꽃줄기 끝에 붙는다.

꽃의 외측은 등황색이고 내측은 청자색으로 핀다.

비료는 2개월에 1회 완효성 비료를 준다.

물주기는 화분의 흙이 마르면 듬뿍 주고 두는 장소는 년간을 통해 햇빛이 닿는 곳에 둔다. 햇빛이 약하면 잎이 늘어진다.

번식은 봄과 여름에 포기 나누기로 하고 월동은 밝은 실내에서 3℃이상을 유지해 관리 한다.

스파티 필름 천남성과

학명~*Spathiphyllum cannifolium schott*
원산지~아메리카 말레시아 서인도

* 특징

열대 아메리카에 2종류가 있다.

"쿠리뷔반디"는 광택이 있는 짙은 녹색의 잎에 백색의 꽃이 핀다.

"푸로리분로움"은 콜롬비아 원산의 소형종이다. 비로도처럼 광택의 잎이 특징적이다.

비료는 2개월에 1회 완효성 비료를 준다. 너무 많이주면 잎만 무성하게 됨으로 주의 한다.

물주기는 봄과 가을에 화분의 흙이 마르면 듬뿍 준다. 여름에는 매일 주어야 하고 겨울은 건조한 느낌으로 관리한다.

두는 장소는 봄 가을엔 창밖에 두고 카텐너머 햇빛이 닿도록 하고 여름은 밝은 음지, 겨울은 햇빛이 닿는 곳에 실내에 5℃이상이 되게 해 관리한다.

사쿠라란 박주리과

일조~밝은 음지
물주기~화분의 흙이 마르면 듬뿍 준다.
최저온도~5℃
번식방법~삽목

사쿠라란의 동종인 호야속은 열대 아시아 오스트레일리아 태평양 제도에 약 200종이 있다.

줄기가 매달리는 성질로 늘어진다. "카루노사" 라고도 불리며 일본 남부, 열대 아시아, 오스트레일리아에 분한 한다.

꽃은 튼실한 줄기에 피고 백색으로 중심부가 홍색이 되고 30개 전후로 둥글게 핀다. 원예 품종이 많고 인기가 있는 "콘박타"는 잎이 뒤틀려 있다.

비료는 생육 기간인 봄 가을에 1회 완효성 비료를 준다. 물은 화분의 흙이 마르면 주고 두는 장소는 봄 가을은 밝은 음지에, 겨울은 유리창 너머 햇빛이 닿는 장소에 두고 5℃이상에서 실내에서 관리 한다.

번식은 생육기인 봄 여름에 삽목을 한다.

실바 핑크~잎에 녹색의 반점이 있고 짙은 적갈색의 꽃을 피운다.

칼노사~인도 원산의 소형종으로 향이 있는 하향성 꽃이 흰색으로 핀다. 꽃 중심은 홍색으로 핀다.

아부틸론 아욱과

학명~*Abutilon hybridum Voss Savitzii*

일조~양지
최저온도~3℃
물주기~화분의 흙이 마르면 듬뿍 준다.
번식방법~삽목

* 특징열대와 온대에 걸쳐 약 100여종이 있다. 잎이 단풍잎처럼 아름다운 관엽식물이다.

잎은 5개로 갈라지며 갈라진 잎 끝은뾰쪽하고 가는 톱니처럼 되어 있다. 잎자루는 길고 호생한다. 무늬종은 생장이 느리다.

비료는 봄 가을 2개월에 1회 완효성 비료를 준다. 물주기는 화분 흙이 마르면 듬뿍 준다.

두는 장소는 년간을 통해 양지에 둔다.

번식방법은 봄과 여름 사이 삽목으로 한다.

월동은 3℃ 이상을 유지 실내에서 관리 한다.

안슈리움 천남성과

학명~*Anthurium andraeeanum*

일조~밝은 음지
최저온도~10℃
번식~포기나누기 취목

* 특징

열대 아메리카에 약 600종이 있다.

꽃을 관상 하기엔 "안도리아눔"과 "쉬리제리아눔"의 품종이 있다.

안도리아눔은 콜롬비아 산으로 꽃은 적홍색의이다. 적색의 화포에 녹색이나 백색이 들어 있는 "오바케"가 있다.

작은 분에 심을만한 것은 "히메안슈리움"이 있다. 비료는 생육 기간인 봄 가을에 2개월에 1회 완효성 비료를 준다.

물주기는 봄에서 가을까지는 화분의 흙이 건조하지 않도록 주고, 겨울은 물이 많으면 저온 피해가 있을 수 있으므로 흙이 건조하지 않을 정도로 준다.

두는 장소는 봄 가을은 밝은 음지에, 겨울은 창가에 두고 햇빛을 받도록 관리한다.

안도리아눔~콜롬비아 메카돌 원산으로 미국 하와이를 비롯해 전 세계적으로 많은 원예종들이 만들어 기르기 하고 있다.

아포로~포의 색이 붉고 살이 두터운 녹색의 잎이 볼만하다. 일반적으로 많이 출하되는 종

아쿠아 포리스~흰 화포로 살이 두터운 잎이 인기가 있다. 잎은 크게 자란다. 밝은 음지에서 관리 한다.

코소하라 젯트~하와이에서 원예종으로 만들어낸 종으로 붉은 화포와 엷은 녹색의 잎이 산뜻한 분위기를 자아낸다.

안도리아눔~콜롬비아 원산으로 꽃은 선명한 적색으로 관상의 가치가 높다.

히스비타~아칼리파의 대표적인 품종이다. 이삭 모양의 꽃은 길이가 3~50cm다

아칼리파 대극과

학명~Acalypha hispida Burm. f.
원산지~인도, 뉴기니아

캣토테일~선명한 붉은 이삭 모양의 꽃이 아래로 늘어져 볼만하다.

* 특징

전 세계의 온대 지방에 약 43종이 있다. "히스피다"는 말레이지아 원산으로 "베니히노키"라 불리운다. 생장하면 높이 2~5m가 되고 잎은 녹색으로 길이 30~50cm의 붉은 꽃이 길게 늘어져 핀다. 비료는 2개월에 1회 완효성 비료를 주고 물주기는 봄과 가을은 화분 흙의 표면이 건조하면 듬뿍주고 여름은 날씨가 좋은 날에는 매일 아침 저녁으로 준다.

겨울은 건조하지 않는 느낌으로 물관리를 한다. 두는 장소는 가능한 햇빛이 닿는곳에 5℃ 이상을 유지 관리한다.

키아네아~일반적으로 시중에 출하되고 있는 품종. 핑크색과 적색의 주걱 모양의 꽃이삭이 선명하게 핀다.

테누이 포리아~굵은 잎과 적과 자색의 꽃이삭이 특징으로 뮤직한 분위가 매력적으로 인기가 있다.

치란지아 파인애플과

일조~밝은 음지 최저온도~ 3℃
물주기~잎에 물을 준다. 번식~포기 나누기

* 특징

미국과 남아메리카의 넓게 분포하고 있다. 수목의 줄기나 바위 등에 착생한다. 그때문에 뿌리가 빈약해 공기중의 수분을 흡수해 생육한다. 에어프렌치와 같은종이다.

대표적인종으로 "키네아"가 있다. 에콰도로 원산의 주걱 모양의 꽃이삭은 핑크에서 붉은색이 된다. 비료는 월 1~2회 밀도가 낮은 액체 비료를 분무기로 뿌려 준다. 물주기는 엽수이지만 물이 과다하면 흰가루가 씻어 나가므로 주의가 필요하다. 겨울은 3℃ 이상을 유지하고 간간이 햇빛이 닿도록 관리 한다.

스토리추타~가는 녹색의 잎과 엷은 꽃 이삭이 특징적으로 인기가 있는 품종. 밝은 음지에서 관리 한다.

에쿠메아 파인애플과
학명~*Adantum cuneatum*

일조~밝은 음지

최저온도~8℃

물주기~통 모양으로 되어 있는 곳에 물을 준다.

번식·포기 나누기

* 특징

남아프리카와 열대 지역에 약 150종이 있다. 많게는 수목의 줄기에 착생해 생장한다. "파스키아타"는 브라질 원산으로 잎 뒷면에 백색의 횡 무늬가 있는것이 특징이다.

비료는 10일에 1회 통속에 속효성인 액체 비료를 준다. 물주기는 통모양으로 되어 있는 곳에 물을 주지만 물이 모아 있지 않도록 주의 한다.

두는 장소는 년간을 통해 밝은 음지에, 월동은 5℃이상으로 실내에서 통속의 물을 빼서 관리 한다.

카우다타 파리에가타~잎에 황색의 반점이 횡반점 모양으로 들어 있으며 오렌지 색의 꽃이 서있는 것 같이 핀다.

파스키아타 엔젤~짙은 녹색의 잎과 핑크색의 꽃이 특징, 꽃 피는 기간이 길어 관상 가치가 높다.

아페란트라 쥐꼬리 망초과
학명~*Aphelandra squarrosa Nees CV.*

일조~밝은 음지 최저기온 5℃
물주기~화분의 흙이 건조하지 않도록 준다.
번식~삽목

* 특징
아페란드라 중에서 일반적으로 출하되는 "스카로사"로 열대 아메리카 원산으로 많은 품종이 있다. 가장 일반적인 것은 "다니다"로 짙은 녹색의 잎에 은백색의 모습이 있고 황색꽃의 포를 끼운다.
비료는 봄 가을 생육 기간에 2개월 완효성 비료를 주고 물주기는 봄 가을엔 건조하지 않도록 주고, 두는 장소는 봄 가을엔 밝은 음지에, 여름은 음지에 둔다. 겨울은 5℃ 이상이 되도록 실내에 둔다. 번식은 봄에서 여름 사이 삽목으로 한다.

호야 멀티후로라
박주가리과
Hoya carnosa R. Br.

일조~양지
최저온도~3℃
물주기~화분의 흙이 마르면 듬뿍 준다.
번식방법~삽목

* 특징

동아시아와 오스트레일리아에 걸쳐 약 200종이 있으며 여름에 꽃이 핀다. 작은 꽃들이 수십개씩 모아서 핀다.

생장 하면서 새싹 가까이에서 차츰 꽃을 피게 하므로 장기간 꽃을 관상 하면서 즐길 수 있다.

잎에는 반점이 있는 것과 없는 것이 있다. 비료는 년 2회 완효성 비료를 준다. 번식은 삽목, 물주기는 화분 흙이 마르면 밑구멍에서 물이 흘러 나올 정도로 듬뿍 준다.

여름은 수시로 엽수를 해주며 겨울의 최저온도는 3℃이상이 필요하며 밝은 음지에 관리 한다.

자귀나무 〈콩 과〉

학명~*Albizia julibrissin*

원산지~한국, 일본, 중국, 아프리카

특성~낙엽 소교목 관엽 관화 식물이다. 높이는 3~9m정도. 자라는데, 가지는 엉성하게 수평으로 퍼져서 자란다.

전체 수형은 부정형이며 수피는 검은 회색이 난다. 개화기는 6~7월이고 꽃은 술 모양이며 기부는 흰색 윗부분은 진분홍색이 난다.

열매는 협과이다.

재배 및 관리법

온도~노지에서 월동 16~30℃에서 잘 자란다.

햇빛~양지를 좋아한다.

관수~보통으로 관수 관리한다.

습도~공중 습도는 보통으로 관리한다.

배양토~노지와 정원에 심어 관상한다.

번식~실생으로 번식한다.

라구라스 볏과

학명~*Lagurus ovatus L.*

일조~양지 최저온도~3℃
물주기~화분의 흙이 건조,
번식방법~실생

* 특징
지중해 연안이 원산으로 이삭이 주렁주렁 열리는 것이 특징으로 흰색의 꽃이 핀다. 관상 후 꽃꽂이용으로 이용.

비료는 2개월에 1회 완효성 비료를 준다. 너무 과하게 주지 않도록 주의 한다. 번식은 실생, 물주기는 화분의 흙이 건조하면 듬뿍 준다.

겨울의 최저온도는 3℃로 양지에 두고 관리 한다.

세로시아 아욱과

일조~양지 최저온도~5℃ 번식방법~실생
물주기~화분의 흙이 마르면 듬뿍 준다.

* 특징
열대 아시아가 원산으로 일반적으로 케이토우와 같고 형태가 원예종에 가깝다. 꽃은 흰색이나 핑크색, 적색으로 핀다.

비료는 2개월에 1회 완효성 비료를 준다. 단 비료가 과다하면 꽃이 피지 않을 수 있으니 주의가 필요하다. 번식은 실생 월동은 5℃로 양지 관리.

파보니아 아욱과

일조~양지

최저온도~8℃

번식방법~삽목, 실생

* 특징

브라질 원산으로 열대 아메리카를 중심으로 열대에서 온대 지역에 걸쳐 약 150종이 있다.

잎은 길고 표면에 광택이 난다. 적색의 부분은 화포로 꽃잎은 가운데의 짙은 자색 부분이다.

그 이듬해 즉 돌아오는 해에 개화한다.

비료는 2개월에 1회 완효성 비료를 준다.

번식은 삽목이나 실생.

물주기는 화분의 흙이 마르면 듬뿍 준다.

겨울의 최저온도는 8℃를 유지해 양지에 두고 관리 한다.

Peperomia sp 후추과

특징~빼빼미아 속은 아열대 지역을 중심으로 널리 분포되여 있다. 특히 중앙, 남아프리카에 집중 분포. 소형의 다년초본, 다육질의 줄기와 잎을 갖고 있다.

기르기 포인트
내음성이지만 일반적으로 햇빛을 좋아 하기 때문에 양지에서 관리 한다. 온도는 최저 10℃ 이상을 유지해야 하며 물은 흙의 표면이 마르지 않은 상태로 유지하고 낙엽의 원인은 습도, 환경, 일조량 부족이 된다.

Asteraceae 세네시오SP 국화과

특징~세네시오는 전 세계에 2000종 이상이 분포. 열대 아시아가 원산지이고 잎파리가 오이처럼 생겼고 줄기가 아래로 축 쳐져 있다. 그리고 잎과 줄기에 털이 있고 흰가루가 덮여 있으며 개성 넘친다.

기르기 포인트
봄과 가을에 생장하고 더위에는 약하다. 특히 고온다습에 약하므로 반 음지에 둔다. 생육기에는 다른 식물보다 물을 좋아 하기 때문에 건조에 주의한다.
저온에는 비교적 강하고 월동은 3~5℃가 유지 되어야 하고 일조량이 부족하면 꽃이 좋지 않다.

Lauracae 시나몬 SP 녹나무과

시나몬속은 인도, 말레시아, 스리랑카 원산으로 잎은 광택이 있고 크다.

껍질은 방향성으로〈계피〉향신용으로 이용한다. 자생지에서 수고는 약 10m 정도 자란다.

기르기 포인트

햇빛을 좋아 하기 때문에 항시 햇빛이 잘 드는 곳에서 관리하고 기온은 최저 5℃ 이상을 유지하고 물은 흙이 건조하지 않도록 준다. 잎은 분무기로 뿌려 준다. 겨울 한파로 잎과 줄기가 고사할 때는 봄에 잎과 가지를 제거해 준다.

Marantaceae 칡과
칼라데아 SP

칼라데이아속~브라질 원산으로 열대 아메리카에 약 300종이 분포하고 있다. 다년초로 키는 60cm정도이고 넓은 잎이 땅위에 바짝 붙어서 생장하고 그리고 잎에 모자이크 무늬가 있다.

흰색 꽃이 무척 아름답다. 브라질어로 칼라데아는 용을 의미하는 것으로 전례되어 오고 있다.

기르기 포인트

강한 광선을 싫어하기 때문에 밝은 음지에서 생육 시킨다. 물은 좋아 하기 때문에 봄과 여름은 물이 마르지 않도록 주의 한다.

잎에 물을 뿌려 습도를 올려주는 것이 바람직 하다. 추위에 약하기 때문에 12℃ 이상을 유지해야 한다.

사진 좌. 아데늄 오베숨   사진 우. 파키포듐밀시플로룸

Apocynaceae 아데늄SP 협죽도과

아데늄속은 아라비아, 동아프리카에 10여종이 분포한다. 뿌리부에서 줄기가 비대해 다육질이 되고 가지가 생성되여 교목 상태로 된다. 파키포듐속은 남아프리카 마디카스 건조지대에 분포, 나무 윗부분에 새싹과 가시가 난다.

기르기 포인트

비가 적은 지역에서 자라기 때문에 항상 통풍을 좋게하고 물은 흙이 마르지 않도록 준다. 겨울에는 물주는 횟수를 줄이고 잎이지는 휴면기에는 물을 주지 않는다. 온도는 10℃ 이상을 유지한다. 겨울의 아름다운 꽃을 보려면 온도를 15℃ 이상을 유지한다.

Asclepiadoideae 호야SP 박주리과

특성~호야속 열대 아프리카에 약 200종이 분포, 여러해살이 풀 덩굴설 관목이며 잎은 다유질로 꽃은 광택이 있고 향기가 좋은 종들이 많이 있다. 사쿠라란〈벗꽃란〉 벗꽃 모습의 꽃을 닮아서 명명했다.

6~7월에 개화기이다.

기르기 포인트

한 여름 외에는 햇빛이 있는 곳에서 관리하고 내음성이지만 일조가 부족하면 꽃이 좋지 않다. 내한성은 5℃ 이상에서는 좋지만 추위에는 생육이 좋지 않으므로 따뜻한 곳에서 관리 한다.

물은 흙이 건조하지 않도록 관리하고 적습을 위해 항상 통풍을 좋게하고 관리 한다.

Hypericacaceae
크루시아SP 물레나물과

크루시아속 프린세스~열대 온대에 분포하는 교목 관목으로 초본의 45속 650종이 있고 우리나라에는 2속 8종이 자생하고 있다.

잎은 어긋 나거나 마주나며 또는 돌려난다. 꽃은 단성화 또는 양성화이고 종자는 배유가 없다.

기르기 포인트

내음성은 있지만, 햇빛을 좋아하므로 한 여름 이외에는 밝은 곳에서 관리하고 추위에는 약하므로 항상 10℃ 이상을 유지해야 한다.

물주기는 흙의 표면이 마른듯 하면 듬뿍 준다.

Rubiaceae 커피나무SP 꼭두서니과

Coffea속은 열대 아시아, 아프리카에 약 40종이 분포하고 가시가 있는 잎과 하얀꽃이 피고 선홍색, 황색의 열매가 열리고 특정 종은 커피 원료를 생산키 위해 재배되고 커피콩은 대부분은 아라비아 커피속이고 관엽식물도 여기에 속한다.

기르기 포인트

노지에서 자란 잎이 매우 양호하다. 환경이 안좋은 곳에서는 차광을 할 때는 오전중에 열어서 햇빛과 통풍을 한다. 실내의 온도는 10℃ 이상을 유지하고 물은 표면의 흙이 마르지 않도록 관리한다. 건조와 해충 방제를 위해 잎수를 분무한다.

스킨다푸서스(포토스)

학명 : *Scindapsus aureus Eng1.*
과명 : 천남성과
원산지 : 솔로몬 군도

형태상의 특징

덩굴성 상록 다년초로서 12m 정도 자라고 아래로 늘어진다.

잎의 형태는 심장형인데 마디마다 기근이 발생한다.

잎은 암록색이며 잎 표면은 광택이 난다. 잎의 크기는 길이가 10~40cm, 폭 5~30cm정도 자란다.

생장력은 강하고 광합성이 부족하면 황색의 무늬가 없어지는 경향이 나타난다.

원산지에서는 줄기가 수십 미터 자라며 다른 나무를 타고 붙어서 산다. 미국서 발음으로는 신타프서스라고도 부른다

Pandanaceae 판다나과
황반 판다누스 산데리

판다나속은 아시아와 아프리카 및 태평양 도서지역 호주 내륙에 분포하고 종에 따라 관목은 3~5m정도이고 교목은 20m이고 줄기는 갈라져 있을 수 있고 뿌리는 공중 밭침 뿌리를 가질 수 있다.

기르기 포인트

강한 광선은 엽소의 원인이 되므로 가능한 직사광선을 피해서 음지에서 관리하는 것이 일반적이다. 그리고 통풍이 잘 되도록 한다.

물은 흙이 마르지 않도록 관리하며 공기 습도를 위해 분무기로 물을 분사한다.

온도는 10℃이상을 유지해야 한다.

Lamiaceae 꿀풀과
콜루스 암비니 쿠스

콜루스속은 아시아, 아프리카, 호주, 아열대에 250여종이 분포한다. 초본은 다년초로 잎은 둥글거나 계란형이고 잎의 향은 백리향의 톡 쏘는 맛과 민트와 같은 맛이 난다. 모기 퇴치제로도 사용한다.

기르기 포인트

정원과 실내에서 화분에 기르는 것이 좋다. 반 그늘이 좋고 햇빛이 부족하면 도장되기 쉽다. 강한 광선에는 잎이 상하기 쉽다. 다육질 식물로 건조에 강하지만 흙이 건조하지 않도록 관리하며 건조할 때는 분사한다.

습하면 뿌리 부패가 되니 주의한다.

온도는 5℃ 이상을 유지해 준다.

Anthericum Asparagaceae
백합과

잎 무늬는 줄무늬이고 잎색은 녹색이나 연두색이다. 꽃색은 흰색이고 향기는 약하다. 주로 아프리카 인도를 중심으로 200여 종이 분포하고 있다.

기르기 포인트

높은 광도에도〈300~10.000Lux〉무난하여 거실 창측이나 발코니에서 기르기 알맞다. 물주기는 봄, 여름 가을에 흙의 표면이 마르면 주고 겨울에는 표토가 건조 했을 때 물을 주고 비료를 조금 보충해 주고 습도는 400%를 유지해 준다.

Selaginellaceae 부처손과

특성~온대~아열대 지역에 약 800종이 분포하고 있으며 군생하는 식물이다. 지상이나 바위에 부착해 생육한다. 가늘고 긴 잎이 줄기와 가지를 이루고 방사상으로 생장한다.

그 외에 표면에는 린편 상태의 잎이 많이 형성되고 색은 담녹색이지만 서리를 맞으면 갈색이 되기도 한다.

기르기 포인트

밝은 일조를 좋아 하므로 햇빛이 부족한 곳은 카텐으로 차광을 하고 오전중에 차광을 열고 햇빛을 쪼이도록 하고 통풍을 좋게 해 실내에서 기른다. 물은 흙 표면이 마르기 전에 주고 공중 습도를 좋아 하기 때문에 물부족을 주의하고 습도를 유지하기 위해 분무기로 물을 분사해 주고 온도는 최저 5℃이상이 되도록 관리한다.

Polypodiaceae 고란초과
플라티세룸비푸르카룸

특징~고란초과는 65속 1,000종이 아열대에 분포하고 우리나라는 8속 22종이 있다.

근경은 옆으로 뻗으며 잎 사이에 마디가 있다. 잎은 2줄로 달리고 근경과 관절로 이어진다.

기르기 포인트

포디포디아〈고란초〉과는 양치 식물로 대부분 아열대성으로 토양에 뿌리를 내리지 않고 다른 식물에 붙어 기생한다. 뿌리와 같은 줄기가 비늘로 덮여 있다. 통풍이 좋고 반 음지에서 생육이 좋다.

음지에서 기르면 세력이 약하고 도장이 된다. 물은 흙이 건조하면 주고 엽수도 분무해 준다.

온도는 최저 5℃ 이상을 유지 해 주어야 한다. 특수한 패래몬이 인기가 있다.

Gesnerriaceae 괭이귀과
에스키난토스, 라스타

특징~대부분 초본으로 열대 아시아 뉴기니아 원산으로 잎은 마주 나거나 어긋난다. 꽃색은 적색이지만 황녹색이 간혹 있다. 잎과 꽃이 아름다워 화분용이 많다.

열대 아시아에 100속 1,500종이 있고 우리나라에더 재배종이 있다.

기르기 포인트

정원이나 조경을 조성하는 식물로 많이 기르기 한다. 대부분 꽃 식물이고 정원용은 색깔, 모양 향기가 좋은 품종이 심어지고 있다. 보통 10℃이상 온도를 유지하고 물은 흙 표면이 건조하면 듬뿍 주고 공기가 건조할시 잎이 시들어 떨어져 버리므로 엽수를 하여야 한다.

시들은 낙엽의 가지는 밑에서부터 잘라준다.

꽃이 매우 아름답다.

Cucurbitaceae 박과

서, 남 마디가스가라에 분포하고 다육질이다. 기부에서 가지가 신장한다. 87속 800종이 분포하고 있으며 우리나라는 약 70여 종이 분포하고 있다.

생장이 느린반면, 튼튼해 보는 사람에게 사랑스럽고 매력적으로 다가온다.

기르기 포인트

햇빛을 좋아 하지만, 너무 강한 햇빛은 싫어하기 때문에 무더운 여름은 밝은 응달로 옮겨 관리 한다. 그리고 다육식물이기 때문에 건조하게 키운다.

물은 2~3일 간격으로 주고 겨울은 물주는 횟수를 줄여 1개월에 1회 준다.

온도는 최저 5℃이상으로 관리 한다.

Aracede 천남성과
몬스테라

학명~Monstera deliciosa
원산지~멕시코, 중앙 아프리카

특성~화분에 심어 관상하는 덩굴성 관엽 식물이다. 줄기는 6m, 지름 5cm정도이고 각 마디마다 공중 뿌리가 내린다. 무늬갈퀴 몬테스라와 몬테스라의 차이점은 몬테스라는 잎이 갈라지고 주맥 양 옆에 작은 구멍이 나 있지만 무늬갈퀴 몬테스라는 잎이 작고 구멍이 없다. 간혹 뿌리 줄기가 나무에 붙어 살기도 하고 물에서도 생장한다.

생장 과정을 즐기는 식물이다.

기르기 포인트

통기성이 좋은 반 음지를 좋아한다. 일조량 부족은 도장을 초래한다. 번식은 뿌리마디의 줄기를 삽목하고 배수가 좋은 펄라이트나 머뮤큐라이트가 좋다. 습도는 50%를 유지해야 하며 온도는 18~30℃가 좋으며 최저 14℃ 이상을 유지해야 한다.

오렌지 자스민
Rutaceoe 운향과

특성~운향과는 동남아시아를 중심으로 중국 남부, 대만 남서부 섬 지방에 자생하는 상록 관목수이다.

자생지에서는 보통 3~4m 되고 열대, 아열대 지역에서는 정원목으로 많이 심는다. 엽은 가죽 성질로 광택이 나고 6~7월에는 방향이 있고 가지 선단에 순백꽃이 피고 전정 후 신장력이 강하다.

기르기 포인트

강한 일조량을 좋아하므로 연중 햇빛이 잘 들고 통풍이 좋도록 한다. 내음성이지만, 일조량이 부족하면 잎이 떨어진다.

물관리는 표토가 마르면 주고 기온이 5℃ 이하일 때는 잎이 떨어지고 나무는 0℃에서도 견뎌낸다.

엽꽃 열매가 계절에 따라서 그 모습이 아름답다.

프라시누스 그리피티이
Fraxinus graffitii
물푸레 나무과

특성~물푸레나무속은 동반부에 폭 넓게 분포하고 수고는 10~15m이고 잎은 선단이 뾰쪽한 가죽질이고 광택이 있는 녹색이다.

흰꽃은 20륜 정도 피운다.

우리나라 남부에 자생하고 낙엽 고목으로 수고가 20m가 되기도 한다.

기르기 포인트

연중 일조량이 좋아야 한다. 만일 일조량이 부족하면 도장이 되어 생육이 나쁘다. 노지에 심을 때는 남향으로 심고 추운 지방에서는 노지 기르기는 피해야 한다.

물주기는 흙이 마르면 듬뿍주고 겨울에는 약간 건조한 상태로 관리한다. 추위에는 강한편이지만, 겨울에 서리와 눈은 피해야 한다.

소엽이 밀생하고 황록색의 새싹이 신선하다.

크리스마스 야자
Arecaceae
야자나무과

특성~온대와 열대에 걸쳐 약 2,400종이 폭 넓게 분포, 남국의 분위기를 연출하는 식물로 소형~대형에 이르기까지 다양하게 유통되고 있다. 모두 상록수로 줄기에서 가지를 내 생장하고 있다.

줄기위에 깃털 모습의 잎을 방사상으로 붙어 있고 대형인 것은 20m이상 생장한다.

기르기 포인트

연중 통풍이 좋고 밝은 음지에서 관리한다. 여름은 토양이 마르지 않도록 하고 잎 표면에 분무기로 분사해서 관리한다.

내한성이 없는 종이 많기 때문에 최저 10℃이상을 유지해야 한다.

분수형으로 키가 크고 멋스럽다.

스테노카르푸스
Stenocarpus
프로테아과

특징~스테노카르푸스속은 뉴가레토니아, 호주 말레시아 섬에 자생한다. 잎은 호생하고 깃털 모양으로 길게 갈라지고 광택이 있는 선녹색이다. 30m자란 고목으로 생식지에서는 붉은 꽃이 핀다. 나무가 강건해서 기르기 쉽다.

기르기 포인트

잎 떨어짐의 원인이 되기 때문에 여름은 강한 광선을 피하고 연중 밝은 창문가에서 기른다. 내음성은 있지만, 일조량이 부족하면 도자의 원인이 된다.

물은 흙이 건조하지 않도록 하고 잎 건조시 분무기로 분사한다.

추위에는 강하기 때문에 5℃이상에서 관리 한다.

알카키 플라타룸 Asplenium plicotum
꼬리 고사리과

특징~알카키속은 70여종이 열대에 분포한다. 우리나라에도 2속 18종이 있다. 자생지에서는 큰 나무에 착생해 자란다.

잎은 광택이 있는 녹색을 띠는 양치식물이다. 잎에는 강한 웨이브가 있다.

기르기 포인트

약한 광선을 좋아하기 때문에 연중 밝은 음지에서 자란다. 물은 건조하지 않게 관리하고 여름에는 잎이 건조하지 않도록 엽수를 분무해 생육을 돕는다. 일반적으로 수분이 충분하게 관리한다. 기온은 최저 5℃ 이상을 유지한다.

타베부아 Tabebuia
능소화과

특징~타베부아속은 열대 아메리카 서인도 제도에 자생한다. 나무 미동에서 두갈래로 벌어진 것은 고목.

도란뱃도형은 아름다운 꽃이 핀다.

중국이 원산인 베개라속은 반 낙엽의 고목이고 엷은 자색 꽃이 핀다.

기르기 포인트

연중 통풍이 좋고 밝은 음지에서 잘 자란다. 여름의 강한 광선은 잎 떨어짐의 원인이 되므로 광선을 피해야 한다.

물은 토양이 마르면 듬뿍 준다. 잎에도 분무기로 분사해 습도를 유지한다. 겨울은 과습에 유의한다.

온도는 5℃ 이상을 유지 한다.

테란시아세로그래피카
Tillandsia xerographica
불로메니아과

특징~아메리카 대륙, 서인도 도서의 아열대 원산으로 아프리카 서부에도 분포한다. 잎으로 수분을 흡수하고 건조에 강한 진화된 종이 많다. 약간 다육화된 것도 있고 나무에 착생해 사는 것이 많다. 엽체가 빗물을 저장해 살아간다.

연중 자색 꽃이 피고 털이난 잎은 꽃이된다.

기르기 포인트

연중 통풍이 좋고 밝은 음지에서 자란다. 봄, 가을까지는 포기의 통모양관으로 물을 흡수한다. 가을은 고이지 않게 물방울로 관수 한다. 공기는 기공이 열려서 하고 이때 분무한다.

기온이 최저 5℃이상을 유지해야 한다.

극락조화 Strelitzia reginaevar iuncea
무사과〈파초과〉

특징~스트렐리치아속은 남아프리카에 5종이 분포 자생하고 있다. 대부분 매년 꽃이피는 다년초이다. 오래된 기부가 목질화 된다. 초자이 큰 것은 10m가 된다.

바나나속은 아시아를 중심으로 아프리카, 호주, 태평얄 군도에 분포된, 대형 다년초에서 보이는 부분은 줄기 식용과 관상용으로 기르기 하고 있다.

기르기 포인트

햇빛이 좋은 곳에서 생육하고 일조량이 부족하면 도장하기 쉬워 꽃대가 나쁘고 과일도 적기 때문에 주의가 필요하다.

물은 봄, 가을은 흙이 건조하지 않도록 관리하고 잎에 분사한다.

기온은 최저 3℃ 이상

Q. 비료와 활력제는 어떻게 주는가?

A. 4~10월의 생장기에는 비료를 주고 그외 주는 비료는 뿌리 부패의 원인이 되므로 설명서를 잘 읽고 준다. 11~3월은 휴면기이므로 이때주는 비료는 뿌리 부패병의 원인 되므로 주의가 필요 하다.

Q. 물주기의 요령은?

A. 기본적으로 식물은 상토에 심어져 있기 때문에 빨리 수분이 부족해 진다. 그러기 때문에 물이 분의 밑구멍에서 흘러 내릴 정도로 듬뿍준다. 수조에 고여 있는 물은 뿌리 부패의 원인이 되므로 필히 버린다.

아시안티룸 프라그란티슙
Asiantum Fragrantissimun
이쿼리눔과〈고사리과〉

고사리과 식물은 아열대에 약 200종이 분포한 양치 식물로 우리나라에 약 10 여종이 자생한다. 열대 아메리카가 원산은 원예품종으로 유통되고 있다.

시원한 감을 목적으로 기르기의 최상!!

기르기 포인트

밝은 실내에서 관리하고 건조에 약하기 때문에 에어컨 바람을 직접 맞지 않도록 해야 한다. 만일 바람을 맞으면 잎이 고사하고만다. 잎이 건조시 분무기로 분사해 준다. 추위에 약하므로 기온은 최저 8℃ 이상을 유지해야 한다.

알로에 덴트론마
Aloe dichotoma
백합과

특징~알로에속은 다육식물로 아프리카를 중심으로 500 여종이 분포하고 있다. 자생 지역은 주로 사막, 초원, 고산지 등 다양하게 자생한다.

20cm 정도의 소형종에서 10m 이상 대형종이 있다.

기르기 포인트

일조량이 풍부한곳에서 관리해야 한다. 만일 일조량이 부족하면 잎이 떨어지기도 하며, 아랫 잎이 고사된다.

여름철에는 잎의 손실 방지를 위해 밝은 음지에 두고 관리한다. 물은 봄, 가을까지는 건조하지 않을 정도로 주고 겨울은 건조하게 관리한다.

온도는 최저 5℃ 이상을 유지한다.

아가베 아테누아타
Agave attenuate
아스파라가스과

특징~아가베 아테누아타는 열대, 아열대의 건조한 지역에 넓게 분포하고 있다. 다육식물로 잎이 단단하고 건조에 강하다.

저원이나 관엽식물 관상으로로 말고 섬유질 식물로도 이용된다. 수액은 술〈데칼라〉의 원료로 사용된다.

기르기 포인트

연중 통풍이 좋은 창가의 밝은 곳이 좋다. 여름철 직사 일광은 잎타는 현상이 생기므로 피해야 한다.

물은 봄, 가을까지는 건조하지 않도록 관리하고 겨울에는 생육이 약하므로 과습에 의한 뿌리 부패에 주의한다.

내한성이 약하므로 기온을 10℃ 이상을 유지한다.

엷은 녹색과 밝은 녹색의 꽃이 피며 가시는 없다.

화월

⟨花月⟩ Crassula portulacea
돌나물과

특징~크라슬라속은 아라비아반도 오스텔리아 내륙에 약 500종이 분포하고, 적색, 황색, 백색 등 5색의 꽃이 피우는 다육식물이다. 종류가 많고 소형으로 군생하며 수직으로 성장한다.

기르기 포인트

여름 외에는 햇빛이 질 드는 양지가 좋고 처마 밑에서 관리가 좋다. 과습에 약하기 때문에 긴 장마에는 뿌리 부패가 생기니 주의가 필요

물주기는 4~5일 간격이 좋고 눈서리를 피하기 위해 겨울은 실내에 둔다. 기온은 최저 3℃ 이상 유지

허브식물의 이해로 창조創造 건강관리...

모든 식물은 인간 생활로 연결된다.

허브는 라틴어로 「헬바, 즉 「풀」이라는 뜻이다. 그리고 인간생활에 도움이 되는 유용한 식물」이라는 것이 그 정의이지만 이 말에는 보다 넓은 의미가 있다.

「허브」라는 말속에는 의식주 다시 말하면 인간이 생활하는데 필요한 식물로써, 우리나라에서는 향초 즉 향기 나는 식물이라고 인식되고 있는 것이 보편적 현실이다. 또한 지중해에서 자라는 자소(紫蘇)과의 식물, 예를 들면 로즈마리, 캐모마일, 민트, 라벤다, 장미 등의 이런 종류들이 우리나라의 대표적인 허브로 취급되고 있으나 유럽이나 미국에서는 채소나 과실까지도 허브로 다루어 지고 있는것이 현실이다.

그러므로 채소, 과실, 스파이스, 모든 식물 [향초]들은 허브와 구별이 없으며, 허브는 우리 인간에게 「식물 있는 살림」이라는 의미로 인식되고 있으며 또한 많은 이용이 활발하게 이뤄지고 있다.

허브는 재배하여 식품, 염색, 의료, 아로마테라피, 포푸리, 화장품 등 폭넓은 종류가 있지만 최초로 국내에 들어오기 시작한 것은 포푸리(사진①)이다.

▲ 사진①

그리고 프랑스요리와 이태리요리가 들어오면서 쿠킹허브(사진②)로써 소개되기 시작했고 메디컬 허브로 소개되기 시작한 것은 극히 최근의 일이다. 이렇게 제각기 들어온 허브 문화이지만 중복된 점이 많다.

예컨대 쪽빛 염색은 허브로 염색 뿐만 아니라 살균효과도 있어서 염색된 옷을 입고 작업하다가 상처를 입어도 살균과 지혈효과라는 의료적인 기능도 갖고 있다. 그리고 스파게티·바지리코는 향기도 좋고 맛도 있으며, 노화방지와 건강관리에 도움이 되기도 한다.

허브식물 기르기 강좌

모든 허브식물은 실험적이기 때문에 신뢰할 수 있다.

우리나라는 옛날부터 식물을 생활에 잘 활용해서 살아온 전통있는 나라다. 그러나 우리나라의 약용식물과 외국의 약용식물이 서로 혼동되고 있다.

예컨대 민들레는 잡초 같지만, 온 세계에 널리 퍼져 있고, 삼백초는 아시아 여러 나라에서 자라고 있으나, 약용식물의 대상으로의 생각은 유럽에서 미국을 거쳐 우리나라에 들어왔지만, 우리나라에서는 옛날부터 우리 생활 속에 자리잡고 있었던 식물이었기 때문에 이것이 약용식물이라고 해도 위화감 없이 받아 들여져 왔던것이다.

옛날에는 자연소재 밖에 구할 수가 없었기 때문에 집과 세간이나 연장도 모두 식물로 만들 수밖에 없었다. 식사도 특히 리놀산이나 비타민C 같은 것은 사람의 몸 안에서 만들어 지지 않기 때문에 식물에서 필요한 영양소를 섭취하지 않으면 안 되었으며 의료에 있어서도 식물은 필요하였던 것이다.

그런 생활 환경속에서는 약용식물이 왜 효과가 있느냐라는 이유보다는 효과가 있다는 사실이 중요했던 것이다. 그래서 쓸모없는 식물이나 부작용이 심한 식물은 사용하지 않게 되었고, 그런 오랜 세월 속에서의 취사선택 때문에 결과적으로 인간에게 유용한 식물만을 이용하게 되었던 것이다.

예를 들면「상징주의」라고 해서 식물의 기능을 식물의 생김새에서 상상하는 습관이 있다. 이것은 얼핏 생각하면 황당무계하게 느껴지기도 하지만, 실제로는 상당히 정곡을 찌르는 경우가 있어서 흥미가 있는 것이다.

예컨대 민들레(사진②)를 꺾어 들어보면 텁텁한 하얀 액체가 나온다. 이것을 젖이 적은 산모에게 먹이면 모유가 잘 나온다고 옛날 사람들은 미루어 생각했었다. 또한 황달이라고 하는 간장병은 살결이 노랗게 된다. 민들레꽃은 노랗기 때문에 그 뿌리를 황달 걸린 병자에게 먹이면 효과가 있다. 그런 경험적 시대를 거쳐서 오늘날 사람들의 약용식물에 대한 생각도 모두 우뇌적(右腦的)이었던 것이 좌뇌적(左腦的)이 되어져 왔다는 역사가 있다. 그러므로 약용식물은 경험적이기 때문에 신뢰할 수 있게 되었다.

▲ 사진②

먹는다, 마신다 - 식사, 허브 차

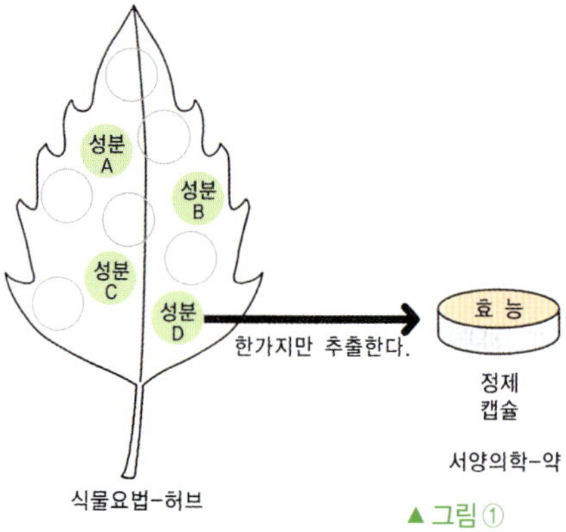

날마다 건강유지에 도움

우리 인간은 아프면 약을 먹지만, 식사는 날마다 먹는 일이라 「맛이 있든지, 없든지 먹어야!」 한다. 한마디로 「식물은 먹는다」로 끝난다.

그러나 그것과 「몸에 좋다」라는 관계를 보다 폭 넓게 이해하면 한층 더 흥미로운 일이다. 옛날부터 우리에게는 「식보(食寶)」라는 말이 있는데 약용식물은 서양식 식보 같은 것으로서 나날의 건강관리에 크게 도움이 되는 일이다.

식사는 예방의학적으로 대단히 중요하다. 아프고 나서 치료하기보다는 예방하는 편이 비용도 적게 들고 또한 건강유지는 미용하고도 깊은 관계여서, 특히 여성에게 있어서는 중요한 과제이기도 하다. 그러나 전문가가 매일 부엌까지 와서 「이것이 좋다. 저것이 좋다」라고 할 수는 없는 일이어서 자기 스스로 알아서 관리하고 이용해야 한다.

▲ 그림 ①

항산화작용 + 개성을 잘 다룬다.

약용식물에는 종류에 따라 각각의 개성적인 데가 있다.

공통적으로 좋은 점은 바로 항산화작용을 한다는 점이다.

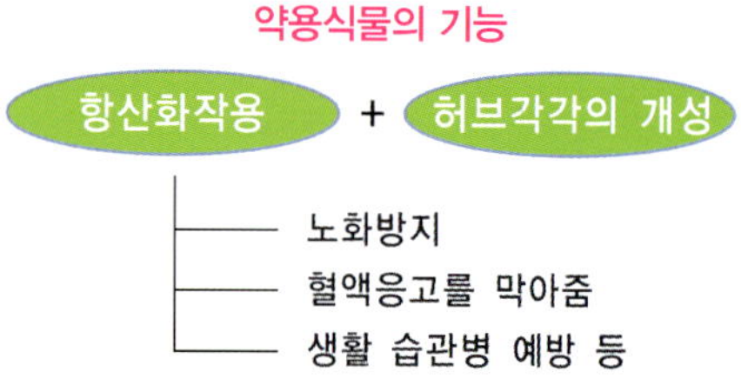

노화방지, 혈액 순환을 좋게 하고 생활습관에서 생기는 병을 예방 해준다. 거기에는 예컨대 블루베리라면 보라색의 색소가 눈에 약이 된다는 식의 개성이 있는 점이다. 이런 항산화작용 + 개성을 어떻게 잘 이용하느냐가 약용식물을 이용할 때의 포인트(그림②)이다. 흔히 일컬어지고 있는 신진대사증후군은 병이 아니고 증후군으로서 병이 있기 이전의 증후가 있는 기간을 말하는 것으로서 운동이나 식사로 다스릴 수 있는 일시적 현상인데 우리는 당장 약으로 다스릴려고 한다. 이것은 현명한 방법이 아니다. 물론 일시적으로 효과는 있지만, 예

▲ 그림 ②

방수준에서는 약을 먹는 것은 정도가 아니며, 이런 때에 약용식물이 어느 정도 대책이 된다. 약용식물을 이용할 때에는 될수록이면 통째로 먹어야 한다. 장수하는 사람들의 식생활은 통째로 전부 먹는 습관이 있다고 한다. 오늘날 현대인들은 요리를 하면서 가장 영양이 풍부한 부분을 버리는 경우가 있다. 이렇게 버릴 것이 아니라 통째로 전부 먹어야 한다. 이것은 식물에 한해서 뿐만 아니라 생선이면 통째로 한 마리를, 무라면 잎에서 뿌리까지 전부를 먹어야 한다. 왜냐하면 생선은 어두진미라고 머리에 영양이 많고 무에는 각종 무기질과 비타민이 시금치 못지않게 잎에 많이 들어있다. 약용식물도 이와 마찬가지로 어느 일부분의 성분만 섭취하는 것이 아니라 통째로 섭취하는 것이 효과가 높고 흡수력도 좋아진다.

미용과 건강을 약용식물차로 연결

미용도 어느 단계에 이르면 화장품을 사용하여 얼굴을 아름답게 가꾸는 의미분만이 아니라 신체를 깨끗하게 한다는 사고방식을 갖게 된다 건강(미용)에는 균형 잡힌 식사와 마음 상태에 따라 변화와 영향을 받게 된다.

인간이 약용식물차를 마시는 것은 체내의 산화방지, 노화방지를 위해서이다.

같은 의미에서 미용이라는 것은 피부의 표면이 산화하는 것을 방지하는 의미가 있다. 항상 피부는 공기와 접촉하고 있기 때문에 산화되기 쉽고 거칠어지기 때문에 약용식물을 이용하여 산화 방지를 예방하여 주는 기능을 한다.

지금까지는 미용과 건강은 다르다고 생각되어져 왔으나, 세포라는 관점에서 보면 생활 습관병도 주름이나 기미도 거의 마찬가지이다. 체내에서 약용식물이 효과가 있다면 겉으로도 효과가 있다는 것이다.

약용 식물차의 효능		
	레몬버베나	소화촉진, 진정, 이뇨작용
	펜넬	식욕증진, 갱년기 완화, 변비, 이뇨작용, 소화불량
	캐모마일	두통완화, 피로개선, 여성의 신경성 진정
	세이지	강장작용, 정혈작용, 기억력 향상, 항균 항염 작용
	로즈마리	식용, 머리를 맑게, 미용제, 혈행촉진, 고창억제
	페퍼민트	구취예방, 소화촉진, 구강염 개선
	레몬밤	소화촉진, 고창이나 산통 억제, 감기몸살 개선
	히비스커스 & 로즈힙	육모촉진, 탈모방지, 두피 활성화
	로즈힙	비타민 C가 풍부하여 비타민 C의 공급원

허브차 - 가장 손쉽게 잘 마시는 법

식물의 유익한 성분을 차로 만들어 마시는 일이다. 식사 후나, 일하는 사이사이에 약용식물을 마시는 습관을 가짐으로써 몸이나 마음의 상태를 안정시켜 생활에 활력과 여유를 갖는 것이다.

▼그림③

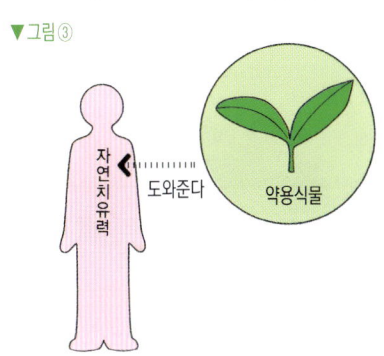

중국에서 발견된 한그루의 차나무에서 차를 만들어 마신다는 습관은 온 세계로 여러 가지 이야깃거리를 펼치게 했다. 그러한 흐름 속에서 약용차 또는 독자적으로 전파되어 갔고, 마침내 이파리, 꽃, 과실, 종자, 뿌리, 뿌리줄기, 거죽을 온수로 우려내는 음료수의 총칭처럼 되어버렸다. 기호품으로 즐길 뿐만 아니라 마음과 몸을 다루는 민간요법의 한가지이도시 에로부터 약용식물차는 유럽을 중심으로 해시 애용되이져 왔다. 이 종류는 약 3000종류 이상이라고 알려지고 있으며 사람 몸에 대한 효능별로 분류되어지고 있다. 물론 그렇다고 해서 식물의 모든 효능이 증명되어 있지는 않지만, 과학적 근거와는 별도로 오랫동안 사람들의 생활속에서 그 역할은 뚜렷하게 자리하고 있다. 우리나라에서 약용식물차가 널리 알려진 것은 그다지 오래되지는 않았으나 예로부터 음식이나 음료를 가지고 신체의 건강을 다스린다는 습관이 있었기 때문에 차의 깊은 맛을 생활문화로 여겼고, 근래에는 커피나 홍차도 많이 마시기 때문에 이런 것을 보면 약용식물차도 머지않아 많은 이들의 관심거리가 될 것이다.

현대인의 거의가 신체의 어느 부분인가에 고르지 못함을 느끼면서 살고 있다고 할 수 있는바, 허브가 주목되기에 이런점도 그러한 현대인의 고뇌 때문이라고 할 것이며, 그것은 허브의 효능 때문인 것이며 약용식물은 건강을 위한 실용물이라는 대문을 활짝 열게 된 자리에 서 있다고 할 것이다.

자기 몸에 알맞은 약용차를 선택한다

약용식물 차는 식물을 생채로, 또는 말린 것을 뜨거운 물로 우려내어서 먹는 것이다. 생채로 만든 경우, 이것을 플래시 허브티라고 하는데 그야말로 신선한 맛과 향기를 그 계절감과 더불어 즐길 수 있다. 단지 계절에 따라야 하기 때문에 계속적으로 오래 복용할 수가 없다. 또 어떤 효과를 기대해서 마시고자 할 경우에는 말린 약용식물의 3~10배 정도의 분량이 있어야 한다. 그런 효과를 원한다면 건조한 것이 그 식물의 성분이 응축된 것이기

때문에 효과적이다. 앞에서 몸과 마음에 유용하게 작용시키기를 목적으로 삼아서 마시는 드라이차의 선택법, 마시는 법을 설명한다.

허브용품점에 가면 많은 종류의 약용식물차를 팔고 있다. 우선 어떤 목적으로 약용식물차를 마시고자 하는가를 알아야 한다.

머리를 맑고 시원하게 하고 싶다는 식의 감각적인 경우라도 좋고 마음이 침울해져서 힘이 없거나 차갑거나, 얼굴이 상기되어 있다든가, 약간이 감기기운이 있는 등 구체적인 증상을 개선하고 싶을 때의 경우에 맞추어서 약용식물차를 선택하고자 할 때, 허브샵 주인에게 물어보거나 또는 제품에 붙어 있는 상표를 보고 선택하면 된다.

식물 부위별 효능의 차이점

식물은 그 부위로 나누면 꽃, 잎, 뿌리로 대별된다. 그리고 이 식물의 부위의 효능은 대강 사람의 부위와 비슷한 데가 있다고 하는 경험에서 오는 법칙성이 있다. 말하자면 꽃은 사람의 머리, 잎은 어깨에서 배까지의 상반신, 뿌리는 하반신에 맞게 각각 그 효능이 잘 듣는다는 생각인 것이다. 예를 들면 부위로서는 꽃인 라벤다나 오렌지 플라워의 차는 마음을 평안하게 해 준다든가 하는 바로 머리의 신경계통을 조절하는 작용이 있다. 또한 호흡기계의 조절작용이 있는 마레인이나 페파민트는 바로 잎이 가지고 있는 효능인 것이며 자양강장이나 면역력의 향상에 작용하는 것이 민들레의 뿌리라는 점 등이다. 모든 것이 이렇게 꼭 들어맞지는 않지만, 그리고 효능은 여러 가지 조건과 복잡하게 얽히게 되지만, 한 가지 상식으로 알아둘 만한 일이다. 음식에서도 연근이 폐에 좋다고 일컬어지듯이 모양이 비슷한 것이 잘 듣는다는 말과 비슷한 착상이기도 하다.

동양의학에서도 신체의 상태를 「승(升)」과 「강(降)」으로 나누어 생각하는 방식이 있다(그림④). 승은 고혈압이나 핏기가 올라와서 상 된다든지 흥분해서 증상이 위로 솟구쳐서 내리지 않는 상태를 말한다. 강은 이와는 반대로 아래로 처진다든가 솟는 힘이 없는 상태, 다시 말하면 저혈압이나 무기력, 다뇨(多尿)의 증상을 말한다.

월경곤란은 승, 월경과다는 강에 해당된다. 이런 것들을 없애기 위하여 반대방향을 띈 것을 가지고 약 처방을 냄으로써 밸런스를 잡아주도록 한다. 예컨대 승과 같이 내려가지 않는 상태를 끌어내리기 위해서는 하강방향(下降方向)의 꽃이나 잎을 사용하고, 반대로 강과 같이 올라가지 않는 상태를 올라가게 하기 위해서는 상승방향(上昇方向)의 뿌리를 사용하게 되는 것이다. 그러니까, 자기의 체질을 대강 살펴보아서 크게 승 체질인가, 강 체질인가를 알면 그에 알맞은 약용식물차를 고르는 데 많은 도움이 될 것이다.

▼ 그림④

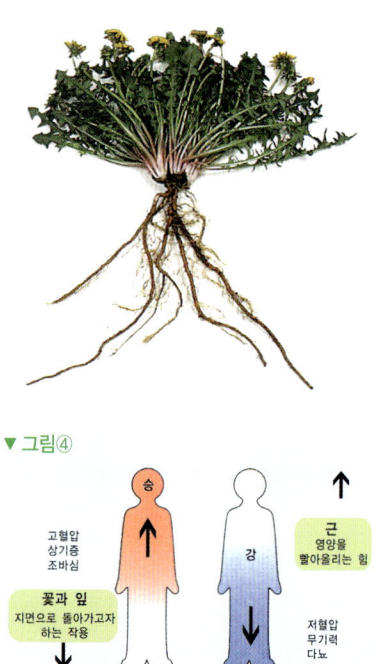

※주의점
1. 열탕의 온도는 95도 이상
2. 반드시 뚜껑을 덮는다
3. 추출시간은 3분 이상

약용식물차를 만드는 법

①말리지 않는 생 허브나 말린 허브나 컵에 넣어서 뜨거운 물을 붓는다.
②컵의 뚜껑을 덮고 3분이면 완성.

지금 가장 마시고 싶은 식물차를 티포트로 우려내는 것은 아주 손쉽고 간단한 방법이지만, 되도록 효과적으로 마시기 위해서는 약간의 주의가 필요하다. 우려내는 법과 마시는 법에 따라서 약용식물의 효능이 달라지기 때문이다.

티 포트에 식물을 잘게 찢어서 열탕이 닿는 면적을 되도록 넓어지게 한다. 그리고 말린 것을 한줌(약 1g. 세손가락으로 가볍게 집을 정도)을 넣는다.

뚜껑을 반드시 닫으라고 하는 이유는 식물의 유익한 휘발성분이 증발하는 것을 막기 위함이요 티 컵에 바로 부어야 할 경우에는 컵 받이 접시로 한동안 컵을 덮어 두어야 한다. 또 씨나 열매, 뿌리같은 것의 유익한 성분을 추출하기 힘든 딱딱한 부분은 「오래달인다」라는 방법이 있다. 삼백초나 월년초, 보리차 같은 것은 물로 달이는 방법을 쓴다. 이 달인다는 것은 재료를 오래 달임으로써 유효성분을 차분하게 우려내는 것을 말한다. 이러한 경우에는 재료를 미리 물에 담가 두어서 부드럽게 하든지, 잘게 썰든지, 빻아 둔다든지 하는 준비가 필요하다. 그것을 뚜껑있는 냄비에 넣어서 달인 다음 체로 걸러서 식힌 후에 마신다.

하루에도 몇 번인가 나누어 마신다.

티포트로 차를 우릴 때 달인 것을 마시는 것은 하루 3번 정도. 식후에 마시는 것이 기본. 약용식물차의 유효성분은 수용성이어서 이것을 마셔서 소화기 계통을 직접 통과하면서 체내에 흡수되어 그것이 혈액과 섞여서 체내를 순환함으로써 효과를 얻게 되는 것이다. 그러므로 몸 안에 들어간 것은 몇 시간이 지나면 땀이나 소변으로 배설되어버린다. 그러므로 한꺼번에 많이 마시는 것보다도 몇 번으로 나누어서 마시는 것이 효과가 더 있다. 식후에 마시기를 싫어하는 사람은 식전에라도 상관이 없다. 몸 안으로의 섭취는 공복 시가 빠르므로 아침에 일어날 때에 한잔, 자기 전에 한잔 마시는 것도 무방한 것이다. 단지 「간격을 두고 몇 번이고」 그것은 식물의 효능 때문인 것이며, 이러므로 식물은 건강을 위한 실용물이라는 대문을 활짝 열게 된 자리에 서 있다고 할 것이다.

차 만드는 법과 보관방법

시판되고 있는 약용식물차는 우리나라에서는 재배하기 힘든 여러 종류의 차가 팔리고 있다. 그러나 여러 사람 중에는 자기가 재배한 약용식물차를 한번 마시고 싶은 사람도 있을 것이다. 정원이나 베란다에서 키운 식물을 바로 수확하여 티포트에 넣고 신선한 차를 만들어 마시는 것도 즐거운 일이다. 수확한 식물은 통풍이 잘되는 곳에 거꾸로 매달아 놓으면 된다. 이것이 완전히 마르면 잎만 가지에서 훑어내면 된다. 꽃이 붙어 있거든 꽃은 마르면서 저절로 떨어져 버리기 때문에 말리기 위해 매달 때는 꽃만 종이봉투에 감싸두면 된다. 또한, 마리골드나 장미같이 꽃만 이용하는 경우에는 바구니에 신문지 등을 깔고 따낸 꽃을 그 안에 늘어놓는다.

물론 꽃끼리 겹치지 않도록 말려야 할 것이며 뿌리도 이처럼 하는데, 뿌리는 다 마르기 전에 잘게 썰어 둔다.

보존방법은 습기를 막기 위하여 뚜껑이 있는 유리병이나 밀폐할 수 있는 도자나 질그릇에 넣어서 보관한다.

허브식물 기르기 강좌

당신은 어떤 종류의 약용식물들을 좋아하는가? 라벤다, 바질, 로즈마리, 캐모마일, 민트, 장미 등의 인기 있는 식물들을 비롯하여, 대단히 많은 종류가 있고 또한 제각각 그것들의 성질이나 특징이 다르다.

옥상, 베란다, 현관입구, 발코니, 테라스의 넓고 좁은 공간을 이용하여 기르고 그것을 수확하여 이용하는 즐거움과 여가 선용에 많은 도움이 되는 약용식물 기르기의 장점인 기초지식에 대하여 자세히 서술한다.

향기와 약효가 있는 향초를 기르고 손쉽게 수확 하는 것이 식물 기르기의 매력이다. 자신이 기른 식물을 드라이(건조한 잎)로 해서 요리와 포푸리, 크라프트, 차, 등 여러 가지로 이용. 또는 프레쉬(생잎)로 하여 향기와 풍미를 즐길 수 있다. 기르기 쉽고 매력적인 약용식물 기르기와 각기 그것들이 갖고 있는 성질 및 이용 등에 대하여 서술하고자 한다.

◀ ② 플랜터와 화분을 이용한 미니허브정원

좁은 공간에서도 플랜터와 화분 등의 용기를 이용하여 미니 식물정원을 꾸몄으며, 이렇게 하면 이동도 편리하게 할 수 있고, 햇볕이나 통풍의 조절도 자유자재로 할 수 있다.

사진 전열 좌로부터 오레가노, 산토리나, 스위트바이 올렛, 커리플랜트, 타임.
중열 좌로부터 백묘국, 휴버브, 루, 민트, 차빌, 오레가노.
후열 좌로부터 페파민트, 멕시칸 부쉬세이지, 애플민트, 레몬버베나, 레몬그라스.

〈약용식물 수명의 이해〉

약용식물은 종류에 따라서 수명이 각기 다르다. 바질이나 보리지, 딜 등은 종묘를 이식하고 나서 1년 이내에 꽃이 피고 시들어버린다. 이것을 1년 초라고 한다. 또, 파슬리나 커리웨이 등은 1년 이상 2년 이내에 꽃이 피고 시든다. 이것을 2년 초라고 한다. 향초는 대단히 번식력이 강하여, 시든 후에도 떨어진 씨앗으로부터 증식이 잘 되는 종류가 많기 때문에 다음해에도 다시 즐길 수 있는 것이 향초 기르기의 매력이고 장점이다.

1, 2년 초의 민트, 레몬밤, 펜넬, 오레가노 등은 한번 이식하면 수년간은 뿌리에서 계속 되살아 난다. 이것들을 '다년초' 또는 '숙근초'라고 하고, 겨울동안에도 녹색 잎이 남아 있는 것(상록성)과 겨울에는 지상부만 시들어 버리는 것이 있다. 어느 것이든, 다년초와 숙근초의 경우에는 땅 속의 뿌리는 겨울에도 살아 있어, 봄에 다시 싹이 나온다.

향초의 많은 종류들은 다년초이므로, 한번 이식하면, 다음은 손질하고 수확 하는 것만으로 수년간 기르기를 즐길 수 있다. 단, 향초는 열대성 식물이 많기 때문에 추위에 약하니 거기에 따른 대비는 비닐을 멀칭하여 방한하여야 한다.

1년 초의 캐모마일이나 보리지는 시든 다음 해에도 떨어진 씨앗에서 잘 증식된다.

② 플랜터와 화분을 이용한 미니 약용식물정원 ▶

허브식물은 줄기가 부드러운 것과 단단한 것이 있다

식물은 종류에 따라서 줄기가 풀과 같이 부드러운 것과 줄기가 나무 가지와 같이 단단한 것이 있다. 민트, 바질, 캐모마일, 오레가노 등은 줄기가 풀과 같이 부드러워, 초본성(草本性)식물이라고 부른다. 또, 라벤다, 타임, 세이지, 로즈마리 등은 줄기가 나무가지와 같이 단단하기 때문에 목본성(木本性)저목이라고 부른다. 또, 나무와 같이 단단하게 되는 것을 「목질화木質化」라고 한다. 초본성인 약용식물은 다년초와 1년초, 2년초가 있으므로, 기르기 전에 어느 것에 속하는 가를 알아두어야 한다.

목본성의 식물은 한번 심으면 수년간은 계속 살아난다. 또, 겨울철에도 잎이 무성해 있는 상록 성으로 목본성인 것 중, 키가 작은 것을 상록성소저목이라고 한다. 다만, 이것들은 열대성 식물이기 때문에 전라도와 경상도 남부지방을 제외한 지방에서는 월동에 대비해야 한다.

허브식물은 종류와 품종이 많이 있다

약용식물은 라벤다, 민트, 바질, 타임, 캐모마일, 로즈마리, 장미 등의 여러 가지 종류가 있고, 또한 같은 민트라도 페퍼민트, 스피어민트, 애플민트 등의 많은 품종이 있다. 종묘 점에서 팔리고 있는 것은 단순히「라벤다」,「바질」등과 같이 모두 한 두 종씩 원예점에 전시되어 있는 경우가 많으므로, 품종을 알기가 어려운 경우가 많을 것이다. 이때에 가장 대표적인 품종은 단지 그 식물명으로 부르든가, 또는 「커먼·세이지」등과 같이 앞에 커먼이라고 부른다. 같은 세이지에도 많은 품종이 있다. 따라서 커먼 세이지, 에루살렘 세이지, 페인텟드 세이지 등은 꽃, 색, 잎의 모양 등이 상당히 다르다.

종묘 기르기가 바람직

향초이 종묘나 씨앗은, 종묘상이나 원예점 등에서 구입할 수 있으며, 씨앗으로 기르면, 발아하기까지 시간과 날짜가 상당히 걸린다. 그러므로 초보자는 종묘로 기르는 것이 바람직하다.

봄에 종묘를 구입해서 이식하면, 여름부터 가을까지 수확과 꽃을 즐길 수 있다. 향초 기르기에 익숙해지면 씨앗으로 노지 기르기에 도전해 볼만하다. 씨앗으로와 종묘로 기를 때의 차이점은 씨앗 기르기가 시간이 많이 걸린다.

양지를 좋아하는 향초들

많은 약용식물은 양지를 좋아하고, 하루 종일 햇볕이 잘 드는 장소에서 대단히 잘 자란다. 남향의 따뜻한 장소가 이상적이지만, 반나절 정도 햇볕이 잘 드는 장소라면 대부분의 식물은 자랄 수 있다. 단, 종류에 따라서는 그늘에서도 잘 자라는 식물도 있다.

민트, 차빌, 차이브, 소렐, 스위트바이올렛 등은 강한 직사광선에 약하고, 오히려 그늘이 있는 쪽에서 잘 자란다.

식물의 물주기

많은 식물은 건조에 강하고, 습기에는 약하다. 그러므로 조금 건조한 듯한 곳에서 잘 자란다. 노지에 심는 경우라면 파종에서 발아까지와 이식 전 후의 땅속에 뿌리가 튼튼하게 뻗기까지만 물을 준 다음, 강우 등 자연 상태에 맡겨 두어도 잘 자란다. 식물은 튼튼하여 뿌리가 뻗으면 대지로부터 수분을 흡수할 수 있기 때문이다. 화분에 심는 경우에는 물주기의 횟수는 적게, 흙의 표면이 마르면 물을 듬뿍 주도록 한다. 물을 주면 잘 자랄 것이라고 매일 조금씩 물을 주면 뿌리의 주위가 흠뻑 젖게 되어 썩어 버려(뿌리 썩음이라고 함), 오히려 역효과를 내며, 반대로 물을 조금 주면 흙이 굳어 산소 공급이 원활하지 않아 말라 죽는 수가 있으니 주의해야 할 것이다. 물을 줄 때에는 꽃과 잎에 뿌리는 것이 아니라, 흙에 주도록 하며, 물을 줄 때 화분 밑구멍으로 물이 새어 나올 때까지 흠뻑 주어야 함을 명심한다.

논에 있는 흙으로써 점토질이 많고 무거운 흙 이런 논흙으로 식물 재배를 할 때에는 배수와 통기성을 고려해서 이랑을 높게 만들고 해마다 퇴비를 섞어 주도록 한다. 이렇게 해마다 해주면 점점 식물 재배하기에 알맞은 흙이 된다.

논흙

밭흙

식물 재배에 가장 알맞은 흙으로써 대개의 농원 흙은 대부분 밭흙으로 되어 있으며, 모래와 점토가 알맞게 섞여 있어서 물의 배수와 습도 유지가 적당한 흙이다.

흔히 산에 많이 있는 흙으로써 산성이 강하고 인산, 석회, 고토성분이 적고 유기물이 모자라기 일쑤이다. 이대로는 식물이 잘 자라지 않으므로 고토 석회로 산성을 중화 시켜주고 퇴비와 비료를 섞어 주면 식물 가꾸기에 알맞은 흙이 된다.

산흙

모래흙

모래가 많이 섞인 흙으로써 모래의 알갱이 크기에 따라서 배수성이나 보수성이 크게 좌우된다.

식물 기르기에 필요한 토양

식물을 재배 할 때 쓰려고 인위적으로 가공한 흙(질석, 버미큐라이트, 마사, 수피를 혼합한 것으로 테라리움 / 삽목 / 관엽 / 씨앗갈이 / 분갈이용으로 사용함)

배양토(培養土)

마사토

화강암이 풍화되어 식물의 분갈이 할 때 배양토와 섞어 사용하며, 보수성과 통기성이 매우 좋다. 실내에서 사용해도 안전한 천연 원료이다.

낙엽이나 풀 등을 흙과 번갈아 섞어 썩은 흙이다. 흙에 섞으면 배수성과 보수성이 좋아진다. 또 흙의 산도도 식물이나 채소 재배에 알맞고 효과가 서서히 나타나는 유기 비료성분을 갖고 있기 때문에 배수성이나 보수성이 좋다. 용기(화분)재배 할 때에도 알맞다.

부엽토

적옥(赤玉土)

화산지대에서 흔히 볼 수 있는 붉은색의 산흙을 빻아서 작게 만든 것으로서 입자의 크기는 대·중·소로 분류되어 있고 흙과 섞으면 크고 작은 틈이 생겨서 배수성, 보수성이 좋아진다.

질석(蛭石)은 돌을 태워 발포(發泡)시킨 것으로서 가볍고 단열성이 있다. 알갱이 자체에도 큰 틈이 생겨 있어서 배수성이나 보수성이 좋다. 용기(화분)재배 할 때에도 알맞다.

버미큐라이트

산모래, 강모래

산에 있는 모래를 산모래라 하고 강변에 있는 모래를 강모래라 한다. 이것들은 각각 성질이 다르다. 산모래는 모가 나고 금이 가 있어서 강모래에 비해 물기를 오래 지탱하면서도 통기성이 좋다. 강모래는 둥글어서 금이 덜 가기 때문에 그것을 채로 걸러서 써야 한다.

〈고토석회〉 - 토양 개량용의 비료이며 식물을 재배하기 전에 밭에 뿌려주는 질소나 인산과 칼륨 등의 화학비료는 거의 산성 비료로서 흙을 산성화하기 때문에 식물이 자라기 힘들다.
또 비가 많이 내리는 곳의 토지는 산성화 된다. 이때에 고토석회는 흙의 산성화를 중화시켜줌과 동시에 마그네슘과 칼슘을 공급해주는데 필요한 것이다. 또 흙이 산성이면 인산의 효과가 적어지므로 인산비료인 용린과 고토석회를 먼저 밭에 뿌려두면 흙이 좋아진다. 식물 재배에 앞서서 고토석회와 용린을 흙에 섞는다.(퇴비나 고토석회는 흙과 어울리는데 시간이 걸리므로 씨뿌리기와 심기전 2~3주전에 흙에 섞어두면 좋다.)

식물을 자라게 하는데 필요한 비료성분

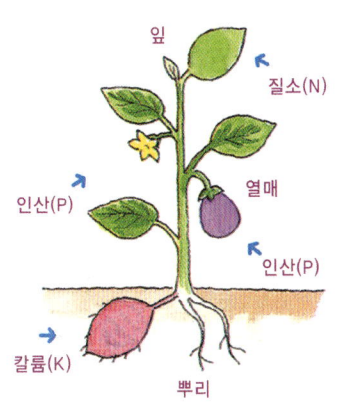

비료의 3요소

질소, 인산, 칼륨. 잎이나 줄기를 키우기 위해서는 인산, 뿌리를 튼튼하게는 칼륨비료가 필요하므로, 식물의 성질에 따라 알맞게 비료를 주어야 한다. 시판되고 있는 비료에는 이 3가지를 각각 따로한 단일 비료가 있고 또한 3가지를 복합해 놓은 복합 비료가 있다.

단일비료는 식물의 성질에 맞추어서 사용

단일비료는 질소, 인산, 칼륨, 비료성분 중의 한 가지만을 가진 것이기 때문에 허브의 성질에 따라서 효과적으로 써야한다. 즉 잎을 이용하기 위한 허브는 질소를, 열매를 이용하는 허브는 인산을, 뿌리를 먹는 식물은 칼륨비료를 각각 더 많이 주어야 한다. 단 식물의 생장에 맞추어 주는 때와 양을 조절하여 준다.

비료의 성분 표시

비료에는 여러 가지가 있어서 그 성분에 따라서 효과의 나타남이 달라지는데 화학비료를 구입해서 그 포장을 보면 반드시 성분 표시가 적혀 있다. 생 8:8:8이면 N(질소), P(인산), K(칼륨)의 성분이 각각 비료의 전체 중에 8%씩 함유되어 있다는 뜻이다.

유기비료와 무기비료

허브를 가꾸는데 필요한 비료는 크게 나눠서 유기비료와 무기비료가 있다. 유기비료는 동물성, 식물성으로 퇴비, 계분, 우분, 골반, 유박, 어분 등 그리고 이것들을 섞은 것이 배합한 비료다.

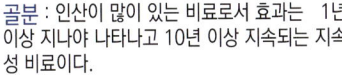

퇴비 : 비교적 비료의 3요소가 잘섞여져 있어서 유기재배의 밑거름으로 최적이다.

골분 : 인산이 많이 있는 비료로서 효과는 1년 이상 지나야 나타나고 10년 이상 지속되는 지속성 비료이다.

우분 : 열매, 채소에 효과적. 계분보다는 성분이 약하지만 그런대로 순무 같은 상하기 쉬운 채소에 알맞다.

계분 : 질소와 인산이 풍부해서 채소에 효과적. 단, 잘 섞은 것이 아니면 뿌리를 상하게 한다. 1주일 전에 주어야 한다.

유박 : 주로 질소 성분이고 이파리 채소용으로 알맞다. 또 유박에서 짜낸 기름 액비는 웃거름으로 적당하다.

비료주기

식물은 생육기간이 짧고 잎이 무성한 것이 많기 때문에 비료를 주어야 한다. 그러나 비료를 너무 많이주면, 잎만 무성해지고 꽃이 적어 종자를 채집하지 못 할 수가 있다. 또한 심하면 포기가 말라 버리는 경우도 있다. 허브에는 비료를 조금 적은듯이 주는 것이 향기가 좋다.

밑거름, 웃거름

비료를 주는 방법으로는 이식이나 옮겨 심을 때 화분의 흙에 섞어주는 밑거름과, 생육 중에 비료부족을 보충하기 위해 주는 웃거름이 있다. 웃거름으로는 화분 흙 위에 고형 비료를 놓아두는 치비와, 물로 희석하여 주는 액비가 있는데 주로 액비를 많이 사용한다.

〈비료 과잉시 생기는 현상〉
① 화분의 흙 표면이나 화분에 흰 앙금이 생긴다.
② 여름철 생장이 멈추고 겨울철에 자라는 등 식물 본래의 생리에 어긋나는 생장을 한다.
③ 잎이 오그라지는 등 기형이 된다.

〈비료 부족시 생기는 현상〉
① 잎이나 줄기의 색이 연해진다.
② 줄기가 약해진다.
③ 생장이 늦어진다.
④ 꽃색이 엷어지거나, 꽃이 작고 빈약하다.

식물 기르기의 용기와 도구

유약을 바르지 않고 구은 화분(테라코타)

점토를 초벌구이로 구워서 만든 화분으로, 공기와 물이 잘 통한다. 대부분의 식물은 배수, 통풍이 잘 되면 잘 자라기 때문에, 허브 기르기에는 최적의 용기이다. 크기는 호수로 표시되어 있고, 1호분이면 상부의 구경이 약 3cm, 2호분이면 약 6cm, 3호분이면 약 9cm라는 표시로 증가해 간다. 시판 중인 종묘를 구입해서 기르는 경우에는 5호분(구경 약 15cm)에서 시작하여 자람에 따라서 화분을 큰 것으로 바꾸어 기르는 것이 바람직스러운 일이다.

보통의 유약을 바르지 않은 화분 | 귀여운 그림 무늬가 있고, 유약을 바르지 않은 화분 | 맵시 있는 모양이 들어간 화분

플랜터

플라스틱제의 흔한 소재로 유약을 바르지 않은 화분보다 배수와 통풍은 떨어지지만, 깨지지 않는 이점이 있다. 또 화분모양의 「플라스틱화분」도 있다.

조로

식물에 물을 줄때에 사용한다. 하스로(물이 나오는 부분)의 구멍이 촘촘하게 많이 뚫려 있는 것이 좋은 것이다.

주수기

화분에 심는 식물은 물을 줄 때와 액비(액체비료)를 줄 때에 편리하다. 흙을 향하여 물을 뿌리기 때문에 주위가 더럽히지 않고 편리하다.

물받이 용기

화분과 플랜터 밑에 놓고, 물이 주위로 흘러나오는 것을 방지한다. 베란다와 실내에서 기를 때에 편리하다. 어항 등의 쟁반으로도 대용할 수 있다.

소형 삽(이식 삽)

심을 구멍을 파거나, 종묘를 바꾸어 심을 때 사용한다. 손잡이 부분이 목재나, 녹 방지로 도장되어 있는 것이 좋은 것이다.

화분바닥 네트

화분바닥에 깔아서, 흙이 흘러 나오거나, 해충이 밑으로 들어오는 것을 방지한다. 망으로도 대용할 수 있다.

가위(식목가위) 	유모상자 	폴리포트 
식물의 가지와 줄기를 자르기도 하고, 수확할 때에 사용한다. 보통 가위로도 이용이 가능 하지만, 가지와 줄기가 단단한 것은 식목가위 쪽이 쉽게 잘라진다.	플라스틱제의 상자로, 배수를 위하여 바닥은 그물코모양으로 되어 있다. 씨앗을 뿌려서 종묘를 기를 때에 사용한다. 딸기 팩으로도 대용할 수 있다.	폴리에틸렌 제의 화분으로, 바닥에 배수구멍이 뚫려 있다. 시판중인 허브의 종묘의 용기로도 사용된다.

씨앗을 받는다 (크리스마스로즈)

크리스마스로즈 용기 재배

1. 씨앗이 쪼개져 터져 나와 결실하게 되면 부직포의 봉지를 씌운다.

2. 봉지를 봉하여, 씨앗이 나오지 않도록 한다. 씨앗을 받지 않는 꽃은 따고, 인산비료를 주어서 씨앗을 기른다.

3. 품종에 따라 다르지만, 꽃 하나에 5~6개의 씨앗이 나온다. 꽃껍질을 따고, 마르지 않도록 촉촉한 버미큐라이트를 넣는다.

4. 주름이 있는 씨앗이 있으면, 1일 정도 물에 담가 주고, 다시 규정대로 묽게 한 벤레트액에 반나절 쯤 담가서 살균한다.

5. 6호 화분에 넣은 적옥토에 봉지를 묻고, 물을 듬뿍 준다. 호흡할 수 있고, 수분도 있는 상태로 보존한다.

6. 흙이 바삭바삭 하게 마르지 않도록 주의하여, 그늘에 둔다. 허브 이름을 쓴 라벨을 세워 두고, 10월이 되면 씨앗을 뿌린다.

잘라서 되심기

① 파종, 이식

② 적심, 베어 넣기, 잘라서 되심기

③ 번식

햇볕을 좋아하는 식물, 반그늘을 좋아하는 것을 다른 조건에서 재배하면, 향기가 적어진다.
또한 줄기 잎이 무성 하게 잘 자라는 품종이 많으므로 배수가 잘되지 않으면 포기가 뭉크러져서 상하기도 하고, 뿌리가 꽉 차서, 뿌리 부패를 일으키기 쉽다. 산성토를 싫어하는 종류가 많으므로, 토양의 산도 체크도 빼놓지 말아야 한다.

곁 싹이 잘 자라지 않는 라벤다와 로즈마리는 적심과 베어 넣기에 의하여 가지 수를 늘리고, 볼륨감을 낸다. 줄기 잎이 너무 번성하여 뭉크러지게 될 것 같으면, 드문드문 가지를 잘라 되 심기를 해서 화초 모습을 정돈하고, 가지의 갱신을 해 준다.

줄기 잎과 꽃을 이용하기 위하여, 포기를 늘리고, 갱신하는 일이 많아진다. 포기나누기 외에, 삽목으로 발근하기 쉬운 종류가 대부분이다.

1. 땅바닥에서 많은 줄기가 올라오고 선단에 꽃을 맺는 마조람은 너무 자란 줄기를 꽃이 끝난 후에 잘라서 되심는다.

2. 수확을 겸해서 짧게 잘라 되심으면, 포기밑동까지 빛이 들어가게 되고, 생육이 좋아진다. 줄기를 잘라 주어 잘 정돈된 마조람.

3. 마조람이 개화로 소모되어 있으므로, 새싹을 건강하게 나오게 하기 위해서 웃거름을 주어 가볍게 표토를 갈아 걸러 넣는다.

파종을 한다

1. 소~중립의 씨앗은 넓적한 화분에 흩뿌리기를한다. 버미큐라이트8 : 피트모스 2의 용토.

2. 화분밑바닥 네트를 깔고, 용토를 평평하게 고른다. 2번 접은 종이를 두들겨 흩뿌린다.

3. 물을 뿌린 용기에 잠기게 하고, 마르지 않도록 관리한다. 식물 이름을 적은 라벨을 세워둔다.

4. 너무 벤 곳은 솎아 내면서, 본 잎이 2~4잎이 되면 포트에 옮겨 심는다.

병해충의 예방

대부분의 향초는 대단히 튼튼해서 잎과 줄기, 꽃에 강한 향기가 있는 것이 많기 때문에 평상시에는 병해충에 고민할 필요는 없다. 그러나, 고온 다습한 장마철이나 여름철에는 병·해충이 발생하는 일도 있다. 대부분 사람들은 자신이 기르는 소중한 허브에게 가능한 한 약제는 사용하고 싶지 않을 것이다. 그래서, 병해충의 예방과 퇴치에 유용하고 안전한 방법을 소개하고자 한다.

병해충예방의 포인트

- 병에 강한 품종과 좋은 종자·종묘를 고른다.
- 청결하고, 배수와 습기가 있는 좋은 흙으로 기른다.
- 적절한 양의 물과 비료를 준다.
- 햇볕과 통풍이 잘 되는 장소에서 기른다.
- 병과 해충에게 피해를 입은 잎은 신속히 제거한다.
- 라벤다, 로즈마리, 포트마리골드 등의 방충효과가 높은 허브와 함께 기르면 병·해충을 예방할 수 있다.

이밖에도 약제를 사용하지 않고 병과 병해충을 피하는 유니크한 방법도 몇 가지인가 있다. 아래와 같이 가정의 신변주위에 있는 것을 사용할 수 있다.

▲ 우유를 잎에 뿌리면 막이 생겨서 진딧물을 질식시킨다.

병해충 퇴치에 유용한 것과 그 성능

〈마늘〉 강렬한 냄새로 벌레를 접근하지 못하게 한다. 특히 잎 진드기에 유효하고, 잘 갈아 으깬 것을 물 5리터에 녹여서 분무기 등으로 잎에 내뿜는다.

〈우유〉 진딧물에 뿌리면 건조해서 생긴 막으로 질식한다. 우유가 마르기 쉽고, 맑은 날의 오전 중에 뿌리는 것이 좋을 것이다.

〈미림〉 물에 500배로 묽게 타서 잎에 뿌리면, 미림에 포함된 아미노산이 잎에서 흡수되고, 병에 강해 진다.

〈맥주〉 마시고 남은 맥주를 그릇에 넣어 두면 밤에는 맥주를 좋아하는 괄대충과 달팽이가 모이기 때문에 잡을 수 있다. 단, 아침까지 방치해 두면, 먹고 도망치므로 요주의.

〈장뇌방충제〉 장뇌를 매달아 두면, 장롱 속과 같이 방충효과가 있다. 이밖에도 오리지널의 자연농약을 사용해서 손쉽게 안전한 병해충의 예방·대처를 할 수 있다.

Rosemary
로즈마리

- 학　　명 : *Rosmarinus officnalis*
- 별　　명 : 미질향
- 과　　목 : 상록 소저목 꿀풀과 / 다년초
- 원 산 지 : 지중해연안
- 화 초 키 : 20~200cm
- 이　　식 : 4~6월 9~10월
- 수　　확 : 4~11월 다음해 이후
- 증 식 법 : 휘묻이 4~5월
　　　　　삽목 9~10월

향기로 생활의 활력 되찾기

머리를 상쾌하게 하는 향기의 로즈마리. 젊음을 되찾는 향초로 잘 알려져 있고, 기억력을 높이고, 피부와 모발 개선에도 유용하고, 지친 피부를 활력 있게 해준다. 우울한 상태에 빠져 있을 때에 생기를 불어넣어주는 향기를 지닌 이 향초는 말린 것은 대부분 육류요리에 향을 내기 위해 이용하며 특히 양고기와 돼지고기를 굽거나 끓이는데 많이 쓰인다. 그 밖에 생선, 감자 등의 요리 할 때 이용하며 특유의 은은한 향이 나서 생선 요리시 비릿한 냄새를 없애준다. 서양에서는 악마를 내쫓는 지킴이로서도 이용되고 있고, 리스와 크라프트로 이용하기도 한다. 특히 로즈마리는 바람이 부는 곳에 놔두면 향기가 발하여 머리가 맑아져 수험생들에게는 더 없이 좋다.

기르기 전에
기　　후 : 햇볕과 통풍이 잘되고 배수가 잘되는 토지에서 잘 자란다.
증식법 : 삽목 · 휘묻이

재배 포인트
종묘의 이식, 파종은 봄과 가을에. 잎의 수확은 1년 내내 언제든지 가능하다. 클리핑로즈마리는 다른 종에 비해 추위에 약하여 우리나라 남부지방 일부를 제외한 그 외 지역은 월동에 신경써야 하며 일부에서는 옥외에서 월동할 수 있고, 겨울부터 초여름에 걸쳐서 꽃을 피운다. 묘의 이식은 한여름과 한겨울 이외에는 수시로 가능하다.

수확을 하면
이용부분 : 잎 · 꽃 · 줄기
이 용 법 : 요리, 차, 음료, 허브바스, 크라프트 등
효능 · 효용 : 강장 · 건위 · 수렴 · 두뇌 명석화 · 혈행촉진 진통 · 혈압상승 · 담즙분비촉진 · 류머티즘 · 모발성장촉진
　　　　　차는 두통과 감기치료 및 신경증 그리고 피부미용에 좋다.

로즈마리의 종류

로즈마리는 가지가 똑바로 위로 뻗는 직립성, 가지가 땅을 기는 듯이 옆으로 퍼지는 포복성, 그 중간인 반포복성이 있다. 기르는 방법은 같으나, 좁은 공간에서는 직립성이 기르기에 적당하며 일반적으로 로즈마리는 추위에 약하므로, 겨울에는 멀칭을 하거나 실내에 들여 놓아 기른다.

〈토스카나 블루〉
이태리의 토스카나지방에서 발견된 직립성 타입의 로즈마리로, 높이 1~2m. 밝은 녹색의 잎으로, 엷은 보라색의 꽃을 피운다. 반(半)내한성

〈슈퍼에메랄드〉
포복성 타입으로, 높이는 30~50cm는 되지만, 거기에서 옆으로 퍼지거나, 부드럽게 가지를 아래로 늘어뜨린다. 꽃은 아름다운 담청색.

〈블루 라군〉
반포복성 타입으로 높이 30~60cm정도. 잎은 약간 가는 편으로 짙은 녹색의 두꺼운 잎. 꽃 색은 담청색. 꽃 시기는 겨울과 여름의 2회.

〈로즈마리(백화)〉
진귀한 백화 종. 나무는 직립성 타입으로, 높이 60~100cm가 되지만, 성장은 느려서 화분에 심기에 좋다.

〈마줄카 핑크〉
밝은 녹색의 잎에 밝은 핑크색의 꽃을 피운다. 반 내한성품종. 나무는 직립성 타입으로 높이 1~1.2m가 되지만, 다소 가지가 흐트러지기도 한다

〈프로스트라타스〉
전형적인 포복성 타입으로 운동장가에 심기가 적합하고. 잎은 생선, 육류의 냄새를 제거 하는데 이용하며, 향기를 강하게 내 허브 티 등에 이용. 반 내한성.

성숙한 로즈마리 손질

우리나라 6~80년대 유행했던 양은솥

우리나라 7,~80년대까지 주방에서 밥과 국 솥으로 이용했던 양은솥이 이제는 전기밥솥에 밀려 길가에 버려진 것을 이용하여 로즈마리를 삽목과 휘묻이취목(나무가지를 휘어 그 한끝을 땅속에 내려 뿌리가 내린 뒤에 그 가지를 잘라 땅에 심어 한 개체를 만드는 것. 식물의 인공 번식법의 한가지)로 기르고 있다.

※ 남도지방 어느 강가에서 촬영하는데, 어디서 진한향기가 발하여 살펴보니 도로 옆 둔덕에 심어져 있는 로즈마리에서 진한 향기가 났다. 이 로즈마리는 시골아주머니가 버려진 양은솥을 화분으로 만들어 거기에 심었다. 그리고 자란 가지를 삼목하여 이웃들과 자식들에게 나누어주었다고 한다. 그런데 얼마 후 그곳을 가보니 누군가가 솥을 통째로 가져가버렸다고 한다. 시골아주머니는 매우 안타까워했다.

로즈마리 용기에 기르기

1. 배수가 잘되는 흙과, 가능하면 통기성이 좋은 유약을 바르지 않고 초벌구이 한 화분을 준비한다.

2. 용기는 5호분 이상인 것으로부터 시작한다. 포트를 거꾸로 해서 종묘를 꺼낸다.

3. 종묘를 용기 안에 넣고 모양을 본다. 뿌리밑동이 높아지도록 하면 배수가 잘된다.

4. 화분과 종묘사이에 흙을 넣고, 종묘를 안정시킨다.

5. 뿌리밑동이 조금 높도록 하고 뿌리 밑동에 흙을 보탠다.

6. 화분밑바닥에서 흘러나올 정도로 듬뿍 물을 주고, 2~3일간 그늘에 둔다.

7. 잎은 1년 내내 언제든지 수확할 수 있다. 줄기와 잎이 자라면 가지마다 수확하면 된다. 아래쪽의 잎을 남겨 두면, 다시 새잎이 돋아난다.

8. 봄과 초여름, 가을에 청색과 백색, 핑크색의 작은 꽃이 핀다. 씨앗으로 기른 경우에는 개화는 2년째부터…

8. 가지가 점점 나무와 같이 단단해 지고, 포기가 커져 가면, 큼지막한 용기(7~8호분)에 이식 하여야 한다. 수확하지 않고 방치해두면, 사진과 같이 가지가 너무 자라서 흐트러져 버린다. 가지위쪽을 정리 해 주면, 옆에서 다시 가지가 뻗어 잎이 무성하고, 울창한 모습으로 자란다.

수확 – 잘 자란 가지를 필요한 만큼씩 수확
환경이 알맞으면 2년째부터는 잘 자라므로 여름부터 가을에 걸쳐서 필요한대로 수확하여 차로 즐긴다. 그리고 많이 생산되면 통풍이 잘되는 곳에 매달아서 말려서 차로 즐긴다.

옮겨심기 – 굵어진 뿌리가 상하지 않도록 더 큰 화분에 옮겨 심는다.
봄이 되면 더 큰 화분으로 옮겨준다. 로즈마리는 굵은 뿌리가 상하여 말라 죽을 수가 있기 때문에, 옮겨 심을 때에는 굵어진 뿌리가 상하지 않게 화분안의 1/2정도 흙을 털어내고 그대로 더 큰 화분으로 옮겨 심는다.

삽목으로 노지에 심기

30분정도 물에 담궈둔다.

아래쪽 잎을 제거한다.

적옥토와 같은 청결한 흙에 꽂고 마르지 않게 물을 준다. 약 1개월 정도 후 뿌리가 나온다.

로즈마리 노지에 옮겨심기

옮겨심기 옮겨심기 2주일 전까지

① 옮겨심기 2주일 전까지에. 이랑 폭을 60cm로 하고, 고토석회 100g/m²을 완전 살포하여 경작지를 잘 갈아둔다.

② 1주일 전에, 이랑의 중앙에 깊이 20cm의 도랑을 파고, 퇴비20kg/m², 화학비료 100g/m²을 준다.

③ 파낸 부분을 흙으로 다시 덮고, 높이 10cm의 이랑을 만든다.

옮겨심기 4월~6월

④ 포기사이를 4cm로 하고, 이식호미 등으로 심을 구멍을 파고 물을 준다. 물이 빠지면 묘를 옮겨 심는다.

⑤ 옮겨 심은 후, 포기 밑동을 가볍게 손으로 누르고, 물주기를 한다.

추비 배토 옮겨 심은 지 3주일 후

⑥ 포기사이에 화학비료 30g/m²을 웃거름으로 준다.
⑦ 괭이 등으로 포기 밑동에 가볍게 배토한다.

수확 1년째 : 9월~2년째 이후 : 3월~11월

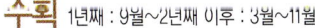

⑨ 수확한 로즈마리. 건조시킬 경우에는 바구니 등에 담아서 그늘에 건조한다.

⑧ 여린 줄기 끝의 새싹을 10cm 정도를 수확한다.

4~5월에 삽목으로 노지에 기른 로즈마리 화분으로 옮기기 전 11월경의 모습 ▶

Saffron
샤프란

- 학　　명 : *Crocus sativus*
- 과　　목 : 붓꽃과 / 다년초
- 원 산 지 : 스페인, 북부아프리카, 아프카니스탄
- 화 초 키 : 10cm
- 이　　식 : 8~9월
- 개 화 기 : 10~11월
- 수　　확 : 10~11월
- 증 식 법 : 5~6월 분구

불가사의한 차를 즐길 수 있는 아름다운 꽃이 매력

샤프란은 햇볕이 잘 드는 좋은 사질토를 좋아한다. 기르는 방법은 대단히 간단하고, 심은 채로 놓아두어도 꽃은 핀다. 구근의 크기의 3~4배의 깊이로 이식하면, 약 반달 후에는 꽃을 피게 하고, 붉은 암술을 수확할 수 있다. 수확한 암술은 즉시 그늘에 말려서 병 등의 밀폐용기 등에 보존한다.

다음해 5~6월에 걸쳐서 구근을 파내서 건조시키고, 분열한 구근을 나누어 서늘한 장소에서 보관하고, 가을에 이식하는게 바람직스러운 일이다. 샤프란의 향은 풀 또는 건초의 향취가 있는 금속성 꿀 향기를 연상시키고, 그 맛은 건초와 같은 약간 쓴 맛이다. 샤프란은 스페인 발렌시아의 요리인 빠에야의 3대 재료 중 하나이며, 여러가지 음식에 첨가하여 보기에 아름다운 노란색 내지 오렌지 색의 컬러를 내는 데 쓰인다. 그 외에 과자와 술에 들어가기도 한다.

기르기 전에
기　후 : 햇볕이 잘 드는 모래땅, 또는 용기
증식법 : 구근의 파내기

재배 포인트
8~9월에 구근을 심으면, 10~11월에 개화한다. 개화·수확기간이 대단히 짧으므로 수확시기를 놓치지 않도록 주의해야 한다. 증식하는 경우에는 봄에 구근을 파내서 건조시키고 다시 가을에 심는다.

수확을 하면
이용부분 : 꽃
이 용 법 : 허브티, 풍미, 채색
효능·효용 : 생리불순, 갱년기장애

샤프란 기르는 법

※ 여기에서는 샤프란의 성질을 이용해서 가장 간단한 흙이나 물을 사용하지 않는 방법을 소개하지만, 물론 흙을 사용해서 기르기를 할 수 있다.

① 8~9월에 출하하는 구근을 준비한다. 적당한 크기의 용기에 넣고, 통풍이 잘되는 장소에 둔다.

② 얼마 지나면 구근에서 싹이 나온다. 물을 줄 필요는 없다.

③ 그대로 놔두어도 10~11월이 되어 서늘해지면, 아름다운 꽃이 계속 피기 시작한다. 꽃은 곧 시들어 버리므로, 빨간 암술머리는 따버리자.

〈꽃이 핀 뒤에는…〉

꽃이 끝난 구근은 영양을 다 소모해 버렸기 때문에 다음해에는 사용할 수 없다. 또한 샤프란을 즐기고 싶은 경우에는 화분의 흙에 구근의 2배 정도의 깊이에 심고, 물과 비료를 적당히 준다. 개화 후, 다음해 5월에 구근을 파내서 건조시킨 후, 다시 이식하여 꽃을 즐길 수 있다.

◀ 그늘에 말려서 건조시킨 후, 밀폐용기에 넣어서 보존한다. 약용차로 이용하면 몸이 따뜻해진다.

노지 기르기

역시 8~9월에 구입한 구근을, 구근의 약 3~4배의 깊이로, 배수가 잘되는 흙에 심는다. 이식 후 약 15일후에 개화한다. 이용법과 증식법은 용기에 기르기와 같다.

Lemonbalm
레몬밤

- 학　　명 : *Melissa officinalis*
- 별　　명 : 멜리사, 향수박하, 서양산박하
- 과　　목 : 꿀풀과 / 다년초
- 원 산 지 : 지중해연안
- 화 초 키 : 30~100cm
- 이　　식 : 4~5월, 9~10월
- 개 화 기 : 6~8월
- 수　　확 : 1~12월 다음해 이후
- 증 식 법 : 삽목 4~5월, 9~10월

레몬의 산뜻한 향기

레몬밤은 레몬그라스, 레몬버베나 보다도 기르기 쉬운 튼튼한 향초이다. 잎에서 나는 레몬 유사한 향기는 대단히 상쾌하고, 차로 마셔도 산뜻한 레몬의 향기를 즐길 수 있다. 이 향은 감정을 편안하게 진정시켜 주며 심장 박동수를 낮추고 혈압을 낮춘다.

요리로는 샐러드나 스프·소스·오믈렛·육류나 생선요리 등의 맛을 내는 데 이용하며, 과자 등의 풍미로움, 리스의 소재로도 쓴다. 식후에 침출액을 마시면 소화를 돕고 고창이나 산통을 억제하는 약용차가 된다. 침출액에는 발한작용이 있어서 감기나 인플루엔자 치료에 효과가 있다. 생잎이나 에센셜 오일은 아로마테라피에 이용하며 잎을 목욕제로 이용하면 레몬향 비슷한 방향이 기분을 밝고 편안하게 하고 보온과 피부 세정 효과를 높여준다. 생잎을 벌레 물린데 바르면 통증을 줄여주고, 달인 액을 린스로 이용하면 탈모를 방지한다.

잎이 얼룩무늬가 들어있는 골드레몬밤. 정원용

기르기 전에
기　후 : 햇볕이 좋고, 배수와 통풍이 잘되는 지역.
증식법 : 파종 · 꺾꽂이 · 포기나누기

재배 포인트
레몬밤은 그늘에서도 잘 자라지만, 건조에 약하고, 흙이 마르면 시들어 버리기 때문에, 적당한 물주기를 착실하게. 또한, 직사광선을 너무 쏘이면 산초와 같은 향기가 되어버리므로, 반그늘이 제일 좋다.

수확을 하면
이용부분 : 꽃 · 잎 · 줄기
이 용 법 : 에센셜오일, 식용, 약용, 방향제, 미용제 등
효능 · 효용 : 불안, 우울, 불면, 신경성 두통에 효과, 월경촉진, 생리통 완화, 해독작용, 탈모예방

레몬밤 용기에 기르기

파종은 봄과 가을에 하고, 개화는 2년째의 초여름이 된다. 발아 하는 힘이 강하고, 지면에 직파를 해도 잘 자란다.

① 이식은 봄과 가을에. 잎이 크고 색이 좋은 종묘를 선택한다.

② 5호분이상의 용기에 옮겨 심는다. 레몬밤은 건조에 약하기 때문에, 용기는 플라스틱 화분이 좋다.

③ 화분바닥에서 흘러나올 정도로 물을 듬뿍 주고, 2~3일 간 그늘에 둔다.

④ 잎이 무성해가면, 여린 잎을 따서 이용한다. 잎은 언제든지 이용할 수 있다.

따낸 잎을 물로 살짝 씻으면 허브티가. 부드러운 레몬의 상쾌한 감이 난다.

⑤ 잎이 뒤엉켜 시면 풀크러져 버리므로 수확을 겸해서 적당히 지엽을 정리한다.

⑥ 가지마다 몇 군데를 잘라서 통풍이 잘되도록 해순나. 살라낸 가시는 삽목으로 쓸수있다.

⑦ 아래 잎을 남겨 두면, 다시 새잎이 나온다. 부시틴히 수확하버 이용하면 된다.

⑧ 6~7월에는 희고 귀여운 꽃이 핀다. 꽃이 피기 시직힐 무렵이 가징 향기가 좋을 때이다.

〈요리로…〉 프레쉬나 드라이나 허브티가 인기가 있다. 술에 담궈서 리큐르대신으로 이용하기도 하고, 과자와 디저트에도.

Motherwort
익모초

- 학   명 : *Leonurus sibiricus*
- 과   목 : 꿀풀과 / 2년초
- 분포지역 : 한국 · 일본 · 중국
- 화 초 키 : 1m ~ 1.5m
- 개 화 기 : 7~8월

수확을 하면

이용부분 : 꽃 · 잎 · 줄기
이 용 법 : 약용
효능 · 효용 : 산후출혈 · 복통 · 월경불순 강장제 · 이뇨제 · 타박상 · 진통제 · 더위 먹어 입맛이 없을 때

특   징
들이나 산야에 남. 줄기는 1.5m 가량, 잎은 마주나며, 여름에 담홍자색 꽃이 핌. 암눈비앗

수확을 하면
한방에서는 익모초의 옹근풀로 말린 것을 익모초라 하여 약재로 쓰는데 맛은 맵고 쓰며 성질은 약간 차다. 꽃 필 때 익모초의 전초를 말린 것, 산후나 갱년기를 완화시키는 진통약으로 이용하며 혈압을 낮추는 효과가 있는 것은 배당체 때문인 것으로 알려져 있다. 출산 후 자궁을 수축시키고 생리불순이나 갱년기 증상도 치료한다. 월경 곤란의 치료약으로 상당히 알려져 있으며, 특히 무월경 치료에 탁월하며 기능적 불임 치료에도 도움을 준다. 그리고 여름 식욕이 없을 때 생즙을 먹으면 밥맛을 나게 한다.

〈익모초의 전설〉

옛날 효자 아들이 있었는데 어머니가 산후 조리를 잘못하여 비가 오려 하면 산후통으로 몸이 몹시 아픈데, 집안이 몹시 궁핍하여 약 지을 돈이 없어 걱정하고 있다가 돈을 조금 준비하여 약 캐는 노인을 찾아가 약초를 조금 사와 어머니에게 달여 드렸더니 병이 다 나았다 한다. 그런데 보름 후 다시 약효가 떨어져 병이 도져서 약을 살려고 해도 돈이 없어서 꾀(지혜)를 내서 약 캐는 노인의 뒤를 따라가 그가 캐는 약초를 캐 집으로 가져와 달여 놓고 약을 어머니가 먹어도 괜찮을지 몰라 자기가 먼저 먹어본 다음 어머니에게 드렸더니 그 약을 먹고 병이 나았다 한다. 그래서 어머니에게 유익하다 하여 익모초(益母草)라 하는 전설이 지금까지 전해져 내려오고 있다.

Passion flower
시계초

- 학　　명 : *Passiflora caerulea L*
- 과　　목 : 시계꽃과 / 다년초
- 원 산 지 : 열대 아메리카 · 아시아 · 오스트레일리아 등지
- 화 초 키 : 약 3m
- 이　　식 : 4~5월, 8~9월
- 개 화 기 : 5~10월
- 증 식 법 : 4~5월, 8~9월 포기나누기

시계의 문자판을 무던히도 닮았다하여 '시계꽃'으로 불리우는…

덩굴식물로서 꽃시계덩굴이라고도 하며 덩굴손으로 감으면서 자란다. 전세계에 약 400종이 자라며 열매를 식용한다. 열매는 즙이 많은 타원형으로써 황색으로 익는데 참외랑 비슷하게 생겼다. 열매속의 노란 젤리 같은 과육은 검은씨를 싸고 있으며 맛은 쓰며 성질은 따뜻하고 독이 없다. 식용의 과육은 청량음료나 아이스크림을 만들거나 주스, 샤벳, 소스 등으로 이용한다. 아메리카 원주민들은 눈이 붓거나 염증이 생길 때 식물 전체를 사용했다. 뿌리는 일반적으로 강장제로 사용한다. 잎은 빠른 맥박을 예방하며, 고혈압을 감소시키는 비중독적이고 비억제적인 불면증과 불안의 진정제로 사용한다. 습포제로 하여 화상과 피부 염증을 부드럽게 한다. 시계초의 알칼로이드, 후라보노이드는 정신 안정 효과가 있는 것으로 보고되어 있다.

기르기 전에
기　후 : 햇빛과 통풍이 잘되고 배수가 잘되는 토지에서 잘 자란다.
증식법 : 파종 · 포기나누기

재배 포인트
겨울 월동이 가능하고 번식율이 좋다. 다른 종과도 교배할 수 있다.

수확을 하면
이용부분 : 꽃 · 열매 · 뿌리 · 잎
이 용 법 : 식용, 약용
효능 · 효용 : 진정작용, 진통작용, 신경통, 고혈압, 정신안정, 긴장완화, 천식의 근육 경련, 간질, 신경 과민, 대장성 증후군의 완화, 불면증, 월경통, 해열작용, 화상, 피부염증 치료

시계꽃 열매

Lavender
라벤다

- 학　　명 : *Lavendula angustifolia*
- 과　　목 : 상록 소저목 꿀풀과/다년초
- 원 산 지 : 지중해연안
- 화 초 키 : 20~100cm
- 이　　식 : 4~6월, 9~10월
- 손　　질 : 비료 8~10월
- 개 화 기 : 6~9월
- 수　　확 : 5~7월 다음해 이후
- 증 식 법 : 삽목 · 포기나누기
  4~6월 삽목 9~10월

보라 빛 꽃이 자욱한 향초의 여왕

라벤다 향기에는 사람 마음의 긴장을 풀어주는 작용이 있고, 피곤해서 집으로 돌아왔을 때, 방안에 라벤다의 향기가 가득 풍기면 마음이 안정되고 휴식에 많은 도움을 준다. 또한 화분과 크라프트에서 감도는 듯 하는 상쾌한 향기는 하루의 피로를 풀게 해주는 요소이다.

정원에 이식하면 풍성한 큰 포기가 되고, 꽃이 보라색으로 퍼지는 아름다운 모습과 싱그러운 포기에서 방향으로 즐겁게 해준다. 또한, 정유에는 피부의 세포를 활성화시켜서 피부의 분비를 정돈해 주는 작용이 있다. 그 인기도 그렇지만, 아로마테라피에도 좋은 만능의 향초이다.

기르기 전에

기　후 : 건조하여 햇볕이 잘 드는 장소, 배수가 잘되는 흙을 좋아한다.
증식법 : 삽목 · 포기나누기

재배 포인트

라벤다의 이식은 종묘가 있으면 한여름과 한겨울 이외는 가능하지만, 봄과 가을이 좋다. 파종은 봄과 가을에 가능하지만, 꽃이 피는 것은 2년째의 여름 이후부터 핀다.

수확을 하면

이용부분 : 잎 · 꽃 · 줄기
이 용 법 : 허브티, 오일, 포푸리, 크라프트, 드라이플라워, 꽃꽂이, 정원용 등
효능 · 효용 : (주로 정유)혈압강하 · 항우울증 · 항신경 장해 · 진정 · 소염 · 소독 · 해독 · 담즙분비촉진 · 통경 · 분만촉진 · 항바이러스 (단, 임신초기의 임산부는 이용을 삼가)

라벤다의 종류

〈잉글리시라벤다〉
잘 친숙해져 있는 품종인 라벤다. '스파이카라벤다'라고도 하고, 건조한 상태의 그다지 비옥하지 않은 토지를 좋아한다. 더위와 무더위에 약한 성질이 있다.

〈글로소라벤다〉
꽃대가 길고, 옆으로 퍼져서 핀다. 다화성으로 자란 키는 1m정도이다.

〈피나타〉
'레이스라벤다'라고도 부르고, 잎에 날개와 같은 톱니모양이 있는 것이 특징.

〈스토에카스·종류〉
프렌치·라벤다로서 잘 알려져 있다. 조금 변한 그 모양이 특징으로, 추위에 약한 반면 4계절 피는 것이 많아서 1년 내내 꽃을 즐길 수 있다. 잉글리시라벤다 보다도 튼튼하지만, 무더위에는 약하므로 주의 할 것.

〈덴타타 종류〉
스페인 남부가 원산으로, '프렌지라벤다'라고도 부른다. 4계절 피고 자란 키는 약 90cm.

라벤다 용기에 기르기

라벤다는 씨앗으로도 기를 수 있지만, 발아까지는 상당한 시간이 걸리므로, 종묘로부터의 재배를 권하고 싶다.

스파이카·그룹은 주로 건조 상태의 알카리성 토양에서, 배수가 잘되고 통풍이 잘되는 장소를 좋아한다. 또한 스토에카·그룹은 뭉크러지기 쉬우므로, 포기사이를 조금 넓혀주는 일이 기르기의 포인트이다. 물주기는 극히 삼가하고, 약간 건조 상태로 하는 것이 잘 자란다.

비료도 약간 적은 듯이 주는 것이 좋고, 종묘를 이식할 때에 주는 밑거름과 가을에 수확이 끝난 후에 답례비료를 조금 주는 정도로 충분하다. 삽목과 포기나누기로도 증식시키지만, 삽목이 간단하여 기르기 쉽다.

화분에 심는 경우

※ 준비물
라벤다의 종묘, 화분(5호 이상)
화분바닥네트, 경석 또는 고로토,
배양토, 마그펜K, 삽, 조로

씨앗으로 기른 종묘를 용기에 심어 기르기

① 화분바닥네트를, 화분바닥의 구멍을 덮을 정도의 크기로 잘라서 화분바닥에 놓고, 경석 또는 고토를 깐다.

② 배양토를 넣고, 마그펜K를 한줌 더하여 잘 섞는다. 이것을 밑거름이라고 한다.

③ 좋은 종묘를 준비한다. 키가 작고 줄기가 튼튼한 것을 고른다.

④ 종묘를 꺼낸다. 거꾸로 하면 푹하고 잘 빠진다. 이때 뿌리부분이 흐트러지지 않도록 주의한다.

⑤ 용기의 한복판에 종묘를 이식한다. 뿌리 밑동이 약간 높아지도록 하면, 배수가 잘 된다.

⑥ 물을 듬뿍 뿌리고 이식을 완료한다. 이식 직후에는 포기가 약하므로 그늘에서 3~4일 기른다.

노지에 심는 경우

※**준비물** : 라벤다의 종묘, 비료, 숯, 산흙, 삽, 조로

① 잎의 직경 약 30cm 정도의 구멍을 판다.

② 구멍의 바닥에 약간의 숯을 넣는다. 비료가 아닌 산흙 등을 채우면 좋을 것이다.

③ 심을 때에는 뿌리밑동의 흙을 약간 높게 한다.

④ 흐트러진 포기는 그 가지를 모두 잘라 낸다.

⑤ 가지를 잘라낸 후 전체를 일제히 잘라 주어야 균형 있게 성장한다.

⑥ 많은 포기를 심을 때에는 이랑을 높이 하고, 포기사이를 약 50cm, 이랑 사이를 약 1m로 하는것이 가장 좋다.

〈안제로라 라벤다〉

그 후의 관리

양지·배수가 잘되는 장소에서 기르다.

종묘가 안착되어 가면 햇볕과 통풍이 잘되는 장소에서 기른다. 흙이 마르면 물을 듬뿍 준다. 조금씩 몇 차례로 나누어 주면, 흙의 표면이 적시게 될 뿐이므로, 용토의 표면이 마른 때에만, 화분 바닥에서 물이 흘러나올 정도로 물을 듬뿍 주는 것이 요령이다. 단, 여름철에는 흙이 마르기 쉬우므로 1일 에 2회 정도로 물을 준다. 노지 기르기는 처음 종묘 이식 때에만 물을 주고 자연 강우에 맡긴다.

 〈포인트〉 가능한 한 배수와 통풍이 잘되고, 비를 많이 맞지 않는 장소에 심는다. 왜냐하면 물기가 많으면 잎이 뭉크러질 염려가 있다.

수확 후에는 되 잘라서 심고 비료를 추가로 준다. (웃거름)

① 꽃이 다 핀 상태. 이것을 화후(花後)라고 한다.

② 화수(花穗)아래에서 자른다. 자른 것은 건조보존하여 이용할 수 있다.

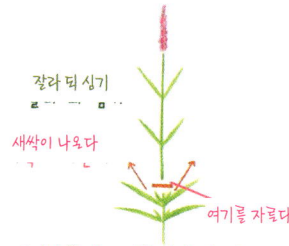

가지와 줄기가 너무 자랄 때, 약간의 포기를 잘라서 모양을 고치는 방법이다. 보는 눈을 정돈할 뿐만 아니라, 추위에 약한 식물의 표면적을 줄이고, 겨울의 추위에 견디기 쉬운 효과도 있다.

③ 되 자른 상태. 싹을 남겨두는 것이 요령이다.

④ 화학비료를 뿌리밑동에 준다. 뿌리가 상하지 않도록 뿌리에서 조금 떨어진 곳에 준다.

⑤ 잘라 되 심은 옆에서 다음해 봄에 가지가 자라나고, 다시 꽃을 즐길 수 있다. 포기가 성장하여 뿌리가 화분바닥에서 삐져나올 정도면 훨씬 큰 화분에 옮겨 심는다.

꽃이 피면 수확한다

① 초여름에는 보라색의 작은 꽃이 이삭모양으로 핀다. 꽃이 피기 직전이 가장 향기가 좋은 시기이다.

② 베어낼 때에는 줄기를 너무 남기지 않도록 한다.

③ 줄기는 짧게 베고. 너무 줄기를 남기면 매년 가지가 자라서 비와 바람 등으로 부러지기 쉽게 되기 때문이다.

수확하면…

◀ 프레쉬한 그대로의 자료 꽃, 어레인지, 티 등으로.

▶ 드라이로 해서 허브티, 과자의 향기첨가, 바스, 포푸리, 드라이플라워 등의 크라프트로.

삽목으로 증식하는 경우

① 라벤다의 어린 가지를 길이 20cm정도로 잘라서 물을 묻혀 둔다. 이것을 물 올리기라고 한다.

② 마디를 남겨 놓도록 하고 몇 개로 잘라 나누어, 아래 잎을 제거한다.

③ 흙에 꽂을 곳을 비스듬하게 자른다. 이렇게 하면 수분을 흡수하는 부분이 많아지고, 발근하기 쉬워진다.

④ 꽂을 이삭에 발근제를 묻힌다. 자른 자리 부분에 발근제가 묻어 있는 것이 포인트이다.(발근제는 종묘상에서 구입)

⑤ 나무젓가락 등으로 흙에 깊이 3cm정도의 구멍을 파고, 그곳에 줄기를 꽂는다.

⑥ 삽목이 끝나면, 바람이 세지 않는 반그늘의 장소에 두고 흙이 마르지 않도록 물을 주도록 한다.

⑦ 10~15일에서 발근한다. 발근하면, 다시 햇볕이 잘 드는 장소에서 기른다.

⑧ 20~30일에서 이식(옮겨 심는 일)할 수 있게 된다. 뿌리가 상하지 않도록 흙을 풀어서 종묘를 꺼낸다.

⑨ 용기에 옮겨 심고, 흙이 마르면 물을 준다. 줄기와 잎이 자라나서 훌륭한 포기가 된다.

Chamomile
캐모마일

- 학　　명 : *Matricaria chamomilla*
- 별　　명 : 캐미루레, 캬밀레
- 과　　목 : 국화과/1년 초(저먼종),
　　　　　　다년초(로만종·다이야스종·더블플라워종)
- 원 산 지 : 지중해연안
- 화 초 키 : 20～60cm
- 이　　식 : 4～5월
- 손　　질 : 웃거름 5～6월
- 수　　확 : 4～7월 로만종 다음 해 이후
- 증 식 법 : 파종·포기나누기 4～5월, 9～10월

귀여운 꽃인,「대지의 사과」

봄에 가련한 꽃을 피우는 캐모마일.「대지의 사과」란 별명 그대로, 달콤한 사과와 같은 산뜻한 향기가 감돈다. 불안과 긴장을 해소해 주는 이 허브는 차로서 감기일 때에 허브바스로 하여 차가운 몸을 따뜻하게 하고, 스페이샬스팀의 미용에도 권장하지만, 귀여운 그 꽃은 꽃꽂이와 어레인지멘트에도 인기가 있다. 추위에 강하고, 떨어진 씨앗에서도 이듬해 싹터 자라므로 매년 꽃을 즐길 수 있다. 사람을 건강하게 해주는 그 에너지는 다른 식물에도 작용, 함께 심으면 서로 건강하게 해주는 상생 작용을 한다.

황금색으로 빛나는 다이어즈캐모마일

기르기 전에
기　후 : 햇볕과 통풍이 잘되는 토지
증식법 : 파종·포기나누기

재배 포인트
종묘의 이식은 4월과 10월, 파종은 3～4월과 9월～10월이 적기이다. 봄 파종의 개화는 6～7월, 가을 파종의 개화는 4～5월이 된다.

수확을 하면
이용부분 : 꽃
이 용 법 : 꽃꽂이, 드라이플라워, 허브티, 요리, 허브바스, 포푸리, 정원용, 미용 등
효능·효용 : 진정, 발한, 감기, 보습, 해열, 항 알레르기, 소염, 피부연화, 통경

캐모마일의 종류

저먼 캐모마일

가장 기르기 쉬운 캐모마일로, 꽃도 많이 핀다.
1년에 시들어버리는 1년 초이지만, 떨어진 씨앗으로 부터 또 다시 돋아나 잘 자라고, 다년초와 같이 매년 즐길 수 있다. 화초 키는 약30~60cm이고, 봄부터 초여름에 걸쳐서 희고 귀여운 꽃을 피운다.
「대지의 사과」의 이름과 같이, 꽃에서 사과와 같은 달콤한 향기가 나고, 중심의 황색부분이 두껍게 부푸는 것이 특징이다. 파종도 이식도 봄과 가을에 할 수 있지만, 가을에 파종하여 월동을 하는 편이 튼튼하게 자라기 때문에 가을파종을 권하고 싶다.

로만 캐모마일 (잉글리시 캐모마일)

저먼캐모마일과 상당히 닮아 있으나, 품종은 몇 년이고 사는 다년초이다. 꽃수는 저먼종보다도 약간 작지만, 꽃은 약간 큼직하고, 꽃만이 아닌 줄기와 잎에도 사과향기가 나고, 밟으면 향기가 솟아오르기 때문에 향기의 잔디밭으로서 이용하는 것도 좋다.
(로만종의 동료로, 론 캐모마일 이라는 꽃이 피지 않는 잔디밭용의 품종도 있다.) 옆으로 퍼지기 때문에 화분에 심으려면 넓고 평탄한 화분이 좋을 것이다.
파종과 종묘의 이식은 봄과 가을에 할 수 있다.
국화과이기 때문에 삽목으로도 증식 시키지만, 포기나누기를 하는 편이 간단하게 증식 시킬 수 있다.

다이어즈 캐모마일

초여름부터 여름에 걸쳐서 노란 꽃을 피우는 캐모마일이다.
염색료 로도 이용될 정도의 선명한 황색이 매력적인 품종으로, 역시 다년초이므로, 한번 심으면 오랫동안 즐길 수 있다. 줄기는 똑바로 위로 뻗고, 화초 키는 60cm정도가 된다. 다른 품종과 같은 달콤한 향기는 없지만, 꽃꽂이와 드라이플라워, 또는 화단에 심으면 대단히 예쁘다.
화분에 심는 것보다도 지면에 심는 편이 황금색으로 퍼지는 멋진 경치를 즐길 수 있다. 파종과 종묘의 이식, 또는 삽목으로도 봄과 가을에 간단하게 증식 시킬 수 있으나, 가을 파종을 하는 것이 일찍 꽃을 즐길 수 있다.

더블플라워 캐모마일 (겹꽃 피는 로만캐모마일)

하얀 겹꽃이 달린 품종이다. 역시 전 화초에서 달콤한 향기가 나고, 꽃을 차로 이용할 수 있으나, 되도록이면 따뜻할 때에 마시는 것이 맛이 좋고, 특히, 생리통 등에 효과가 있다 (밀크티를 권함). 기타 로만캐모마일과 같이 여러 가지로 즐기는 방법이 있다. 배수가 잘 되는 대부분의 장소에서 재배가 되고, 추위에도 강한 품종이다. 씨앗은 없으므로 종묘를 구입해서 재배하지만, 약간 무더위에는 약하므로, 혼잡한 곳은 솎으면서 재배한다. 다소 넓은 플랜터나, 지면에 심는 것을 권하며, 잔디밭 대신으로 기르기를 할 수 있다.

캐모마일 기르는 법

씨앗으로도 기를 수 있으나, 봄에 출하되는 포트종묘로 기르면 간단하게 기를 수 있다. 봄의 종묘는 앞전 해의 가을에 씨앗을 뿌리면 월동한 튼튼한 종묘가 된다. 봄에 종묘를 이식하면, 바로 꽃을 즐길 수 있다. 씨앗으로 기르고 싶은 분은 가을 파종을 권한다. 잎이 5~6개가 되기까지 기르고 나서 화분이나 정원에 이식한다. 저먼캐모마일은 1년 초이지만, 떨어진 씨앗으로 간단하게 증식시킬 수 있다. 로만캐모마일은 포기나누기, 다이어즈캐모마일은 삽목으로 증식하면 바람직하다.

준비물

캐모마일의 종묘(여기에서는 저먼 종)플라스틱화분(8호 이상), 물받이용기, 고로토, 배양토, 마그펜K, 삽, 조로 등.

※ 배양토에는 미리 마그펜K를 한줌 가하고 잘 섞어 놓는다.

종묘를 용기에 이식한다

① 종묘는 작아도 튼튼하고 잎 색이 좋은 것을 고른다. 길어서 비틀거리는 가지(웃자란 가지)와 잎 색이 좋지 않은 것은 피한다.

② 포트에서 종묘를 꺼낸다. 거꾸로 하면 쑥 빠진다. 뿌리화분(뿌리와 그 둘레의 흙)을 흩뜨리지 않도록 조심한다.

③ 종묘를 이식한다. 종묘의 뿌리 밑동이 화분의 가장자리보다도 조금 높을 정도로 되는 것이 적당한 깊이다.

④ 표면의 흙을 손으로 골라서 포기가 흔들거리지 않도록 한다.

⑤ 물을 듬뿍 주고 이식을 완료한다. 화분바닥에서 물이 흘러나올 정도로 물을 준다. 이식직후에는 포기가 약하기 때문에 밝은 그늘에서 3~4일간 기른다. 종묘가 안정이 되면 햇볕과 배수가 잘되는 장소에서 기른다. 물은 조금씩 몇 번이고 주면, 흙의 표면이 축축한 것만으로 뿌리가 뻗지 않으므로, 흙의 표면이 마르면 물을 듬뿍 주는 것이 요령이다. 잎과 잎 사이가 서로 뒤엉키면 잎과 줄기가 물크러져 시들기 쉽다. 특히 봄에서 여름의 더운 시기에는 진딧물이 붙기 쉬우므로, 통풍이 잘되는 장소에서 기르도록 한다.

캐모마일 기르는 법

※ 씨앗으로 기르는 경우
겨울의 추위를 참고 튼튼하게 자라기 때문에 가을 파종이 바람직하다. 종자를 상자나 화분에 조파나 흩어 뿌리기로 하고, 3~5cm정도로 흙을 뿌린다. 작은 종자이므로, 물을 보통으로 뿌리면 흘러가 버리기 때문에, 화분 밑으로부터 물을 흡수하도록 한다. 본 잎이 5~6잎에서, 포기나누기의 요령으로 이식한다.

※ 노지에 심는 경우
여름철에는 흙이 건조하기 쉬우므로, 물 주기에는 주의를 충분히 하지만, 지면에 심는 경우라면 이식할 때에 물을 듬뿍 주면, 그 후의 물주기는 불필요하다. 또, 포기사이(포기와 포기의 사이)는 10~30cm 정도로 한다.

꽃이 피면 수확을

① 봄에서 초여름에 걸쳐서 수확적기이다. 꽃대(꽃이 달린 줄기)가 자라서 꽃봉오리가 달린다.

② 꽃이 핀다. 처음에는 데이지와 같이 평평한 모양을 하고 있으나, 점점 모양이 바뀌어 간다.

화심

③ 수일이 지나면, 꽃의 중심이 노란 부분(화심)이 부풀어 가고, 흰 꽃잎이 밑으로 숙여진다.

④ 개화 후 3~4일째에 화심이 조금 부풀어 오를 때가 수확적기이다. 오전 중에 꽃을 따도록 한다. 꽃은 잇따라 피기 때문에 매일 수확을 즐길 수 있다.

꽃은 프레쉬한 때에 허브티와 꽃꽂이, 요리의 향기첨가, 허브바스 등에…

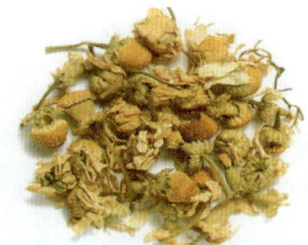

그늘에서 건조시킨 것을 티와 포푸리, 바스 등에. 3주일 정도 밀폐한 병에 건조제와 함께 넣어서 숙성시킨 것을 사용한 티는 더욱 풍미가 있다.

로만캐모마일로 향기로운 잔디밭 만들기

① 종묘를 이식한다. 종묘와 종묘사이(포기사이)는 20~30cm쯤 떼고, 종묘가 뿌리를 내리기 까지는 흙이 마르지 않도록 주의한다.

② 꽃눈이 나오면 따낸다. 꽃이 피어버리면 포기의 모습이 흐트러지기 때문에, 1년째는 꽃이 피지 않도록 한다.

③ 잎이 무성해 가면 되 잘라서 화초의 키를 작게 억제한다. 줄기와 가지 때때로 발로 밟아 주면 좋을 것이다.

④ 겨울에는 군데군데 말라가지만, 지하의 부분은 견실하게 살아 있다. 봄에는 다시 새싹이 나와서 자라기 시작한다.

⑤ 매력적인 꽃도 즐기고 싶은 경우에는 가능한 한, 한쪽 구석에서 피게 한다.

⑥ 가능한 한, 꽃을 피지 않게 하면 2년째 이후에는 향기로운 잔디밭을 즐길 수 있다. 잔디밭을 걸으면 사과향기가 감돈다.

드라이해서 보존하면 계절에 상관없이 즐길 수 있다.

만드는 법

캐모마일은 꽃 부분만 따서 방에서 자연건조 시킨 뒤 병에 넣으면 1년 내내 즐길 수 있다.
다른 품종의 드라이허브와 브렌디 하여 보존하는 것도 좋다.

캐모마일 꽃으로 차를 만들어 마시는 방법

수확 한 캐모마일 꽃으로
차를 만들어 마신다.
그리고 생활에 활력을…

재료
한잔 분량이 작은 티스푼으로 하나가 되므로 원하는 양을 짐작할 것.

만드는 법
※티포트와 컵에 각각 온수를 넣어서 따뜻하게 데운다. 그 물을 버린 뒤 원하는 분량(한잔 : 작은 티스푼 하나 정도)의 캐모마일을 포트에 넣고서 그에 맞는 양의 뜨거운 물을 붓고 뚜껑을 닫고 3분 동안 식힌다. 온수를 넣어 두었던 컵을 비워서 그 컵에 캐모마일 차를 부어서 마신다.

주의점
- 허브의 양이 너무 많지 않아야하며 뚜껑을 닫은 후 너무 오래 끓이지 말 것
- 뜨거운 물은 바로 끓인 것을 쓸 것
- 쇠붙이 주전자는 허브티 색을 변하게 한다.
- 신선한 캐모마일 때는 큰 숟가락 하나로 한다.
- 스테인레스 주전자로 뜨거운 물을 부을 때 꼭지에서 뜨거운 물이 분출해서 화상을 입을 경우가 있으므로 조심 할 것

※임신 중이거나 지병이 있는 사람 또는 치료 목적으로 마시고 싶은 분은 의사와 상의할 것

캐모마일 차는 유럽에서는 오랜 약초의 하나로서 가정상비약이라 하며 캐모마일을 연상할 만큼 보편화된 약용식물이다.

특히 서양 사람들은 식사 후나 취침 전에 습관적으로 이 차를 마신다.

관엽, 허브, 란 기르기 강좌 | 221

Nasturtium
나스타티움 (한련화)

- 학　　명 : *Tropaeolum majus*
- 별　　명 : 금련화, 한련화
- 과　　목 : 능소엽련과 / 1년초
- 원 산 지 : 남미
- 화 초 키 : 30~50cm
- 이　　식 : 4~6월
- 손　　질 : 실내에 1~2월, 11~12월 되 자르기 · 답례비료 6~10월
- 개 화 기 : 6월
- 수　　확 : 5~7월, 9~10월
- 증 식 법 : 삽목 4~6월, 9~10월

채색도 아름다운 꽃과 잎을 먹을 수 있다.

붉은색과 노란색, 오렌지색의 채색이 풍부하고, 식물 중에서도 유달리 사람의 시선을 끄는 나스타티움. 꽃은 독특한 향기가 있어서 샐러드, 비빔밥 등에 이용된다. 전 화초는 고추냉이와 같은 짜릿한 매운맛이 난다. 피클이나 강판에 갈아서 향신료로 쓴다. 잎에는 비타민C와 철분이 다량 함유되어 있고 스프나 샐러드 등으로 이용하며, 살짝 데쳐서 무쳐 먹거나 쌈으로 먹을 수 있다. 대단히 기르기 쉽고 예쁘기 때문에, 화단이나 모아 심기에도 권하고 싶은 식물이다.

나스타티움으로 장식한 허브 꽃 밥

기르기 전에

기후 : 햇볕과 배수가 잘되고, 비옥한 토지에서. 추위에 강함.　**증식법** : 삽목 · 포기나누기

재배 포인트
- 나스타티움은 대단히 튼튼한 식물이므로 햇볕과 배수가 잘되면 대부분 힘들지 않게 잘 자란다.
- 아주 심한 더위나 추위에는 약하므로 해가 들지 않는 서늘한 곳에서 관리한다.
- 서리를 맞으면 말라 죽기 때문에 주의한다. 비료와 물주기가 과다하면 오히려 꽃이 성숙하지 않는다.
- 인산분이 많은 비료를 조금만 주고 물은 흙의 표면이 마를 때 듬뿍준다.

수확을 하면
이용부분 : 꽃 · 잎 · 열매 · 씨앗
이 용 법 : 식용, 약용, 방향제, 향신료, 꽃밥
효능 · 효용 : 기관지 · 요도 · 비뇨기계통 항생작용, 피부색소침착방지, 피부톤개선

나스타티움 용기에 기르기

① 이식은 봄에. 잎이 큰 건강한 종묘를 고른다.

② 종묘를 꺼낸다. 줄기가 부드러우므로 부러지지 않도록 조심해야 한다.

③ 5호분이상의 용기에 옮겨 심는다. 뿌리밑동을 약간 높게하면, 배수가 잘 된다.

④ 화분바닥에서 흘러나올 정도로 듬뿍 물을 주고, 2~3일 그늘에 둔다.

⑤ 송묘가 안성되면, 햇볕이 잘 들고 서늘한 장소에 둔다.

⑥ 잎은 언제나 수확 할 수 있다. 잎만 따면 남은 줄기가 누렇게 말라가기 때문에, 줄기와 함께 수확하도록 한다.

⑦ 초여름이 되면 선명한 꽃이 핀다. 꽃은 피기 시작할 무렵이 수확의 적기이다.

⑧ 꽃이 필 무렵에는 줄기도 길게 뻗어 간다. 꽃이 달리지 않는 줄기를 잘라서, 삽목으로 증식할 수도 있다.

⑨ 꽃과 줄기마다 잘라 낸다. 잇달아 피기 때문에 수확은 늦지 않도록. 꽃을 조금 남겨서, 씨앗을 딸 수 있도록 한다.

정유(Essential Oil)란 무엇인가?

식물의 효능을, 완전하게 응축

식물의 방향성분의 엑기스인 정유, 즉 에센셜 오일을 올바르게 이해함으로써 허브 이용의 즐거움이 훨씬 넓어진다. 아로마테라피를 위시하여 식물의 힘이 농축된 액체를 어떻게 활용함이 옳은가를 설명.

갈색이나 보라색의 차광 병에 넣어져서 팔리고 있는 정유. 차광 병은 정유의 산화를 막아준다.

허브로 말하면 아로마테라피를 연상하는 사람도 많을 것이다. 정유는 이 아로마테라피에는 없어서는 안되는 필수적인 성분이다. 「아로마테라피」란 식물의 정수액을 가지고 아래와 같이 이용한다.

(1) 긴장완화나 기분 전환 같은 향수의 효과를 즐기고,
(2) 신체나 정신의 평온함을 유지 하도가 촉진 시켜 주고,
(3) 신체나 정신의 컨디션을 정상적인 상태로 개선.

되찾게 하는 구실을 해주도록 하는 역할을 담당하도록 하는 것으로, 전체적인 관점에서 볼 때 미(美)와 건강을 증진시키기 위하여 인류가 갖게 된 자연요법이다.
이것이 『국제환경협회가 정해 놓은 아로마테라피』의 정의이다.
결국 그 아로마테라피의 기본에 해당 하는 것이 정유인 것이다.

가방에 정유 한 병을…

정유를 한 병, 가방에 넣고 다닌다. 차의 정체중이나, 비행기로 장시간 이동할 때 휴지에 한 방울 묻히든가 손수건이나 속옷 등에 한 방울 뿌려 보면 기분이 달라진다. 기침이나 꽃가루 병의 피로움을 완화 시켜주는 효과도…

대량의 식물에서 극히 소량을 추출

정유는 식물의 꽃이나 잎, 과실껍질, 나무껍질, 뿌리, 씨앗 등에서 추출한, 휘발성의 방향물질로서 그 식물이 가지고 있는 유효성분을 고농도로 응축시킨 것이다. 대개는 예나 지금이나 수증기 증류법으로 추출하고 있으나, 감귤은 압착법, 장미나 자스민 등의 미묘한 향기는 용제(溶劑)추출법 등을 사용하고 있다. 어떻든 대량의 식물을 가지고 소량밖에 추출이 안된다.
1kg의 정유를 얻기 위해 라벤다의 꽃은 150kg, 장미의 꽃이면 3t이 필요하다고 한다. 병은 작은데 값이 비싸며 같은 양일지라도 꽃에 따라서 값이 다른 것은 그러한 이유가 있기 때문이다.
이와 같이 귀중한 정유는 우리들의 몸과 마음에 어떤 작용을 가져다주는 것일까. 잠이 잘 안 온다. 꽃가루 증세 때문에 괴롭다. 나른하다. 등 구체적인 증상의 완화에. 또 긴장을 풀고자 한다든가, 기분전환을 하고 싶다든가, 또 방충, 악취 제거 같은 생활에서의 도움에는 정유의 종류나 사용법에 따라서 그 효능은 여러 가지다.

정유(Essential Oil)

용량용법은 반드시 정해진 대로

어떤 방법으로 활용하느냐에 따라서 효과가 달라진다. 일반적으로 알려지고 있는 것은 아로마포트와 아로마라이트 같은 것인데 그런 전용물이 없더라도 간단하게 즐길 수도 있다.

예컨대 목욕탕에 물 200L~ : 5방울 정도 원하는 향유를 넣어서 목욕을 한다든지, 세숫대에 온수를 부어서 거기에다 3방울 이하의 정유를 넣어서 얼굴을 가까이 해서 방향 증기를 들이켜 숨쉰 다든지 등 정유가 있기만 하면 바로 실천해 볼 수가 있다. 또 식물성인 기름으로 희석시켜서 마사지용 기름을 만든다든지 집에서 비누를 만들면서 섞는다든지 하여 향초비누, 향초화장수를 갖게 될 수도 있다. 한 가지 정유는 자연산이니까 반드시 몸에 좋다고만 생각하는 것은 약간 위험한 면이 있는데, 그것은 사람에 따라서 체질이 다르고, 또 계절에 따라 다르고, 연령에 따라 몸의 컨디션이 달라진다는 점이다. 그러므로 그것이 내 몸에 맞는가를 확인해서 사용해야 한다.

향기를 맡아봐서 제품이 맞지 않는다고 느껴지면 사용하지 않으면 되는 것이고 반대로 마음에 들고 맡아봐서 그 향이 좋아지면 그것을 자기 몸이 요구하고 있다는 증거인 것이다. 그 땐 자기 몸과 마음의 리듬의 신호로 받아들여 이용하면 된다.

올바른 정유선택법

정유는 최근에는 구하기 쉽게 되었지만 점포에서 고를 때에도 주의가 필요하다.「이로미오일」이니「포푸리오일」등의 이름으로 팔리고 있는 것들 중에는 전부 정유가 아닐 수 있기 때문이다.

합성향료일 경우도 있는 것이다. 아로마테라피에는 자연산의 순수한 정유를 써야 하는데 그것을 찾기 위한 한 가지 기준이 다음과 같은 것이 기록된「아로마 환경협회」같은 곳에서의 표시로 확인 할 수가 있는 것이다.

- 브랜드명··················신뢰의 기준이 된다.
- 품명·····················레몬그라스, 페퍼민트, 로즈, 라벤다 등 식물의 이름
- 학명·····················식물의 이름은 국가와 지역에 따라 호칭이 다르기 때문에 반드시 학명으로 표시 되어져서 구별케 된다.
- 추출부위··················같은 식물이라도 꽃과 잎과 뿌리중 어느 부위에서 채취하느냐에 따라 각기 향기나 효능도 다르다.
- 생산국, 원산지············식물의 성질은 기후에 따라 변한다. 정유의 특징을 나타내기 위해서도 필요한 표시다.
- 내용 량···················3~10m가 일반적
- 발매처, 수입처············판매할 때의 책임의 소재를 표시한다.

구입한 뒤의 보존에도 주의할 것. 냉장고에 두고 산화를 방지한다.
품질만 보존 된다면 개봉한 후 반년 내지 1년은 사용할 수 있다.
올바르게 선택해서 즐겁게 사용함으로써 정유는 기분 좋은 생활의 동반자가 되어 줄 것이다.

정유의 증상별 선택법

아로마 포트, 아로마 라이트로 즐긴다.

정유를 방향이 피워지게 하는 방법에는 일반적으로 아로마 포트나 아로마 라이트가 있고 그러한 것들이 수백 가지의 디자인으로 소개 되고 있다. 모두 열에 의하여 향을 피우게 하는 것인데 아로마 포트는 열원熱源으로서 양초를 사용하는 형식으로서 물을 넣은 접시에다 좋아하는 정유를 몇 방울 떨어뜨려 아래로부터 양초로 그 물을 데우는 것이다.

향기뿐만이 아니라 흔들리는 양초의 불꽃이 차분한 분위기를 만들어 준다. 아로마 라이트의 경우, 열원은 전기. 직접으로 정유를 준비한 접시에 몇 방울을 떨어뜨려 전등불의 열로 방향을 내게 하는 것.

침실 같은 곳에서도 안전하게 사용할 수 있는 점이 매력이다. 방안을 향기로 채우고자 하는 까닭은 방향요법의 한 수단으로 이용하는 것이지만 어떤 증상에, 어떤 정유를 사용할 것인가가 요점이 된다. 생활 속에서 누구나 느낄 수 있는「형태 없는 즐거운 분위기」에 작용해 주는 대표적인 정유의 예를 소개 한다.

▶ 스트레스나 긴장이 계속되어 초조할 때
　〈샌트존스 우드, 제라늄, 파츄리, 푸티그렌, 페퍼민트, 마조람, 라벤다, 로만캐모마일〉
▶ 불안할 때 우울할 때에
　〈오렌지, 포도, 네롤리, 베르가못, 만다린, 메릿사〉
▶ 기분을 보다 상쾌하게 하고 싶을 때
　〈일랑일랑, 클라리세이지, 자스민, 로즈, 로즈우드〉
▶ 기분을 새롭게 해서 집중력을 높이고자 할 때
　〈사이프레스, 티트리, 바질, 페퍼민트, 왜전나무, 유카리튜스, 레몬, 레몬그라스, 로즈마리〉

양초를 워머 속에다 세우고 물을 부어 놓은 윗 그릇(아로마 포트)에 정유를 몇 방울 띄운다. 오른쪽은 향료시험지, 왼쪽 둥근 아로마 양초는 연기만 나고 냄새 없는 것이 판매되고 있다.
시간의 유무를 불문하고, 언제 어디서나 할 수 있는 향초의 미용법.
화장품, 목욕, 마사지, 팩. 노화를 방지하고, 긴장을 풀고 마음이 편안하게 나날을 보내기 위한 여러 가지 비결들을 알아두면 생활이 보다 윤택해 질것이다.

미용

잠재능력을 깨우치고 노화를 방지한다.

머리끝에서 발끝까지를 정유료 손질을 하면 살결이 젊어지고 자세까지도 한결 바르게 된 기분이 된다.
또 향긋한 냄새를 들이키면서 기분이 부드러워 지면 살결까지 산뜻하게 윤기가 흐르게 된다. 미용에 정유의 효능을 더하면 몸과 마음이 산뜻하게 활성화되는 까닭은 무엇일까?
이용법을 분야별로 소개한다.

입욕법

아로마바스(방향 욕)는 미용과 건강에 빠뜨릴 수 없는 중요한 프로그램이다. 가정에서는 물론, 여행 처에서도 마음 편하게 본격적인 에스테기분을 즐길 수 있다. 피로회복과 원기회복에 효과적이다.

아로마바스로 원기회복을
입욕의 목적은 말할 것도 없이 몸을 청결하게 하여 심신의 피로를 치유하는 일이다. 아로마바스는 탕에 잠기는 일로 부드럽게 된 피부에 정유가 침투해서 효과를 얻을 수 있다. 침투한 정유는 혈액과 임파액과 함께 몸속을 순환해서 각 기관으로 운반된다. 또, 비강에서도 향기를 흡입하므로, 2차적인 면에서도 보다 높은 효과가 기대된다. 아로마바스는 즐기면서 몸을 단련하고, 치유할 수 있는 최상의 치료방법이라고 할 수 있을 것이다.

아로마바스의 방법
탕에 정유를 처방해서 만든 아로마바스·치료제를 섞어서 입욕하는 방법이다. 전신욕·반신욕·좌욕·수욕·족욕 등이 있다. 증상과 체질에 맞는 방법으로 하도록 하자.

※탕에 들어가기 전에, 먼저 몸을 깨끗이 씻어 둔다. 비누거품 등은 잘 씻어 없애 주기를…

※정유를 처방한 욕제는 일반 욕제와 달라서 증발이 빠르므로, 탕에 들어가면 즉시 잠기도록 하자.

아로마바스에 주의해야 할 일
◇정유를 유화제에 섞지 말고 직접 탕에 떨어뜨리면, 잔 기름방울이 되어 떠서 피부에 얼룩이 져서 붙어버리므로, 그다지 효과가 없다.

◇오렌지, 레몬, 베르가못 등의 감귤계통의 정유는 자외선을 받을 때에 얼룩의 원인이 되는 광독성이 있다. 욕제로서 사용한 직후에는 장시간 자외선을 받지 않도록 주의해주기를. 4시간 이내에는 특히 얼룩이 생기기 쉬우므로 주의할 것.

습포법

누구나 할 수 있는 것은 타올을 사용한 습포에 정유를 뿌려서 긴장과 통증, 염증의 완화, 종기, 그리고 미용에도 효과적이다.

온습포
유리나 호로의 용기에 약 1리터의 뜨거운 물을 넣고, 정유를 4~5방울 떨어뜨린다.
그 중에 깨끗한 타올을 적신뒤, 재빨리 짜서 환부에 댄다. 그 위에 랩을 씌우고, 따뜻한 타올을 1장 얹고, 열이 빠져나가지 않도록 한다. 차가워지면 타올을 바꾸어, 증상이 가벼워질 때까지 반복한다.

냉습포
염증·발열·부기·두통·현기증·햇볕에 탄데·눈의 피로 등의 완화에 효과적이다. 약 1리터의 냉수에 정유를 1~2방울 떨어뜨리고, 청결한 타올을 적시고, 재빨리 짜서 환부에 댄다.

〈예를 들면…〉
◇여름의 햇볕에 탔을 때에는 여러 장의 화장용 솜에 잘 식힌 라벤다워터를 묻혀 함께 사용하면 좋다.
◇눈이 피로할 때에는 티슈페이퍼 2매를 겹쳐서 아이마스크 모양으로 잘라 내어, 식힌 캐모마일워터를 듬뿍 묻히고, 양 눈꺼풀위에 얹어 두면, 상당히 편안해 진다.

〈증상〉　　　〈정유〉
◇위와 장의 경련 ……… 캐모마일
◇류머티즘 …………… 로즈마리
◇기관지염 …………… 유카리튜스
◇고창(鼓腸) ………… 펜넬
◇두통 ……………… 라벤다
◇코의 검은 여드름 …… 사이프레스(2방울)
◇어린이 복통 ………… 캐모마일(1방울)

흡입법

대단히 손쉬운 건식흡입법과 미용효과가 높은 습식흡입법이 있다.

건식
장소를 가리지 않는, 가장 간단한 방법이라고 할 수 있다. 티슈페이퍼나 손수건에 정유를 3~5방울 적시어, 코에 가까이 대고 수차례 크게 심호흡을 하면서 흡입한다. 향기가 비강을 통하여 뇌에 자극을 주고, 신경을 자극하고, 동시에 폐로부터도 흡수되어 혈류 속으로 들어간다. 긴장과 기도의 트러블(목의 통증, 감기, 코 막힘 등)의 완화에 효과적이다. 오일워머나 아로마라이트 등도, 이 방법에 적용된다.

습식
유리 볼에 뜨거운 물을 넣고 정유를 떨어뜨리고, 향기의 더운 수증기를 흡입하는 방법이다.
탕면에서 얼굴을 10cm정도까지 가까이 대고, 정유의 미립자를 포함한 수증기를 안면에 뒤집어쓰면서, 입을 반 정도로 벌리고 크게 하면서, 코와 입으로 빨아들인다. 더운 김이 빠져나가지 않도록 머리에 큰 타올을 쓰고, 안면에 물방울이 맺힐 정도로 가까이 하면 상당히 효과가 오른다. 아침·낮·저녁과 1일 3회씩 하면, 상당한 효과를 기대할 수 있다. 이 경우, 뜨거운 물500cc에 대하여 정유를 약 10방울 가한다. 낮에는 사무실 등에서도 손쉽게 할 수 있다. 머그 컵이나 티컵을 이용해서 하면 좋을 것이다. 컵의 크기에 맞추어 뜨거운 물과 정유를 가감해서 넣어주기를 바란다.

정유로 목욕하기

※식물유 큰 수저 2에 대한 정유의 분량.

◆ 휴식
라벤다 6방울+제라늄 4방울
캐모마일 7방울+바질 3방울
마조람 3방울+캐모마일 7방울
비타오렌지 4방울+라벤다 6방울
기타, 베르가못과 오렌지도 적합하다.

◆ 피로를 풀고 체력 강화
로즈마리, 파인애플민트, 사이프레스, 레몬그라스, 로즈우드, 등을 각각 10방울씩.

◆ 고혈압
라벤다 5방울+일랑일랑 5방울
레몬그라스, 유카리튜스 6방울+라벤다 4방울

◆ 우울할 때
자스민 또는 일랑일랑 8~10방울

◆ 기분이 우울한 때
베르가못 4방울+클라리세이지 3방울+일랑일랑 3방울

◆ 겨·소맥배아(분말)
라벤다 6방울+비타 오렌지 4방울
베르가못 3방울+제라늄 7방울
캐모마일 8방울+로즈 2방울

◆ 불면증 일때
라벤다 5방울+사이프레스 5방울
레몬그라스 또는 제라늄 6방울+사이프레스 4방울
※ 입욕하는 동안에 차가운 샤워를 하면, 피부세포를 자극하여 신진대사가 원활하고, 다이어트에 효과적이다. 마지막에는 따뜻한 샤워로 마무리한다.

◆ 체취예방
베르가못 7방울+라벤다 3방울
베르가못 5방울+사이프레스 5방울
제라늄 4방울+탄제린 6방울로 한다.

반신욕 半身浴 半身浴

전신욕을 할 때에 현기증이 나기 쉬운 체질인 사람은 반신욕을 권한다. 반신욕은 저혈압과 냉기성의 개선에 효과적이다.

〈방법〉
욕조에 물을 담고 가슴 아래 정도까지 담그고, 30~40분 정도에 걸쳐서 천천히 물을 끼얹는다. 어깨가 차갑지 않도록 타월을 걸치고, 때때로 그 위에 온수를 뿌려 준다.

좌욕 座浴 = (요탕腰湯)

월경불순·방광염·음부의 가려움증·치질·신장염·변비 등의 개선에 효과적인 방법이다.

〈방법〉
욕조바닥에 20cm 정도로 온수를 담고, 5~10분 정도 허리를 붙이고 따뜻하게 한다. 하반신이 잠길 정도의 대형 세면기와 볼(유리 또는 호로)로도 대용할 수 있다. 트리트먼트 제…벌꿀 큰 수저 하나에 라벤다 또는 캐모마일 정유 5방울을 섞는다.

※ 질의 세정에는 로즈마리워터 또는 캐모마일 워터를 미지근한 목욕물에 10배로 묽게 타서 직접 사용한다.
※ 치질의 개선에는 캐모마일 워터로 좌욕하거나, 면수건에 캐모마일 워터를 배어들게 하여 환부를 닦아 청결하게 해 주면 염증을 개선시켜준다.

정유 사용시 주의점
점막 및 그 주변에는 정유를 직접 사용하지 않도록 주의해야 한다. 앞에 언급한 허브워터는 화장품메이커 등의 제품과는 다르고, 케모타이프 메이커인 것을 지칭한다. 상품의 허브워터에는 약 3%의 정유성분이 녹아 들어가 있기 때문에 정유를 30배로 묽게 해도 같은 양이 될 수 있다.

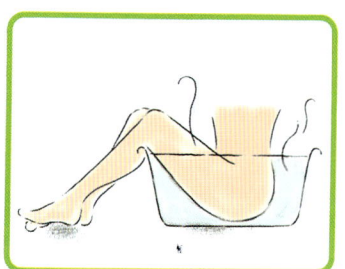

족욕 足浴

서서 하는 일이나 발의 부종과 근육피로와 냉기 증, 냉방 병, 감기 등에 족욕이 좋으며 또, 고령인 노약자나 입원 중에 있는 환자 등, 입욕할 수 없는 사람과 장거리 드라이브 여행 도중에도 간단히 할 수 있다.

〈방법〉
① 양발이 들어갈 수 있는 크기의 세면기나 양동이 그리고 발을 닦기 위한 수건을 준비한다.
② 38℃정도의 더운물을 데워, 양쪽발목이 잠길 정도까지 더운물을 붓는다. 겨울에는 5~10분이 되면 물의 온도가 내려가기 때문에 발판용 포트에 온수를 준비해서 발 옆에 놓아두고, 물이 식어지면 다시 붓는다.
③ 앉아있기에 편한 의자에 앉아서, 두발을 15분 정도 담근다. 그동안 손으로 발가락을 주무르기도 하고, 잡아 당기도 하면서 자극한다.
④ 시간이 되면 세면기에서 발을 내놓고 마른 수건으로 발을 감싸고, 의자에 앉은 채로 다시 15분 정도 느긋한 자세를 취한다.

※ 1회에 사용하는 정유의 양은 4~5방울로 바닷물에 섞으면 보다 효과적이다. 또, 가능하면 1일에 1~2회 하면 좋다. 병상의 경우에는 소독 알코올을 면수건에 적셔서 발바닥, 발가락 등을 잘 닦고, 청결하게 하고 나서 한다.

이러한 때에…

〈증상〉	〈정유〉
◆ 발의 피로 · 냉증 · 월경불순 등	로즈마리
◆ 발의 부종 · 나른함	사이프레스, 페퍼민트
◆ 냉방에 의한 발의 나른함	레몬그라스
◆ 관절염 · 요통 · 류마티즘 등	레몬그라스 유칼리스, 소렐, 페퍼민트
◆ 다리에 쥐가 남	라벤다, 로즈마리
◆ 불면증	라벤다, 라반사라, 마조람
◆ 감기	피인애플세이지, 유칼리스, 리반시리, 레몬그라스, 사이프레스등.
◆ 변비	탄제린
◆ 무좀	토리, 타임
◆ 발의 발한과다	펄마로저, 세이지, 클라리세이지, 주니퍼
◆ 비뇨기계 · 치질 · 기침	사이프레스
◆ 혈압강하	라벤다, 일랑일랑, 마조람, 레몬밤
◆ 혈압상승	로즈마리, 클라리세이지

※ 드라이 허브를 족욕에 사용해도 효과가 있다. 1리터의 물을 비등시키고 나서 불을 멈추고, 5분 정도 지나서 건조한 라벤다를 넣고, 침제를 만든다.

수욕 手浴

손과 발을 혹사하는 직업을 가진 사람의 어깨와 경비통 · 목의 통증 · 긴장완화에 효과적이다.

〈방법〉
세면기에 약간 뜨거운 물을 담고 5~10분 정도 양 손목의 위까지 담근다. 그사이 손가락을 굽히기도 하고 펴기도 하여, 문지르면, 역시 효과적이다.

※ 트러트먼트 제는 바닷물 또는 식물유에 정유를 2~3방울 섞어 사용하면 좋고 거친 손에는 아몬드오일에 정유를 섞어 쓰는 것이 적합하다.

관엽, 허브, 란 기르기 강좌

Basil
바질

- 학　명 : *Ocimum basilicum*
- 별　명 : 바지리코, 메보우키
- 과　목 : 꿀풀과 / 1년 초
- 원산지 : 열대 아시아
- 화초키 : 40~80cm
- 이　식 : 4~6월
- 손　질 : 비료 7~10월, 추비 되 자르기 11~12월
- 손　질 : 7~9월
- 수　확 : 5~11월
- 증식법 : 삽목 6~19

이태리 요리에는 빠지지 않는 허브

드라이의 잎은 전문 용품점에서 많이 취급하고 있으나, 프레시(생잎)의 향기와 풍미는 비교할 수 없을 정도이므로, 꼭 자기가 길러서 수확한 바질을 사용해 보고 싶은 것. 특히 토마토와 바질 그리고 치즈와의 상생은 발군이고, 파스타와 피자 등의 이태리 요리에는 빠질 수 없는 허브이다. 식욕을 증진하고, 여름을 타서 지친 체력을 회복시켜주는 기능도 있다. 또한 차로서도 기름기가 많은 느끼한 요리를 먹은 후와 숙취 등에 산뜻한 기분으로 상쾌하게 해 준다. 씨앗도 바질시드로서 디저트 등에 사용할 수가 있다.

기르기 전에
기　후 : 볕이 잘 들고 배수와 습기가 있는 비옥한 토지
증식법 : 파종 · 삽목 · 포기나누기

재배 포인트
이식은 종묘가 구입되면 수시로, 파종은 4~6월, 개화는 7~9월. 봄부터 가을까지 장기간 수확할 수 있다. 개화 후 웃거름을 주고, 겨울에는 실내에 넣어 둔다.

수확을 하면
이용부분 : 잎 · 줄기 · 꽃 · 종자
이 용 법 : 허브티, 요리 등
효능 · 효용 : 강장, 건위, 구충, 해열, 통경

1. 스위트바질. 광택이 있는 계란 모양의 잎을 갖가지 요리에.
2. 줄기를 자르고, 물에 담그는 것만으로도 발근하므로 간단하게 증식시킨다.

바질의 종류

스위트바질
바질의 대표품종. 단향기의 잎은 부드럽고, 파스터와 샐러드 등의 요리에 최적.

레터스바질
별명 나폴리터너라고도 부르고, 향기가 강하다. 대형의 잎은 다육질로 레터스와 같이 주름져 있다.

시나몬바질
멕시코산으로, 광택이 있는 잎에 시나몬과 같은 향기가 있다. 줄기와 엽맥은 보라색.

부시바질
스위트바질의 변종이기 때문에 향기는 똑 같다. 자란 키 30cm정도이고, 잎도 작아 콤팩트한 품종.

다크오팔바질
보라색 잎도 핑크색 꽃도 아름답고, 정원의 액센트에 최적. 강한 향기는 클로브에 닮아 있다.

아니스바질
잎에는 아니스와 같은 향기가 있고, 보라색의 엽맥과 즐기가 특징. 꽃은 드라이플라워로 할 수 있다.

바질 기르기

바질은 햇볕과 배수·습기가 있는 비옥한 토지에서 잘 자란다.

봄에서 가을까지 오래 수확을 즐길 수 있기 때문에 밑거름과 웃거름은 잊지 말도록. 종묘를 구입하여 10여일 후 수확을 즐길 수 있으므로, 초보자는 종묘로 부터의 재배를 권하고 싶다. 그러나, 바질은 씨앗으로도 간단히 기를 수 있으므로 여기에서는 씨앗으로 부터의 기르는 방법을 소개하고자 한다.

바질은 다른 허브와 마찬가지로 흙이 마르게 되면 시들어 버리므로 주의해야 한다.

〈준비물〉

바질의 씨앗, 육묘상자 등의 용기, 화분 (5호분이상), 배양토, 마그펜K, 삽, 조로

※ 배양토에는 미리 마그펜K를 한줌 넣어섞어놓고, 화분의 바닥에는 고토석회를 넣어 둔다.

씨앗으로 종묘를 기른다

〈파종은 따뜻해지면〉

바질의 발아에는 20~25℃ 정도의 온도가 필요하게 된다. 너무 일찍 씨앗을 뿌려도 발아하지 않기 때문에 5~6월경이 적기이다.

또, 프레임 등으로 따뜻한 온실상태의 공간을 만들어 길러도좋을것이다. 씨앗을 육묘상자에서 기르려면, 좋은 종묘를 골라서 자라게 해야 한다.

① 바질의 씨앗(실물 크기). 씨앗은 대단히 작기 때문에 직파는 안되고, 육묘상자에 뿌려서 기른다.

② 바질의 발아. 벌써 이 정도부터 좋은 향기가 난다. 잎을 살짝 만져 보면 코 끝을 상쾌하게 해 주는 향기가 난다.

③ 떡잎이 퍼지면, 생육이 좋은 종묘를 고른다. 잎이 크고 튼튼한 것이 좋은 종묘이다.

④ 좋은 종묘를 파낸다. 둘레의 흙까지 함께 파내면 잘 파 낼수 있다.

⑤ 서로 뒤엉켜 있는 종묘를 푼다. 뿌리가 상하지 않도록 정성을 다한다.

⑥ 뿌리를 넓히도록 해서 포리포트에 이식한다. 이렇게 하면 뿌리가 빨리 뻗는다.

⑦ 흙을 눌러서 높이를 조절한다. 물을 듬뿍 뿌리고 그늘에 2~3일 둔다.

⑧ 종묘가 안정되면 햇볕이 잘 드는 장소에서 기른다.

종묘를 이식한다

① 잎이 5~6잎이 되면, 정원이나 화분에 이식한다. 종묘를 구입한 분은 여기에서 스타트한다.

② 뿌리화분(뿌리와 그 둘레의 흙)을 흐트러지지 않도록 종묘를 꺼내서 이식한다.

③ 화분과 종묘의 틈새에 흙을 넣고, 흙을 고른다. 뿌리밑동이 약간 높게 하면 배수가 잘된다.

④ 물을, 화분바닥에서 흘러나올 정도로 듬뿍 주고, 서늘한 그늘에서 2~3일간 둔 후, 햇볕이 잘드는 장소로 옮긴다. 바질은 햇볕, 통풍, 배수 습기가 좋으면, 기온이 올라감에 따라서 잘 자란다.

※플랜터를 이용하는 경우
1상자에 5포기 정도 심는다.

※지면에 심는 경우
30cm 정도의 간격으로 2~3알 정도의 비율로 씨앗을 뿌린다. 본 잎이 나오면 1포기로 솎아낸다.

〈포인트〉

※ 햇볕이 안 들면 시들시들하여 줄기가 넘어지기 쉬운 포기가 되어 버린다. 이것을 웃자람 현상이라 한다.
※ 통풍이 잘되는 곳을 좋아한다고 해도, 바람이 너무 세면 쓰러지기 쉬우므로, 적절히 통풍이 되는 곳에 둔다.
※ 물 주기는 과습이 되지 않을 정도로. 흙이 마르기 전에 물을 듬뿍 준다.
※ 봄에서 여름에는 생육이 왕성하므로, 하이포넥스 등의 액비를 물주기를 겸해서 주면, 크게 자라고, 잎도 많이 무성해진다.

잎을 수확하면서 기른다

① 이식한 종묘가 안정되고, 가지와 잎이 무성해지면 수확할 수 있다.

② 위쪽의 큰 잎이 달린 뿌리에서 잘라 낸다. 가지가 아직 어리므로, 조금씩 수확하자.

③ 신선할 때에 식탁으로. 잘게 썰어서 파스타, 샐러드, 스프 등에. 건조보존은 향기가 약하므로 꼭 프레쉬한 것을 사용해 보시길.

프레쉬한 바질을 보존한다

밀폐해서 냉장고에…

판매하는 드라이허브의 바질

〈냉장고에서 보존한다〉

바질을 그늘에서 건조보존하면, 상당히 풍미가 떨어져 버리므로, 가능하면 플레시에 가까운 상태로 이용하고 싶은 것. 이 경우에는 냉동보존하든가 오일을 바른다. 냉동 보존하는 경우에는 저립한 생잎을 밀폐용기와 밀봉되는 비닐봉지에 넣고, 냉동고에서 보존한다. 오일을 바를 경우에는 잎에 올리브오일을 칠하든가, 폐용기에 올리브오일을 채우고 나서 잎을 적셔 냉장고에서 보존한다.

수확은 손질을 겸하여

① 화초 키가 20~25cm, 본 잎이 6~10잎 정도로, 주가지(중심의 가지)를 마디 밑에서 자른다. 이것을 적심(摘芯)이라고 한다.

② 적심을 하면, 옆가지가 자라서 포기가 충실해져 간다.

잘라낸 가지. 이대로 삽목 할 수도 있다. 물론 잎은 이용한다.

너무 자란 가지. 이대로 두면
바람으로 쓰러져 버리므로 적심한다.

적심하면 측지가 나오기 때문에,
울창한 모습이 되고, 수확량도 증가한다.

〈적심해서 옆가지를 자라게 도와준다.〉

적심하면, 위로 뻗는 힘이 억제되고, 옆에서 나오는 가지(측지)가 자라게 된다. 측지에도 잎이 달리므로, 수확할 수 있는 양도 증가한다는 것이다.

적심하지 않고 방치해두면, 주 가지가 위로 너무 뻗어서 비실비실 길어지고, 쓰러지기 쉬워 잎도 조금밖에 달리지 않는다. 그렇다고 해도 옆 가지가 뻗어서 잎이 많이 자라 너무 무성해도 통풍이 잘 안 되므로, 적절히 지엽을 수확해 가야 한다. 또 도중에서 2~3회 웃거름을 주면 좋을 것이다. 종묘가 안정되면 햇볕이 잘 드는 장소에서 기른다.

잘라낸 꽃과 잎은 허브티 등으로…

꽃이 필 무렵에 본격적으로 수확한다

① 6월이 되면, 희고 귀여운 꽃이 이삭모양으로 피기 시작한다. 막 꽃이 피기 시작할 때가 가장 향기가 좋고, 잎도 부드러워 수확의 적기이다.
꽃이 다 피어 버리면 잎이 딱딱해져서 수확량도 감소되므로, 꽃봉오리가 보이면 따도록 한다. 잎을 많이 수확할 수 있는 것도 이 무렵이다.

② 화수를 잘라 낸다. 이렇게 하면, 옆가지가 다시 뻗어난다. 많이 수확하고 싶을 때에는 8월 상순으로, 뿌리밑동에서 10~15cm의 곳에서, 굳은 결심으로 베어 낸다.
이렇게 하면 가을에는 재차 새싹이 나와서 포기가 커지고, 11월경까지 수확을 계속할 수 있다. 또, 겨울에는 말라버리므로, 삽목한 종묘를 실내에서 기르면 좋을 것이다.

〈바질은 큰 포기가 된다.〉
바질은 화초 키가 40~50cm, 다크오팔 등의 큰 것은 80cm나 되기 때문에, 보통의 플랜터나 9~10호분으로 3~4포기가 목표이다. 지면에 심는 경우에는 더욱더 커지므로, 포기와 포기 사이를 30~40cm 정도로 떼어 놓는 것이 좋다.

〈삽목으로 증식한다.〉
바질은 물에 담그는 것만으로도 발근하기 때문에, 삽목으로 간단히 증식시킬 수가 있다. 삽목은 6~9월의 사이라면 언제든지 가능하기 때문에, 바질을 많이 이용하고 싶은 분은 삽목을 권하고 싶다. 9월에 삽목하여 따뜻한 실내에서 기르면 겨울~봄에도 수확할 수 있으나, 봄에는 대단히 쇠약해지므로, 새로운 묘목을 기르든가, 씨앗으로 증식한다.

바질과 토마토의 냉채 샐러드파스타 만드는 법

1. 토마토 4~5개, 마늘 한쪽, 바질 적당량, 지두 적당량, 파스타 4인분, 올리브오일, 소금, 후춧가루를 준비한다.
2. 마늘은 잘게 썰고, 토마토는 주사위 같이 잘라 볼에 넣고, 올리브오일로 섞는다.
3. 손으로 잘게 찢어서 바질과 소금을 2에 가하고, 냉장고에서 1시간 식힌다.
4. 파스타를 약간 오래 삶아, 냉수로 짜내어 물기를 없앤다.
5. 지두를 삶아서 콩깍지에서 콩을 꺼내 올리브오일과 소금을 가하여 마련한다.
6. 4의 파스타에 3과 5를 합쳐, 접시에 보기 좋게 담는다. 후추 가루를 한줌 쳐서, 바질의 잎을 장식하면 완성.

◀ **구매한 그대로의 포트 전부를 바스켓으로 드레스 업**

판매중인 바질묘도 아이언의 바구니에 모사를 깔고 늘어놓으면 예쁘게 변신. 운반하기가 편하기 때문에 부엌으로 가지고 가서 기르면서 수확할 수 있다.

◀ **간단하게 만들 수 있는 제노바소스 만드는 법(1인분)**

1. 바질의 잎 10매, 잣 큰 수저로 1, 올리브유 25cc, 갈릭페스트 작은 수저로 1, 파르메잔치즈 큰수저로 1, 소금, 후추, 물 또는 더운물을 적당량을 믹서에 넣는다.
2. 페이스트상태가 되기까지 교반하면 완성.

바질샐러드

재료 및 분량
토마토 1/2개, 후레시 모짜렐라치즈 50g, 아보카도 30g, 블랙올리브 3알, 바질 잎 5잎, 바질올리브오일 3큰술, 소금, 후추 약간씩

만드는법
1. 토마토는 반으로 갈라 0.5cm 두께로 썰어 소금, 후추와 올리브오일로 밑간을 한다.
2. 후레시 모짜렐라치즈와 아보카도는 먹기 좋은 크기로 썰어 준비한다.
3. 블랙올리브는 링으로 썰어 준비한다.
4. 완성접시에 1,2와 3을 보기 좋게 담아내고 바질올리브오일을 뿌려낸다.

바질토마토 샐러드

재료 및 분량
방울토마토 15알, 페타치즈 30g, 바질잎 5장, 올리브오일 5큰술, 레몬즙 1큰술, 소금, 후추 약간씩

만드는법
1. 방울토마토는 열십자로 칼집을 넣어 끓는물에 살짝 데친 후 껍질을 제거한다.
2. 페타치즈는 먹기좋은 크기로 네모지게 썰어 준비한다.
3. 바질은 잘게 다져 올리브오일에 넣어 바질올리브오일을 만든다.
4. 3에 1과 2를 버무려 소금과 후추로 간을 한 후 담아내고 바질로 장식을 한다.

Perilla
들깨

- 학   명 : *perilla frutescens*
- 과   명 : 꿀풀과 / 1년초
- 원산지 : 인도의 고지, 중국 중남부
- 분포지역 : 한국 · 중국 · 인도 · 일본
- 수확시기 : 싹이 자라면서 이용 방법에 따라 즉, 잎을 먹기위해서는 그때그때…
- 필요한 넓이 : 이랑 폭 60cm 포기사이 20~30cm
- 이용부위 : 잎, 이삭
- 병충해 방제 : 진드기(점착훈액제) 야도충(BT수화제), 진디물(오레이트액제)

옛날부터 향신 채소로서 많은 사람들에게 이용되어 왔다. 잎 색이 보라색인 붉은 들깨와 녹색인 청들깨로 분류되고, 그 위에 잎의 표면이 평탄한 것(평엽)과 바탕이 오글오글한 것으로 구별되고 있다. 대엽이라고 부르는 잎들깨, 발아한 떡잎을 생선회를 돋보이게 하는데 이용하는 싹 들깨(적들깨의 얼룩 싹, 청들깨의 푸른 싹), 3할 쯤 개화한 화수를 이용하는 이삭 들깨, 들깨의 열매를 절임 등으로 이용하는 마른 이삭 등, 들깨의 수확대상은 떡잎에서 개화 · 결실(종자)까지 폭넓다. 생육적온은 20℃ 전후로, 서리에는 약하지만, 더위에는 비교적 강하고, 또한 토질도 그다지 선별하지 않고, 텃밭용으로 적당

재배 포인트

진드기의 피해를 입기 쉬우므로 일찍 포살 등의 대처를 하여야 하고 건조가 심한 경우에는 물주기를 신경 써야 한다. 식물이 자라기 위해서는 단일성과 장일성 식물이 있는데, 일정한 휴식(어두운밤)을 취하여야 하는데 밤에도 전기불을 계속 켜 놓으면 결구를 하지 못하고 잎만 수확하여 먹을수 있다.   씨를 이용하여 기름을 짜려면 다 성장할 때까지 잎 따는 것을 삼가해야 한다.

들깨 노지 기르기

1 흙 만들기
이식 1주일 전까지에

① 이식 2주일 전까지에 고토석회 100g/m²을 살포하고, 잘 간다.
② 1주일 전에 이랑 폭 60cm로 하고, 이랑의 중앙에 깊이 20cm의 도랑을 파고, 퇴비 2kg/m², 화학비료 100g/m²을 준다.
③ 흙을 되돌리고, 높이 10cm의 이랑을 만든다.

2 이식
5월 상순~6월 중순

① 포기사이를 30cm로 하고, 이식호미 등으로 심을 구멍을 파고, 물을 붓는다. 물이 빠지면 종묘를 이식한다.
② 이식 후, 포기밑동을 가볍게 손으로 누르고 물을 듬뿍 준다.

3 웃거름·흙 모으기①
이식 2주일 후

① 포기밑동에 화학비료 30g/m²을 웃거름으로 주고, 괭이 등으로 가볍게 흙 모으기를 한다.

4 웃거름·흙 모으기②
이식 1개월 후

① 포기 밑동에 화학비료 30g/m²을 웃거름으로 준다.
② 괭이 등으로 포기 밑동에 가볍게 흙을 모아 준다.

5 수확
이식 40일 후

수확이 시작되면, 매월에 2회 정도, 웃거름을 주고 흙 모아주기를 한다.

① 채소의 키가 30~40cm로 성장한 무렵이 수확 적기.
② 성숙한 부드러운 잎을 수확한다.
③ 수확한 청 들깨
④ 수확한 적 들깨

이삭 들깨

들깨는 자주 이용하는 잎 들깨 외에 발아한지 얼마 안되는 떡잎을 생선회를 돋보이게 하는데 이용하는 싹 들깨, 개화한 화수를 생선회를 돋보이게 하거나 튀김 등에 사용하는 이삭 들깨가 있다. 들깨는 보라색이나 흰색 꽃을 피운다.
※식물은 꽃이나 과실을 결실하기 위해서는 일정동안 어두운 시간이 필요하다. 이것을 단일성 식물이라 한다. 그런데 들깨에 전기불을 저녁에 계속 비쳐주면, 결실을 안하고 계속 잎을 수확할 수 있다.

Thyme
타임

- 학　명 : *Thymus vulgaris*
- 별　명 : 향초
- 과　목 : 꿀풀과 / 다년초
　　　　　상록 소저목
- 원산지 : 지중해연안
- 화초키 : 10~35cm
- 이　식 : 4~6월 9~10월
- 손　질 : 되 자르기 · 웃거름
- 수　확 : 1~12월 다음해 이후
- 증식법 : 삽목 4~5월,
　　　　　삽목 9~10월

여러 가지로 사용할 수 있는 스파이스 허브

괴롭고 슬픈 일이 있을 때에, 당신을 활력 있게 해주는 향기의 타임. 예로부터 우리 인간에게 친숙해져 왔던 허브로, 모든 요리에 이용되고, 육류의 냄새를 없애고, 감칠맛과 풍미를 더해준다. 차로 이용하면 구취·저혈압·화분증꽃가루의 개선과 방충효과도 있고, 강한 방향을 갖기 때문에 초여름의 핑크의 작은 꽃과 함께, 정원 곁에 심어서 타임의 샛길을 만들면 싱그러운 향기의 정원으로. 포푸리와 리스 등 갖가지 크라프트에 이용된다. 또, 대단히 튼튼한 허브이므로, 초보자라도 간단하게 기를 수 있다.

기르기 전에
기　후 : 햇볕과 통풍이 잘되고 배수가 잘되는 흙으로, 흙의 산성을 싫어한다.
증식법 : 삽목 · 포기나누기 · 휘묻이

재배 포인트
종묘의 이식은 한여름과 한겨울 이외에는 수시로 파종은 봄은 3~6월, 가을에는 9월~10월에. 개화는 2년째의 초여름이 된다. 수확은 1년 내내 가능하고, 추위에도 강하여 우리나라 남부지방의 옥외에서 월동할 수 있다.

수확을 하면
이용부분 : 꽃 · 줄기 · 잎
이 용 법 : 약용차, 요리, 포푸리, 허브버스, 꽃꽂이, 드라이플라워 등
효능 · 효용 : 강장 · 거담 · 구충 · 혈압상승 · 살충 · 류머티즘 · 부패방지 · 통경

타임의 종류 ②

라벤다타임
라벤다와 유사한 향기를 가진 목립성의 타임. 드라이플라워로 하여 포푸리에 이용.

클리핑타임
별명 와일드타임으로, 약용성분이 높다. 풀의 키 10~15cm의 포복성으로, 적화와 백화가 있다.

코코넛타임
핑크색의 작은 꽃과 작은 잎이 귀여운 포복성의 타임. 화단의 가장자리나 그라운드커버에.

타임의 2가지 성질

직립성과 포복성

타임에게는 가지가 똑바로 위로 뻗는 직립성인 것, 가지가 땅으로 기는 것과 같이 뻗는 포복성의 두 종류가 있으며, 기르는 방법은 같다. 일반적으로 타임의 이름으로 총하되고 있는 코먼타임은 직립성으로 옆으로 퍼지지 않으므로 좁은 공간에서의 재배도 권장할만하다.
포복성인 것은 행잉 바스켓(매다는 바구니)으로 기르면 좋다.

▲ 지면에 심은 포복성의 타임. 화초 키가 10cm정도이므로, 잔디밭 대신으로도.

▼ 직립성인 코먼타임

▲ 클리핑 타임은 개화기에는 카펫모양으로 꽃이 피어 멋이 있다

타임 용기에 기르기

타임은 더위와 추위에 강하고, 한번 심으면 2년째에는 목질화(나무와 같이 딱딱해지는 것)하고, 매년 1년 내내 수확을 즐길 수 있는 허브이다. 씨앗으로도 기를 수 있지만, 시간이 오래 걸리기 때문에 종묘로 재배하는 쪽을 권하고 싶다. 햇볕과 배수가 잘되면 잘 자라지만, 흙이 산성이면, 이식 전에 고토석회로 중화하여 주어야 한다.

포인트

이식한 종묘가 안정되어가면, 햇볕과 통풍이 잘되는 장소로 옮긴다. 타임은 더위와 추위에는 강하지만, 다습에 약하므로 물주기는 흙의 표면이 마를 때 듬뿍 준다.

① 이식은 봄이나 가을에. 잎 색이 좋은 것을 골라서 한다.

② 타임이 좋아하는 배수가 잘되는 흙과 용기를 준비한다.

③ 용기는 5호분이상으로. 포트를 거꾸로 해서 종묘를 꺼낸다.

④ 종묘를 놓고 모양을 본다. 뿌리밑동이 약간 높도록 하면 배수가 잘된다.

⑤ 화분과 종묘사이에 흙을 넣고, 종묘를 안정시킨다.

⑥ 뿌리밑동이 조금 높도록, 뿌리밑동에 흙을 보탠다.

⑦ 화분밑바닥에서 흘러나올 정도로 듬뿍 물을 주고, 2~3일간 그늘에 둔다.

⑧ 잎은 1년 내내 언제든지 수확할 수 있다. 줄기와 잎이 자라면 가지마다 수확하면 된다. 아래쪽의 잎을 남겨두면, 다시 잎이 돋아난다.

▲ 물로 가볍게 씻어서 식탁에. 잎이 작은 타임은 가지를 이용한다.

타임 노지에 기르기

1 옮겨심기
옮겨심기 1주일 전까지

① 옮겨심기 2주일 전까지에. 이랑 폭을 60cm로 하고, 고토석회 150g/m²을 살포하여 경작지를 잘 간다.

② 1주일 전에 퇴비2kg/m², 화학비료 100g/m²을 주고, 잘 갈아 높이 10cm의 이랑을 만든다.

2 옮겨심기
3월 하순~6월 상순

③ 포기사이를 30cm로 하고, 이식호미 등으로 심을 구멍을 파고 물을 준다. 물이 빠지면 모를 옮겨 심는다.

④ 옮겨 심은 후, 포기 밑동을 가볍게 손으로 누르고, 물주기를 한다.

3 웃거름 배토
옮겨 심은 지 3주일 후

⑤ 포기사이에 화학비료 30g/m²을 웃거름으로 한다.

⑥ 괭이 등으로 포기 밑동에 가볍게 배토 한다.

4 수확
옮겨 심은 지 1~2개월 후

⑦ 풀의 키가 20cm 정도가 되면 수확 적기

⑧ 선단에서 50cm 정도를 수확한다.

수확 후에 가지가 섞여지면, 포기 밑동까지 전정하여 재생을 촉구한다.

▲ 수확한 타임

Chive
차이브

- 학　명 : *Allium schoenoprasum*
- 과　목 : 백합목 백합과 / 다년초
- 원산지 : 북반구 온대~한대, 시베리아, 유럽
- 화초키 : 20~30cm
- 이　식 : 4~5월, 9~10월
- 손　질 : 6~7월 웃거름
- 개화기 : 4~5월
- 수　확 : 3~11월 다음해 이후
- 증식법 : 포기나누기 3~4월 9~10월

과수원에 심으면 사과가 부패되는 병을 막아주는…

보통 고기요리·생선요리·조개·스프 등 각종 요리의 향신료로 사용되는데, 톡쏘는 향긋한 냄새가 식욕을 증진시키는 효과가 있다. 차이브가 들어있는 버터는 여러 가지로 중요하다. 버터를 한 시간 정도 상온에 방치하여 부드럽게 되면 잘게 썬 잎을 골고루 섞는다. 민트나 레몬 즙을 넣으면 풍미가 더 난다. 잎을 절인 오일이나 식초도 각종 요리에 널리 쓰인다. 유럽에서는 두터운 베이컨 오믈렛 위에 얹어 먹기도 한다. 마늘이나 민트와 같이 절여도 좋으며, 약초로는 사용하지 않는다. 이밖에도 염색, 드라이플라워 등으로 이용한다. 약용하기도 하는데 식욕증진, 혈압강하, 빈혈예방, 변비해소 등의 효과가 있다.

기르기 전에
기　후 : 반그늘로 약간 습기 찬 비옥한 흙을 좋아한다. 추위에 강함.
증식법 : 포기나누기

재배 포인트
종묘의 이식은 봄이나 가을에. 한겨울 이외에는 수확을 즐길 수 있으나, 강한 햇볕과 건조는 피해야 한다. 개화는 2년째의 초여름이고, 겨울에 지상부분은 시들지만, 봄에는 다시 돋아난다. 포기가 많아져도, 포기나누기를 위하여 솎아내기는 별로 하지 않는다.

수확을 하면
이용부분 : 잎·꽃
이 용 법 : 요리, 풍미, 드라이플라워 등
효능·효용 : 요리, 풍미, 드라이플라워 등

차이브 용기 기르기

씨앗을 노지에 직파할 때에는 봄이나 가을에 포기 사이를 15~20cm에 씨앗을 5~6알씩 파종한다.

① 이식은 봄이나 가을에 잎이 많이 달려 있는 종묘를 고른다.

② 5호분 이상의 화분에 이식한다. 배수와 습기가 있는 좋은 흙과 밑거름을 잊지 않도록.

③ 종묘가 쓰러지지 않도록 흙을 돋우고, 물을 듬뿍 주고, 2~3일간 그늘에 둔다.

④ 화초의 키가 20cm이상이 되면 수확한다. 뿌리밑동에서 2~3cm되는 곳에서 베어낸다.

잎은 살짝 씻어서 식탁에. 잘게 썰어서 이용한다.

〈포인트〉
흙이 너무 마르면 시들어 버리므로, 적합한 온도에 습기를 유지한다. 흙의 표면이 마르면 물을 듬뿍 준다. 비료를 주면 잎이 잘 자라므로 밑거름과 웃거름을 잊지 않도록.

⑤ 수확하면 하이포넥스 등을 웃거름으로 준다. 뿌리밑동에서 베면 새싹이 나오기 쉬워진다.

⑥ 5~6월에 핑크색의 귀여운 꽃을 피운다. 꽃도 뿌리밑동에서 베어낸다. 즉시 싹이 나오기 때문에 1년에 3~4회 정도 수확할 수 있다.

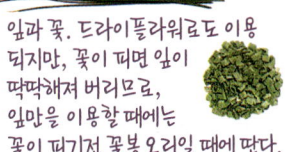

잎과 꽃. 드라이플라워로도 이용되지만, 꽃이 피면 잎이 딱딱해져 버리므로, 잎만을 이용할 때에는 꽃이 피기전 꽃봉오리일 때에 딴다.

〈요리에…〉
핑크색 꽃은 에더블플라워(식용 화)로서 나스타튜움과 함께 인기가 있다. 잎은 삶으면 풍미가 떨어져 버리므로 가능하면 날것으로 먹도록.

⑦ 한겨울 이외에는 수확을 즐길 수 있다. 포기가 커지면, 포기나누기를 하여 면적을 넓혀 심자.

Heliotrope
헬리오트로프

- 학   명 : *Borago officinalis*
- 별   명 : 페루향수 초
- 과   목 : 지치과 / 1년초
- 원산지 : 페루의 열대 및 온대
- 화초키 : 30cm정도
- 파   종 : 5월
- 삽   목 : 5월, 10월
- 이   식 : 5월~7월
- 수   확 : 5~11월 다음해 이후

은은한 초콜릿 향으로 유명한 향초

봄부터 초가을에 걸쳐서, 보라색 또는 백색의 작은 다섯 꽃잎이 우산모양으로 맺는다. 꽃에는 좋은 향기가 나고, 강한향기가 나는 데에서「향수 초」의 별명이 붙고, 줄기와 잎에는 약간 굳은 털이 있다. 꽃은 깔때기 모양으로 짙은 자주색 또는 보라색 꽃이 피며 독특한 향기가 있다.
약용, 미용제, 장식용으로 쓰이고, 정유는 향수 원료로 많이 이용하며 포푸리나 부케로도, 달콤한 초코렛 향이나 바닐라 향을 즐길 수 있다. 꽃으로 만든 분말 가루는 향수비누나 델컴파우더에 이용되고 있다.
뿌리에는 독성분이 있다.

기르기 전에
기   후 : 햇볕이 잘 들고 습기가 있는 비옥한 토양을 좋아한다.
증식법 : 파종 · 삽목

재배 포인트
- 이식할 때에는 퇴비와 부엽토를 심을 흙에 섞으면 좋다.
- 햇볕을 충분히 쬐어주면 향기가 더욱 짙어진다.
- 꽃은 여름의 강한 직사광선에 약하므로, 한여름에는 통풍이 잘 되고, 햇볕이 강하게 비치지 않는 장소를 골라서 심는다.
- 가을에 목질화되지 않는 여린 가지를 삽목으로 증식하고 실내에서 관리한다.
- 겨울에도 잎이 시들지 않지만 추위에 약하므로, 온실이나 5℃이하가 되는 곳에서는 화분에 심어, 실내에 들여 놓는다.

수확을 하면
이용부분 : 꽃 · 잎 · 줄기
이 용 법 : 미용제, 목욕제, 장식용, 향수, 포푸리
효능 · 효용 : 목이 아플때, 해열제, 이뇨제, 해독제

Angelica acutilca acutloba

당귀 • 미나리과, 멧두릅 속 (다년초)

- 파종적기 : 3~4월
- 포기나누기 적기 : 9~10월
- 개화기 : 5~9월
- 이용법 : 약용

여러해살이풀로 우리나라 중부 이남에 자생하며 높이 20~80cm. 포기가 퍼지고, 여기저기서 싹이 나온다. 줄기는 하부에서 잘 분지하여 홍자갈색을 띤다. 잎은 깊이 결각이 들어가고, 표면에 광택이 난다. 꽃은 백색의 작은 꽃이 다수 모여서 대형의 삿갓모양을 하고, 꽃대 끝에 맺는다. 줄기와 잎에 상처를 내면 특유의 향기가 난다.
지상부는 개화 시에, 뿌리는 만추에 수확하여 그늘에 말린다. 뿌리는 여성의 보건 약으로서 유명하고, 정혈, 강장, 생리불순 등으로 사용된다. 잎은 목욕용이나 음용으로 하면 혈행을 잘 돌게 하여 몸을 따뜻하게 한다.

재배 포인트

퇴비 등을 섞어 넣은 배수가 잘되는 비옥한 흙을 좋아한다. 여름에는 반그늘이 지는 곳에서 기르고, 건조하지 않도록 물주기를 한다.

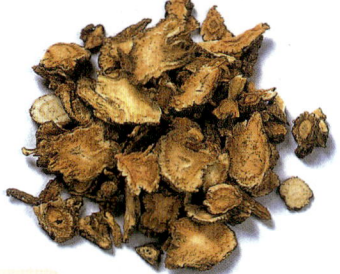

▲당귀(생약명)

Mallows
말로우 당아욱

- 학 명 : *Althaea officinalis*
- 별 명 : 연 주홍 접시꽃, 블루말로우
- 과 목 : 접시꽃과 / 다년초
- 원산지 : 유럽
- 화초키 : 60~150cm
- 이 식 : 4~5월
- 손 질 : 7~8월 비료
- 개화기 : 7~9월
- 수 확 : 7~8월 다음 해 이후
- 증식법 : 삽목 4~5월 9~10월

불가사의한 차를 즐길 수 있는 아름다운 꽃이 매력

과자의 마시멜로는, 열매는 말로우의 동료인 마시멜로의 뿌리의 분말로부터 탄생한 것. 아름다운 보라색의 꽃을 차로 하면, 블루에서 핑크로 변하는 심플한 차로 완성된다. 남은 차를 코튼에 묻혀 패팅을 하면, 피부를 윤택하게 해준다.

대표적인 품종으로는 가장 약효가 뛰어난 마시멜로, 흔히 멜로라고 불리며 허브차의 빛깔이 푸른색인 블루 말로우, 사향 냄새가 나는 머스크 말로우 등이 있다.

머스크 말로우 / 마시멜로

기르기 전에
기 후 : 햇볕과 배수가 잘되고, 비옥한 토지에서. 추위에 강함.
증식법 : 삽목 · 포기나누기

재배 포인트
종묘의 이식과 파종은 봄에. 일반적인 코몬 말로우와 자코(머스크)의 향기의 머스크 말로우는 약간 건조 상태로 하는 편이 좋을 것이다. 마시멜로는 반대로 습기 있는 흙을 좋아한다.

수확을 하면
이용부분 : 꽃 · 잎
이 용 법 : 허브티, 요리, 허브바스, 포푸리 등
효능 · 효용 : 알레르기, 기관지염, 피부유연화 개선

말로우 용기에 기르는법

씨앗으로 땅에 심어서 기르는 경우에는 포기사이를 1m정도 간격으로 밑거름을 주고 이식한다. 바람이 강한 경우에는 지주를 세워 준다.

① 이식은 봄에. 잎의 색이 좋은 종묘를 선택한다. 품종은 기르기 쉬운 코먼말로우를 권한다.

② 8~10호분 이상의 화분에 밑거름을 넣고 이식한다. 배수가 잘되는 유약을 바르지 않은 화분을 권한다.

③ 종묘가 쓰러지지 않도록 흙을 더하고, 물을 듬뿍 주어 2~3일간 그늘에 둔다.

④ 초여름에 걸쳐서 줄기와 잎이 뻗어간다. 장마철에는 비를 맞지 않도록 주의하자.

⑤ 잎이 뒤섞여 혼잡하면 적당하게 잘라서, 통풍이 잘되게 한다. 잘라 낸 여린 잎은 먹을 수 있다.

⑥ 초여름부터 여름에는 훌륭한 꽃이 피게 된다. 개화한 그날 오전 중에 따도록 하자.

〈요리에…〉
색이 변해 가는 차를 권한다. 레몬그라스와 장미를 가해도 멋있는 풍미로. 여린 잎의 부드러운 부분을 샐러드로, 삶아서 버터볶음으로 해도 좋으며 허브와인으로 해도 훌륭하다.

〈색이 변하는 말로우 티 만드는법〉
1. 컵에 코먼말로우를 2송이 넣는다.
2. 뜨거운 물을 따르면 청자색의 티가 된다.
3. 2에 레몬즙을 몇방울 떨어뜨리면 핑크색으로 변한다. 희미한 레몬의 향기, 상쾌한 풍미로…

〈포인트〉
말로우는 햇볕과 배수가 잘되면 잘자란다.
웃거름은 포기주위에. 봄에는 약간 많이, 가을에는 다소 적게 준다. 물주기는 흙이 마를 때에만 듬뿍 준다. 또한 바람이 강한 장소에서는 지주를 세워 준다.

말로우 노지 기르기

1 종묘 만들기
4월 상순~10월 상순

① 포트에 재배토를 넣고, 씨앗을 4~5알 씩 심는다.

② 본 잎이 2~3개가 되면, 생육이 좋은 포기 2개만 남기고, 다른 것은 솎아낸다.

2 흙 만들기 · 이식
이식하기 1주일 전까지에

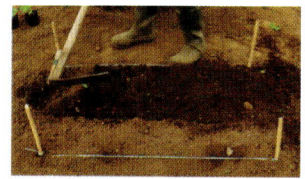

① 이식하기 2주일 전까지고토석회 100g/㎡를 살포하고 1주일 전에 퇴비 2kg/㎡, 화학비료 100g/㎡를 주어 잘 갈고, 높이 10cm의 이랑을 세운다.

② 포기사이를 30cm로 하여 심을 구멍을 파서, 물을 붓고, 물이 빠지면 심는다.

③ 이식한 후, 포기밑동을 손으로 누른다.

3 웃거름 · 흙 모으기
이식 1개월 후

① 포기밑동에 화학비료 30g/㎡를 웃거름으로 준다.

② 괭이 등으로 포기주위의 흙을 잘게 하여 포기밑동으로 흙을 모은다.

4 수확
5월 하순~12월 중순

① 지면근처에서 가위로 잘라 내어 수확한다.

② 수확한 말로우 생잎.

Tabacco
담배
• 가지과

담배를 오래 피우면 만병의 근원이 되므로 피우는 것을 금해야 한다

담배는 재배식물로서 높이 1.5-2m가량이고 잎은 넓고 길다. 그리고 끝이 뾰족한데 매우 길고 어긋나게 난다. 여름에 담홍색의 꽃이 피고 잎은 '담배'의 재료. 담뱃잎을 말려서 만든 기호품, 남초. 담배에 함유된 니코틴은 심장과 폐에 영향을 주어 여러 가지 질병과 암을 일으키는 원인이 된다. 속명의 Nicotana는 프랑스의 외교관 Jean Nicot의 이름으로 1560년에 담배 종자를 처음으로 우리나라에 들여와 재배하는 데서 유래되었다고 한다.

해설 : 1. 소화가 안 되어 배가 불러오고, 2. 기(氣)가 체(滯)하여 일어난 통증을 완화시킨다. 3. 종기, 악창, 옴, 버짐에는 환부에 붙여 치료하고 4. 개나 뱀에 물린데에도 효과가 있다.

약리작용 : 심장의 수축력을 증강시키고 2. 담즙의 분비를 촉진시킨다.
*담배를 오래 피우면 만병의 근원이 되므로 삼가야 한다.

Scented geranium
센티드제라늄 구몬초

- 학　　명 : *Pelargonium graveolens*
- 별　　명 : 향기 제라늄
- 과　　목 : 쥐손이풀과 / 다년초
- 원산지 : 남아프리카의 희망봉부근
- 분포지역 : 남아프리카 · 유럽 · 아시아
- 화초키 : 30~120㎝
- 파　　종 : 4~5월
- 이　　식 : 4~5월
- 개화기 : 4~7월, 9~10월
- 수　　확 : 5~10월

기르기 쉽고, 불가사의한 차로 즐길 수 있는 아름다운 꽃이 매력

제라늄의 종류에는 잎에 방향성을 지닌 것이 많다. 그것들 중에서 과실이나 향신료 등을 상상케 하는 향기를 가진 것을 센티드 제라늄이라 하고, 꽃을 관상하는 제라늄과 구별하고 있다. 잎에 제라늄 오일이라는 정유 성분을 포함하고, 강한 방향성이 있다. 제라늄 오일은 화장품 등의 향료로 하는 외에, 식품용의 향료와 포푸리 등에도 이용되고 있다. 일반적으로 애플 제라늄, 페퍼민트 제라늄 등, 그 향기와 유사한 식물명이 붙여져 있다. 대표적인 것이 로즈 제라늄으로, 장미꽃에 유사한 방향을 가진 데에서, 주로 지중해연안 부근에서 정유 채취용으로서 널리 재배되고 있다.

센티드 제라늄에는 10여종 이상의 원종과 그들과의 비교적 단순한 교잡종이 알려져 있다. 제각기의 품종은 향기가 각기 다른 외에, 잎의 모양이나 꽃색도 다르므로 이들을 수집하는 애호가도 적지 않다. 그 외에 제라늄의 종류에는 현재로는 페라르고늄 속이라고 하지만, 일반적으로는 제라늄이라고 부르고 있다. 줄기는 직립으로 키가 120cm정도가 되고, 가지가 퍼지며, 전체에 부드러운 단모로 덮인다. 잎은 길이 6cm전후의 삼각형으로, 가장자리에 5~7갈래의 깊은 톱니 모양이 있고, 제각기의 주위에는 다시 잘게 깨진다. 가지 끝에 짧은 꽃대가 나오고, 5~10개의 작은 꽃이 산형화서를 이루고 핀다. 작은 꽃은 핑크로, 보라색의 조맥이 들어간다.

기르기 전에
기　후 : 따뜻한 기후에서 잘 자라며, 비교적 건조에는 강하나, 추위에 약하고, 고온다습 한 곳을 싫어한다.
증식법 : 삽목 · 포기나누기

수확을 하면
이용부분 : 잎 · 줄기 · 꽃
이 용 법 : 향수, 화장품, 방향제, 비누 등의 향료, 장식용, 관상용, 약제
효능 · 효용 : 이뇨작용, 강장작용, 화상입었을 경우, 신경안정, 당뇨, 피부탄력

재배 포인트

- 이식하기 쉬운 종묘 등의 작업은 봄이나 가을에 하면 실패하지 않는다.
- 여름에는 양지와 통풍이 잘되는 서늘한 장소에서 관리한다. 내한성에 약하고, 추위로 줄기 잎이 상하여 꽃이 필 수 없게 되어 버리기 때문에 겨울에는 실내에 넣어 기르면 좋다.
- 다습을 싫어하기 때문에 물을 너무 많이 주는데 주의하고, 건조한 상태로 관리한다.
- 전정은 개화 후의 초여름부터 가을에 수확을 겸하여 포기 밑동에서 5~10cm 남기고 수확한다.

제라늄의 종류

로즈제라늄
전 화초에 장미와 같은 향기성분을 포함하는 센티드제라늄의 대표종으로 폭넓게 이용된다.

아메리칸제라늄
베란다에 어울리는제라늄을 심어 가꾸면서 그 사이에 행잉 바스켓(메다는 꽃바구니)을 이용하면 한층 멋스러워 보이며 오는 사람 가는 사람에게 아름다움을 선물 해 준다.

파인제라늄
잎에는 자주색 엽맥이 들어가고, 파인애플에 유사한 방향을 갖는다. 꽃에 짙은 반문이 있는 것이 특징.

애플제라늄
가지는 가늘게 옆으로 퍼지는 성질로, 황록색의 잎은 둥그스러 하고 줄기, 잎은 사과 향기가 난다.

아프리칸제라늄
심록색의 단단한 잎에는 살구 향기가 난다.
농적색으로 둥근 꽃잎의 꽃은 관상가치가 높다.

스트로베리제라늄
주름진 작은 잎은 와일드 스트로베리(야생딸기)의 향기가 난다. 꽃은 핑크색으로 풀의 키가 30~50cm.

잎의 방향을 살려서 토핑으로 ▼

빵이나 쿠키에 로즈제라늄 잎으로 장식을 곁들인다.
싱싱한 그린과 향기로 화려하게 완성…

약용, 식용, 관상용으로 폭 넓게 이용하는 만능 향초

잎과 줄기에 방향이 있고, 그 향기는 화계, 플루트계, 시나몬과 진저 등의 스파이스계로 나누어지는 품종에 붙여지고 있다. 장미의 향기를 가진 로즈제라늄은 대표품종으로 향료의 원료가 되어 있을 정도. 잎은 쿠키와 케이크를 구울 때 넣기도 하고 꽃은 설탕을 발라서 마무리로 장식하는 등, 요리와 과자의 향기 내기에 자주 이용된다. 또한 잎에서 채취하는 정유에는 릴렉스 효과가 있는 것 외에, 여성 호르몬의 활동을 조정하는 효능이 있고 플레시한 잎은 차나 목욕에, 드라이의 잎은 포푸리로 폭넓게 사용된다.

▲ 심플한 화분이 애쳐로운 꽃과 잎을 돋보이게

심플한 핑크색의 작은 꽃이 아름다운 잎 모양을 즐기기 위하여, 꽃 그릇은 심플하고 약간 적은 듯한 양철의 화분으로 디스플레이

◀ 로즈제라늄의 쿠키

1. 볼에 버터100g, 그라뉴당 80g을 넣고(2~3회로 나눈다), 거품이 이는 그릇에서 뒤섞는다.
2. 계란 1개와 체로 친 박력분200g을 넣고 완전하게 뒤섞는다.
3. 잘게 썬 프레쉬(드라이라도 가능)의 로즈제라늄의 잎을 2에 넣고 뒤섞는다.
4. 생지를 대롱상태로 형성하고, 랩을 감고 냉장고에서 1~2시간 식혀서 굳힌다.
5. 4를 두께 5~8mm로 자르고, 기름을 깔아놓은 철판에 펼쳐놓는다. 180℃로 가열한 오븐에서 약 10분간 잘 구우면 완성.

제라늄 용기에 기르기

4계절에 걸쳐서 꽃을 피우는 식물(4계절 개화 성)과 꽃이 피어 있는 기간이 긴 것은 꽃이 끝난 후에 포기를 1/2에서 1/3의 키로 베어낸다. 이것을 되 잘라 심는다고 하고, 새로운 가지가 힘차게 뻗어 나가, 재차 꽃이 많이 피는 일이 있다. 되 잘라 심는 편이 꽃이 많이 달리고, 수확량도 늘고 식물은 장수한다.

꽃이 다 피고 난후 화분에 심은 제라늄.
① 잎이 무성하게 자라서, 모습이 흐트러져 있다. 이 화분보다 한층 더 큰 화분을 준비하고, 갈아 심는다.

② 화분바닥네트를 잘라서 화분구멍위에 놓고, 위에서 적옥토를 화분밑바닥 가득히 넣는다. 그 후 새로운 배양토를 넣는다.

③ 새로운 배양토를 넣는다.

④ 완효성비료를 적량을 넣고 잘 섞는다. 이 작업에서, 흙을 갈아 넣고 비료를 주게 된다.

⑤ 낡은 포기에는 해충이 붙어 있는 일이 있기 때문에, 구충제를 뿌려둔다.

⑥ 종묘를 화분에서 꺼낸다. 꺼내기 힘든 경우에는 주위를 탁탁 두드리면 빠진다.

⑦ 오래된 흙을 털어내고, 뿌리 밑동 근처의 뿌리와 흙만을 남긴다.

⑧ 새 화분에 심어서, 뿌리와 화분 사이에 새로운 배양토를 넣는다. 나무젓가락 등으로 흙을 가볍게 찔러서 종묘를 안정시킨다.

⑨ 화분바닥에서 흘러나올 정도로 물을 듬뿍 준다. 갈아 심은 직후에는 포기가 약해져 있으므로, 2~3일간 그늘에 둔다. 포기가 안정되면, 양지·통풍이 잘되는 곳으로 옮기고, 흙의 표면이 마르면, 물을 듬뿍 준다. 가지가 너무 많은 경우에는 갈아 심을 때에 잘라 되심고, 포기와 뿌리주위의 흙과의 균형을 맞추면 좋다.

Stevia
스테비아

- 학　명 : *Stevia rubaudiana*
- 과　목 : 국화과 / 다년초
- 원산지 : 파라과이 · 브라질 · 아르헨티나 등의 국경 산간지
- 화초키 : 50~100cm
- 이　식 : 3~5월
- 손　질 : 되 자르기 · 웃거름
- 개화기 : 8~9월
- 수　확 : 5~11월 다음 해 이후
- 증식법 : 포기나누기 3~4월,
  　　　　삽목 6~7월, 9~10월

설탕, 200배의 당도로 저칼로리로 주목받는 향초〈허브〉

항산화 식품으로 최근에는 과자와 차 등의 성분표로도 그 이름을 자주 보는 감미료의 스테비아. 잎을 뜯어 입에 넣으면 설탕의 200~300배 정도의 달콤함을 느낄 수 있다.

파라과이에서는 옛날부터 스테비아잎을 감미료로 이용해 왔는데, 최근 합성감미료인 사카린의 유해성이 문제가 되자, 다시 주목을 끌게 되었다. 차를 만들어 마시거나 껌 대용으로 하며 청량음료의 감미료로 사용한다. 차를 마실 때는 한잔에 스테비아 잎 2~3장이 적당하다.

단 맛을 내는 모든 요리에 쓸 수 있다. 칼로리가 낮아, 당뇨병 환자의 이용에도 매우 유용한 식물이다.

기르기 전에
기　후 : 햇볕이 잘 들고 비옥한 토양을 좋아한다.
증식법 : 포기나누기 · 삽목

재배 포인트
종묘의 이식은 봄에. 초여름부터 가을까지 수확 할 수 있다. (씨앗으로 부터의 경우는 4~5월)여름에 꽃이 피므로, 꽃이 끝난 후에 답례비료를 준다. 겨울의 추위에는 약하므로 화분을 실내에 들여 놓는다.

수확을 하면
이용부분 : 잎 · 줄기
이 용 법 : 허브티, 풍미 곁들기
효능 · 효용 : 당뇨병, 면역력 향상, 혈액순환, 촉진, 세포증식, 간기능 강화

스테비아 용기에 기르기

① 봄에 잎의 단맛이 좋은 종묘를 고르고, 배수·촉촉한 흙을 준비한다. 또한 밑거름을 잊지 말고 주도록 한다.

② 5호분 이상의 용기에 이식한다. 배수가 잘되면 잘 자라므로, 용기는 유약을 바르지 않고 구운 화분이 좋다.

③ 화분바닥에서 흘러나올 정도로 듬뿍 물을 주고, 2~3일간 그늘에 둔다.

④ 초여름에서 여름에 걸쳐서 가지가 잘 뻗고, 잎도 달린다. 비료를 주면 잎도 많이 달리므로 웃거름을 잊지 말고 주도록.

⑤ 색이 좋은 잎을 따서 이용한다. 가지가 너무 웃자라 있는 경우에는 가지마다 잘라준다. 잎을 한 잎 따서 입에 넣으면 단맛이 입안에 퍼진다. 허브티에 감미가 필요할 때에는, 한컵 당 1~2잎의 스테비아 잎을 넣는다. 설탕보다도 고상한 감미가 퍼진다. 허브티의 젤리에도 빠뜨릴 수 없는 존재로, 드라이로 해서 냉장고에서 보존할 수 있다.

⑥ 8~9월에 가지 끝에 희고 작은 꽃이 달린다. 건조보존 하고 싶을 때에는 개화직전에 가지마다 잘라서 건조시킨다.

〈포인트〉

스테비아는 약간 그늘에서도 잘 자라지만, 배수, 습기가 있게하는 일이 중요하다.
너무습기가 많으면 뿌리가 썩어버리고, 너무 말라있으면 말라버린다. 생육 중에는 촉촉한 상태를 보존하도록, 흙이 마르기 전에 물을 준다.

⑦ 꽃이 다 피면, 포기의 부담을 줄이기 위해 뿌리 밑동 근처를 베어낸다.(잘라 되 심기). 그 후 프로믹 등의 웃거름을 준다.
이것을 답례비료라고 하며, 다시 새싹이 나온다.

⑧ 스테비아는 다년초이므로 몇 년이고 즐길 수 있다.
포기가 커지면 큰 용기에 이식한다. 이때에 포기나누기를 하면, 또 새로운 포기를 만들 수 있다.
삽목으로도 간단하게 증식시킬 수 있으므로, 오래된 스테비아를 포기나누기로 갱신해 준다.

Sage
세이지

- 학　명 : *Salvia officinalis*
- 별　명 : 약용 샐비어
- 과　목 : 꿀풀과 / 다년초
- 원산지 : 지중해연안
- 화초키 : 30~70cm
- 이　식 : 4~5월, 9~10월
- 손　질 : 밑거름 4~5월, 10~11월
  답례비료 7~8월
- 수　확 : 1~12월, 다음 해 이후
- 증식법 : 4~5월, 9~10월

요리에도 많이 이용하는 건강 허브

세이지의 향기는 정신적으로 불안한 때에도, 일상 생활에서도 안정된 상태로 이끌어 준다. 강한 방향과 향미가 육류와 생선요리의 냄새제거에 빠트릴 수 없는 세이지. 소세이지의 이름은, 실은 이 세이지에서 유래한 것이다. 또, 예로부터 만병에 효과가 있는 약용식물로서 널리 알려져 있다. 또한 그 차는 건강음료로서 갖가지 효능을 기대할 수 있다. 품종도 풍부하기 때문에 꽃꽂이와 정원 등, 눈을 즐겁게 해주는 허브이다. 꽤 강한 향기이므로, 델리킷한 요리에는 건조시킨 잎을 사용하면 보다 마일드 한 향기가 된다.

기르기 전에
기　후 : 햇볕과 배수가 잘되고, 비옥하고 건조 상태의 토지를 좋아한다. 흙의 산성을 싫어함.
증식법 : 삽목 · 휘묻이

재배 포인트
종묘의 이식은 봄과 가을에. 파종은 상자파종이라면 봄, 가을의 추분을 전후한 3~7일경이 적절한 계절. 직파라면 5월 이후에 한다.
씨앗으로 기르는 경우, 꽃이 피는 것은 2년째가 된다. 수확은 연간을 통하여 언제든지 한다.

수확을 하면
이용부분 : 잎 · 꽃 · 줄기
이 용 법 : 허브티 · 요리 · 포푸리 · 허브바스 · 꽃꽂이 · 정원용 등
효능 · 효용 : 강장 · 해열 · 수렴 · 통경 · 정혈 · 소화촉진 · 갱년기장해 · 항균

세이지의 종류

〈멕시칸세이지〉
방향은 없는 것이지만, 예쁜 보라색 꽃을 꽃꽂이용과, 드라이플라워로.

〈클라리세이지〉
가장 크고 강한 향기의 품종으로, 세이지의 정유는 주로 이 품종에서 채취한다.

〈파인애플세이지〉
파인애플의 향기의 붉은 꽃. 꽃을 포푸리, 샐러드로 하는 것을 권한다.

〈퍼플세이지〉
새싹이 보라색이 되는 품종이다. 여름에서 가을에 피는 꽃을 정원의 장식과 꽃꽂이용으로.

〈체리세이지〉
달콤한 향기로 꽃꽂이용의 품종이다. 추위에 약하기 때문에 월동은 따뜻한 장소에서.

〈페인텟드세이지〉
1년으로 시드는 1년 초이지만, 보라, 핑크·흰색 등 갖가지 색이. 꽃꽂이용.

〈코먼세이지〉
요리 등에 자주 사용되는 세이지의 대표. 우수한 항균작용이 있다고 하여 폭 넓게 활용된다.

〈골든세이지〉
녹색의 잎에 황색반점이 들어 있는 것이 특징.
내한성은 약하다.

〈세이지우드〉
고추속의 상록다년초로, 잎이 약용으로 사용된다.
꽃은 관상용.

세이지 용기에 기르기

① 이식은 봄이나 가을에.
용기는 5호분 이상으로 하고 잎이 큰 종묘를 고른다.

② 종묘를 꺼낸다. 줄기가 연하므로 부러지지 않도록 주의한다.

③ 종묘를 놓고 깊이를 조절한다. 뿌리밑동이 약간 높아지도록 하면, 배수가 잘 된다.

④ 화분과 종묘 사이에 흙을 넣고, 종묘를 안정시킨다.

⑤ 뿌리 밑동에 흙을 보태어, 종묘가 쓰러지지 않도록 한다.

⑥ 물은 화분 바닥에서 흘러나올 정도로 듬뿍 주고, 2~3일 간 그늘에 놓아둔다.

⑦ 종묘가 안정이 되면, 햇볕이 드는 장소로 옮긴다.
햇볕과 배수가 잘 되면 OK. 단, 다습에 약점이 있으므로 물주기는 삼가하기를.

⑧ 잎은 1년 중 언제라도 수확할 수 있다.
화초 키가 30cm 이상이 되면 어린잎부터 수확해 간다.
아래쪽의 잎을 남겨 두면, 다시 잎이 돋아난다.

대단히 튼튼한 허브로, 햇볕과 배수가 잘 되면 실내에서도 간단히 기를 수 있다. 잎을 수확하면서 기르고, 초여름에 꽃을 즐길 수 있다. 햇볕과 20~25℃의 온도가 되면 발아하기 쉬우므로, 직파라면 5월 중순이 목표이다. 퇴비 등을 밑거름으로 해서 이식하지만, 흙이 산성의 경우에는 고토석회 등으로 중화해둔다. 비료는 그다지 필요하지 않지만, 3~4월과 9~10월에는 질소분이 적은 비료를 웃거름으로 주면 좋다.

세이지 기르는 법

⑨ 여린 잎은 선명한 녹색. 부드럽기 때문에 손으로 따낸다.

수확하지 않으면…

수확하지 않고 방치해 두면 위쪽 사진과 같이 가지가 비슬비슬 길어지고, 잎도 그다지 달리지 않게 되어버린다. 위쪽의 잎을 따면 옆에서 곁가지가 나와서 잎이 달리기 때문에 부지런히 수확해서 울창한 모습을 보전하도록 하자.

⑩ 생육 중에는 잎을 부지런히 수확해서 항상 통풍이 잘되게 해준다.

삽목으로 갱신한다.

세이지는 다년초이지만, 수명은 3~4년이기 때문에, 봄이나 가을에 삽목으로 포기를 갱신하면 다시 수명이 연장된다. 8~10cm의 여린 잎을 자르고, 아래의 잎을 제거하여 청결한 흙에 꽂고, 마르지 않도록 해두면 3~4주일 후에 뿌리가 나온다. 이것을 다시 새 포기로서 기른다.

⑫ 포기가 커지면, 큼지한 용기에 이식한다. 오래된 포기는 뿌리밑동 쪽이 목질 화(나무와 같이 단단해진다)한다.

⑪ 초여름인 5~6월에는 엷은 보라색의 귀여운 꽃이 핀다. 씨앗으로부터 기르면 개화는 2년째가 된다. 꽃도 샐러드의 채색으로.

⑬ 갈색으로 된 오래된 가지를 잘라 낸다. 이것을 잘라 되 심기라 하고, 포기의 부담을 덜게 한다.

 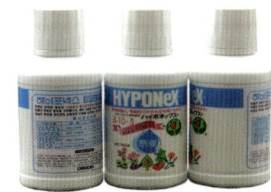 

⑭ 색이 좋은 여린 가지를 남기면, 다시 생장하여 수확할 수 있다.

⑮ 잘라 되 심기를 한 후에는 비료를 추가해서 준다. 프로믹 정제와 하이포넥스 등을 주는 것을 권한다.

따낸 것은 그대로 식탁에. 물을 묻혀 두면 오래 간다. 그늘에서 건조시켜 보존하면 오래 이용할 수 있다. 마일드한 향기가 일품.

Aloe
알로에

- 학　명 : *Aloe*
- 과　목 : 백합과 / 다년초
- 원산지 : 아프리카
- 분포지역 : 전 세계적으로 분포
- 화초키 : 수cm~9m이상
- 이　식 : 3~5월
- 개화기 : 1~2월
- 수　확 : 3~11월
- 증식법 : 3~4월, 9~10월 포기나누기

잎의 젤라틴 성분을, 화상 등의 민간약이나 디저트로서 사용.

알로에는 전세계에 약 300여종이 있으며, 온실에서 재배하거나 약으로 쓰려고 가정에서 기르기도 한다. 채취한 액즙은 쥬스 등의 음료에 사용된다. 약용 알로에는 잎의 기부를 잘라 젤라틴 물질을 추출한다. 민간에서는 알로에 잎의 액즙을 위장병에 내복하고 외상이나 화상 등에도 이용한다. 또한 건성 피부와 지성 피부를 중성화시키고 피부 보습 효과가 있어 화장품 원료로도 쓰인다. 그밖에 몇몇 알로에는 섬유질의 잎을 이용하여 밧줄, 어망, 천 따위를 만들기도 한다. 화분용으로서도 인기가 좋다. 자주 보는 키다치 알로에와, 줄기가 굵은 알로에·베라가 있어, 어느 것이나 이용할 수가 있다. 채취한 뒤 오래 방치하면 부패하여 좋지 않으므로 바로 사용하는 것이 좋다.

기르기 전에
기　후 : 햇볕과 배수가 잘되는 장소
증식법 : 포기나누기

재배 포인트
샤포텐 용의 배양토 등을 이용하면 좋으며 생육이 나쁠 때에는 액비 등으로 웃거름을 준다. 물주기는 거의 필요없다. 건조에는 비교적 강하지만, 추위에는 약하므로, 5℃이상을 유지하도록 하여 월동시켜 주어야 한다. 또, 봄이나 가을에 포기나누기로도 증식할 수가 있다. 따뜻한 기후라면, 오렌지색의 귀여운 꽃을 멋지게 피운다.

수확을 하면
이용부분 : 잎
이 용 법 : 식용, 약용, 미용제
효능·효용 : 혈액순환 및 세포액 개선, 체내 유독물질 분해, 직접살균, 전신의 항균능력 강화, 피부재생촉진, 통증 완화, 좌상, 화상, 피부에 그을린 피부 치료

Comfrey
캄프리

- 학　명 : *Symphytum officinale*
- 형　태 : 여러해살이풀
- 과　목 : 지치과 / 다년초
- 원산지 : 유럽
- 화초키 : 80~120cm
- 손　질 : 7~8월 비료
- 개화기 : 6~9월 비료
- 수　확 : 4~10월
- 증식법 : 3~5월, 9~10월, 파종·포기나누기

풀 전체 및 뿌리를 약으로 쓰는…

비타민C나 칼륨이 많고, 오이와 같은 맛의 신선한 잎과 줄기는 볶거나 튀김 등에 이용한다. 뿌리에 녹말이 있으므로 먹을 수 있고, 식물체는 사료로 사용하다. 달인 액은 거칠거나 튼 피부에 효과적이고, 목욕물에 넣어 사용해도 효과는 같다. 조직과 뼈를 치료 하고 세포증식 효과가 있으며, 피부로 흡수되어 조직결합, 뼈, 연골의 성장을 촉진한다. 귀여운 조종 모양의 꽃을 한 송이 정도 따서 병에 꽂는것도 생활에 운치와 멋을 더 해순나.

기르기 전에
기　후 : 그늘을 좋아하고, 습기가 있는 흙을 좋아함.
증식법 : 파종·포기나누기

재배 포인트
상당히 크게 자라므로 포기 사이는 70cm 이상의 간격을 두어야 한다. 봄이나 가을에 물기가 있는 좋은 흙에 씨앗을 뿌리든가, 포기나누기를 한 포기를 이식한다. 병해충 등도 발생하지 않고, 방치해 두어도 잘 자라고, 10년 이상을 이용할 수 있다. 단, 생육이 빠르므로, 생육 중에는 흙의 표면이 마르면 듬뿍 물을 준다. 파종이나 포기나누기로 간단하게 늘린다. 포기나누기는 봄이나 가을이 좋다.

수확을 하면
이용부분 : 잎·줄기·뿌리
이 용 법 : 약용, 사료용, 차
효능·효용 : 소화기능 향상, 보혈, 위염, 장염, 기침, 가래, 지혈

Chicory
치커리

- 학　명 : *Cichorium intybus*
- 과　목 : 국화과 / 다년초
- 원산지 : 북유럽
- 화초키 : 50~150cm
- 이　식 : 4~5월
- 손　질 : 3~5월, 9~10월
- 개화기 : 7~8월
- 수　확 : 1~3월, 8~12월
- 증식법 : 9~10월 파종

건강식품으로 각광받고 있는 치커리

뿌리는 약간 익혀서 버터와 같이 먹고, 큰뿌리에 나와 있는 잎의, 결구한 부분을 샐러드로 먹는데, 뿌리에서 자라나는 어린잎을 봄에 채취해 이용한다. 쓴 맛이 있는 어린잎이나 꽃도 샐러드로 이용된다. 어린뿌리는 야채처럼 찌거나 커피의 자극적인 효과를 없애기 위해 구워서 섞어 마시면 이뇨작용을한다. 묘목은 양상추처럼 기르고 베이컨과 다른 야채와 함께 기름으로 살짝 튀긴 후 약한 불에 끓여 먹기도 한다.
식물체는 사료나 목초로 쓴다. 꽃은 중추신경계통의 흥분제 및 심장 활동을 증강시키는 약으로 쓰인다.

기르기 전에
기　후 : 햇볕과 배수가 잘 되는 기름진 땅
증식법 : 파종 · 포기나누기

재배 포인트
봄이나 가을에 씨앗을 뿌린다. 생장에 따라 포기사이를 30~40cm 정도로 하고, 10~11월경(가을 파종은 다음해)에 줄기를 베어낸다. 그 후 뿌리를 파내서 햇볕이 들지 않는 장소에 심는다. 그 위에 모래를 20cm정도 간격을 띄워 뿌려 주면, 약 1개월 후에 수확할 수 있다. 비를 맞지 않는 장소를 택하고, 가볍게 비닐 등으로 비 막이를 해주면 부패하지 않고 잘 자란다. 뿌리를 파내지 않고 그대로 두면 다음 해에는 잎과 꽃이 핀다.

수확을 하면
이용부분 : 꽃 · 잎 · 줄기 · 뿌리 · 씨앗
이 용 법 : 차, 쌈, 샐러드, 고기 볶음요리 등
효능 · 효용 : 강장, 이뇨, 최음제

Lemon verbena
레몬버베나

- 학 명 : *Aloysia triphylla*
- 별 명 : 향수목
- 과 목 : 마편초과 / 다년초
- 원산지 : 아메리카대륙, 남부 칠레
- 화초키 : 1~2m
- 이 식 : 4~5월
- 개화기 : 7~9월
- 수 확 : 5~10월
- 증식법 : 4~6월 삽목

실내에 두면 상쾌한 레몬향기가 공기를 정화한다.

레몬버베나는 가장 레몬다운 향기의 허브로, 레몬향이 대단히 상쾌해 허브티로 선호되기도 한다. 잎을 손수건에 문지르면 향수를 뿌린 듯하고, 건조시켜도 향기가 오래간다. 요리에는 육류요리, 닭고기요리, 생선요리 등의 풍미제로 첨가되고, 잎에서 향료를 채취하여 향수와 비누 화장품 등을 만든다. 또한 허브들 중에서 건조잎의 향기가 가장 오래 가는 편에 속하기 때문에 허브포프리 재료로도 중요하게 여겨진다.

기르기 전에
기 후 : 햇빛을 좋아 하여 볕이 잘 드는 곳에서 잘 자라지만 과습에는 약함
증식법 : 삽목 · 포기나누기

재배 포인트
햇볕과 배수만 잘되면 흙은 관계가 없고, 삽목으로도 간단하게 뿌리를 내린다. 봄에서 가을에 걸쳐서 언제든지 수확할 수 있다.
무성하게 자랄 때까지 너무 가지를 잘라내지 말고 가지 수를 늘려 가면, 잎의 수확량도 증가한다. 추위에 약하므로 겨울에는 화분에 올려 실내로 들여놓는다. 수확은 개화 전후의 향기가 좋은 시기이다.

수확을 하면
이용부분 : 꽃 · 잎
이 용 법 : 샐러드 등의 요리, 약용차, 향수, 비누, 화장품, 목욕제, 포푸리
효능 · 효용 : 소화촉진, 이뇨작용, 감기발열, 기관지염, 코의 충혈 진정

Mint
민트 〈박하〉

- 학   명 : *Mentha spp*
- 별   명 : 서양박하
- 과   목 : 꿀풀과 / 다년초
- 원산지 : 지중해연안
- 화초키 : 20~100cm
- 이   식 : 3~6월, 9~10월
- 손   질 : 웃거름 4~6월, 9~10월
- 개화기 : 7~10월
- 수   확 : 3~11월, 다음 해 이후
- 증식법 : 삽목·포기나누기 4~6월, 삽목 9~10월

청량감이 있는 상쾌한 향초…

껌과 캔디 등으로 친숙한 민트. 그 상쾌한 향기는 초조함과 피로를 제거하고, 목욕과 아로마테라피에 이용해도, 멘톨의 성분으로 시원한 청량감을 느끼게 한다. 페퍼민트 등이 잘 알려져 있으나, 사과향기인 애플민트, 파인애플의 향기인 파인애플민트 등의 플루티한 향기를 지닌것이 있으므로, 좋아하는 향기를 이용하는 것도 좋을 것이다. 민트는 향이 강하여 육류 요리에 첨가하면 고기 누린내를 잡을 수 있고 방향성이 있어 아이스크림과 음식의 풍미를 더해 준다. 그 밖에 음료 등에 첨가해서 먹고, 디저트, 티에 곁들이는 것만으로 멋진 디저트가 완성된다. 그리고 간단하게 기를수 있는 것이 장점이다.

기르기 전에
기   후 : 약간 축축하고 비옥한, 토지를 좋아하며 고온과 건조에 약함.
증식법 : 삽목·포기나누기

재배 포인트
이식은 종묘가 있으면 언제든지 가능하지만, 한여름과 한겨울에는 뿌리내리기가 어려우므로 피해야 한다. 씨앗은 봄과 가을에 뿌린다. 봄 파종은 여름에, 가을 파종은 다음 해의 여름에 꽃이 핀다.

수확을 하면
이용부분 : 꽃·잎·줄기
이 용 법 : 허브티, 요리, 허브바스, 과자, 치약, 크라프트, 포푸리 등
효능·효용 : 거담, 구충, 해열, 혈관수축, 소염, 진통, 두뇌 명석화, 냉각 자극

민트 기르기

민트는 씨앗으로도 기를 수 있지만, 물론 종묘로 기르는 것이 일찍 수확을 즐길 수 있다. 종묘는 봄이나 가을에 민트의 종묘를 구입해서 용기나 정원에 심으면 좋은 것이다. 민트는 대단히 생육이 왕성하므로, 즉시 크게 자라고 증식한다. 여기에서는 씨앗으로 기르는 방법을 소개하고자 한다. 봄 또는 가을에, 육묘상자에 씨앗을 뿌린다.

민트는 튼튼해서 양지에서나 그늘에서나 기를 수 있지만, 흙이 완전히 건조하면 말라버리므로, 강한 햇빛이 닿지 않는 장소가 좋다. 화분에 심는 경우라면 배수, 습기가 있는 시판중인 배양토로, 노지에 심는 경우라면 약간 습기가 있는 흙에서 기른다. 또, 민트는 대단히 번식력이 강하여, 삽목·포기나누기·취목 등 어느 방법으로도 간단하게 증식시킬 수 있다.

(준비물)

민트의 씨앗, 육묘상자, 화분(5호분 이상), 물받이 용기, 마그펜K, 삽, 조로
※배양토에는 미리 마그펜K를 한줌 가하여 잘 섞어 둔다.

① 민트의 씨앗(실물크기). 대단히 잘기 때문에, 지면에 직파하지 않고, 상자 파종으로 한다.

② 파종 후 약 7~10일 만에 발아한다.

③ 떡잎 다음에 민트 특유의 주름이 있는 본 잎이 나온다. 이때, 민트의 상쾌한 향기가 난다.

④ 본 잎이 6잎 정도 될 때, 좋은 종묘를 고른다. 향기가 좋고, 잎이 튼튼한 것이 좋다.

⑤ 좋은 종묘를 파낸다. 이때, 뿌리가 상하지 않도록 둘레의 흙까지 떠낸다.

포인트

민트의 씨앗은 아주 잘기 때문에 흙과 잘 섞고 나서 육묘상자에 뿌린다. 여기에서는 발아한 곳에서 시작한다. 좋은 종묘를 골라서 크게 길러 간다.

민트 관리

<뿌리가 밀생 하기 전에 이식을>
민트는 생육이 대단히 빨라서 지하의 뿌리가 자꾸 뻗는다. 작은 화분이면 바로 뿌리가 화분 가득히 뻗어버린다. 이것을 뿌리 막힘 이라고 하며, 민트의 활력이 없어져 버린다. 화분 바닥에서 뿌리가 나올 정도가 되면, 큼직한 용기에 옮겨 심어야 한다.

▲ 보통의 플랜터 라면 3~5포기를 심을 수 있다.

▲ 8~10호분이면 2~3포기를 심을 수 있다.

◀ 뿌리 막힘을 일으키면 활력이 없어져 버린다.

여러 가지 민트

〈페니로열민트〉
직립성 타입, 포복성 타입이 있다. 독특하고 강한 향기가 있고, 정원과 드라이 플라워, 방충효과도 있으나, 분만촉진 작용이 있으므로 임신중 복용은 삼가 한다. 대단히 튼튼하므로, 밟으면 밟을 수록 잘 자란다.

〈스페아민트〉
페퍼민트와 동등하며 가장 일반적인 품종이다.
향기는 보다 마일드 하여 요리와 티에. 사실은 페퍼민트 보다도 커지는 품종이다.

〈파인애플민트〉
파인애플의 향기가 상쾌한 민트이다. 다른 품종보다 약간 세력은 약하고, 잎에 예쁜 흰 얼룩무늬가 들어있다. 정원이나 모아심기에 권하는 품종.

〈페퍼민트〉
멘톨의 상쾌한 향기로 인기No.1의 친숙한 민트. 비교적 강한 향기가 있다.

〈애플민트〉
전 화초에 사과와 같은 감미로운 향기가 있다. 특히 디저트의 장식과 찬 음료수에 인기.

〈오데코롱민트〉
그 이름 그대로 향기가 대단히 강하므로, 드라이플라워 등으로 해서 그대로 방향제와 같이 이용된다.

민트 용기에 기르기

⑥ 얽혀있는 뿌리를 정성들여 풀고, 좋은 종묘를 골라낸다.

⑦ 포리포트의 아래 절반 분에 흙을 넣고 종묘를 심는다

⑧ 종묘와 포트사이에 흙을 넣고, 물을 듬뿍 주고, 그늘에 2~3일간 놓아둔다.

종묘를 이식한다

① 잎이 5~6잎이 되면, 화분이나 정원에 이식할 수 있다.

② 포트에서 종묘를 꺼낸다. 거꾸로 들면 쑥 빠진다.

③ 포트에서 꺼낸 종묘를 3~4회분에 넣고 흙을 넣는다.

④ 표면의 흙을 손으로 고르고, 종묘가 흔들거리지 않도록 한다. 종묘의 뿌리밑동이 약간 높게 하는 것이 딱 좋은 깊이이다.

⑤ 물을 듬뿍 주고, 이식을 완료한다. 화분바닥에서 물이 흘러나올 정도로 물을 준다. 이식 직후에는 종묘가 약하기 때문에 밝은 그늘에서 3~4일간 기른다. 종묘가 안정이 되면 통풍이 잘되는 장소에서 기른다. 흙의 표면이 마르면 물을 듬뿍 준다. 특히 여름철에는 건조하기 쉬우므로 주의해야 한다.

※ 노지에 심는 경우에는 포기사이를 30cm 정도 잡아서 이식하지만, 1년 이내에 전부 밀생하기 때문에 부지런히 솎아내고 이용하면서 재배한다..

※ 플랜터의 경우에는 1개당 3~5포기씩 심지만, 이 경우에도 곧 가득차기 때문에, 생육이 좋은 것, 향기가 좋은 것을 골라 기른다.

수확한 민트로 여러 가지 채(Tea) 만들기

▲ 수확한 민트 잎으로 만든 허브티

● 페퍼민트 티에 홍차를 섞는다. (페퍼민트와 홍차 비율 7::3

● 민트티+밀크 민트티 60%에 따뜻한 우유를 섞는다.

▲ 따뜻한 우유에 민트 잎을 넣어서…

허브티에 우유, 홍차, 커피, 녹차 등을 자기 기호에 따라 만들어 마시면 한층 삶에 활기와 여유가 생긴다. 특히 머리를 쓰면서 커피를 많이 마시는 사람에게는 로즈마리를 허브티로 끓여 먹으면 한결 머리가 맑아진다.

▲ 짙게 달인 민트티에 얼음과 반 정도의 쥬스를 섞는다.

※ 허브 + 커피 제조요령

로즈마리 마른 잎을 포트에 끓여 커피에 타먹는다.

수확한 민트로 상쾌한 차 만들기

잎이 많이 있는 부분을 가위로 잘라 수확. 또, 용도에 맞게 적당히 수확해 이용한다.

① 씻은 민트 잎을 티 포트를 열어서 한 잔에 큰 잎 한 숟가락 정도 넣는다.

② 끓인 물을 붓는다.

③ 3분간 기다린다.

Hot pepper
고추

- 학　명 : *Capsicum annuum*
- 과　목 : 가지과 / 1년초
- 원산지 : 남아메리카
- 화초키 : 60~90 cm
- 분포지역 : 온대와 열대지방
- 손　질 : 6~9월 비료
- 개화기 : 7월
- 정　지 : 6월
- 수　확 : 6~10월

매운 맛의 향신료로 널리 알려진…

한국에서는 이미 맛과 향이 뛰어나고, 빛깔이 고와 김장, 고추장, 기타 양념으로 많이 이용되고 있다. 한국의 고추 종류는 약 100여 종에 이르며 산지의 이름을 따서 영양·청양·음성·괴산·임실·제천 고추 등으로 부른다. 요리에 사용되는 것은 단맛과 매운 맛의 2가지 종류가 있다. 비타민 C와 소화 자극물질이 풍부한 단맛의 피망은 샐러드에 사용하고 절임을 하기도 한다. 타바스코 소스의 주원료인 매운 맛의 고추는 부드러운 음식에 활력을 주며 카레에 열을 준다. 고추의 얼얼하고 매운맛은 '캡사이신'이라고 하는 염기 성분 때문인데, 이는 비만 예방에 효과가 있고 순환계와 지각신경을 자극하며 음식을 살균하여 목의 쓰라림을 완화시킨다. 붉은 색소의 성분은 주로 캅산틴이다. 추출한 기름은 류머티즘, 수족냉증, 신경통을 위한 따뜻한 마사지에 이용된다. 그 밖에 비타민 C가 풍부하여 초기 감기에도 효과가 있으며 항균성이 있고, 소량은 식욕 증진에 도움을 주지만 과다하면 위장염을 일으키거나 간장이나 신장에 손상을 줄 수가 있다.

기르기 전에
기　후 : 비옥하고 물이 잘 빠지는 곳에서 잘 자란다.
증식법 : 포기나누기

재배 포인트
- 고온성 작물로서 발육에 알맞은 온도는 25℃ 정도이다.
- 고온에서 잘 자라기 때문에 묘가 잘 생장 했다 싶으면 양지바른 곳으로 옮겨준다.
- 바람이 세게 부는 곳에 두면 줄기나 꽃이 부러질 수가 있으므로 조심해야 한다.
- 흙이 건조해 지면 꽃이 떨어져서 열매가 안 맺게 된다. 그러므로 흙이 마르지 않게 자주 물을 준다. 이 시기가 비료를 잘 흡수하는 때이므로 웃거름도 같이 주어야 한다. 그러나 물을 너무 자주 주면 웃자라서 힘이 없으므로 한번 줄 때 충분히 주도록 한다.

수확을 하면
이용부분 : 잎 · 열매
이 용 법 : 식용, 약용
효능 · 효용 : 류머티즘, 수족냉증, 당뇨병, 위염, 신경통, 관절염, 근육통, 요통, 동상 등의 치료에 이용

고추 피망 용기에 기르기

① **좋은 묘 고르기** – 봄에 묘를 심을 때 줄기가 굵고 마디와 마디 사이가 촘촘한 묘를 고른다.

② **깊고 넓은 그릇** – 피망은 크게 자라게 되므로 10호 이상의 용기를 준비한다. 분갈이 할 때에 뿌리에 붙은 흙이 안떨어지게 조심하여 뽑는다.

③ **물이 잘 빠지게** – 될수록 얕게 심어서 물이 잘 빠지게 심은 다음 뿌리가 안보일 정도로 흙을 덮는다.

④ **지주를 세운다** – 피망은 크게 자라므로, 지주를 세워 주어야 한다. 뿌리에서 약간 떨어진 곳에 지주를 세우고 줄기와 지주를 8자로 가볍게 묶어준다.

⑤ **물을 넉넉히 준다** – 용기 밑에서 흘러 나올 정도로 넉넉히 물을 주고 2~3일 동안 그늘에 둔다.

⑥ **하얀 꽃이 핀다** – 키가 30~40cm쯤 되면 하얗고 예쁜 꽃이 달리기 시작한다.

⑦ **웃거름은 물 줄 때 준다** – 액비하이포넥스는 물 줄 때 주는데, 웃거름 주는 시기를 놓치지 말고 조금씩 자주 줄 것

⑧ **첫 열매가 맺는다** – 꽃이 피고 15일쯤 되면 열매가 달린다. 꽃이 진 다음 20~25일이면 수확할 수 있다.

⑨ **지주를 보강한다** – 열매가 매달리게 되면 그 무게 때문에 그루가 기울어지기 쉽게 된다. 굵은 지주로 바꾸든지 지주 3개를 엮어서 보강해 준다.

⑩ **수확은 너무 늦지 않게 부드러운 것부터 딴다** – 열매가 커져서 선명한 초록색이 되면 따게 되는데 만져봐서 부드러운 것부터 수확한다.

⑪ **딴 뒤에는 웃거름을** – 많이 수확할수록 그루가 약해진다. 딴 뒤에 화학비료를 주면 가을까지 오래오래 수확할 수 있다.

⑫ **그릇이 크면 수확도 많아진다** – 그릇은 클수록 많이 수확하게 된다. 10호 용기에 한 그루가 기준이지만, 큰 그릇의 깊이 30cm 이상이면 2~3그루를 심을 수도 있다.

고추 노지 기르기

1 흙 만들기
이식 1주일 전까지에

이식 2주일 전까지에 고토석회 100~150g/m²을 살포하고, 잘 갈아 둔다.

① 1주일 전에 이랑 폭 60cm로 하고, 이랑의 중앙에 깊이 30cm의 도랑을 파고, 퇴비 2kg/m², 화학비료 100g/m², 요린 60g/m²을 준다.
② 흙을 되돌리고, 높이 10cm의 이랑을 세운다.
③ 멀티를 깐다.

2 이식·가지주 세우기
5월 상순~중순

늦서리의 염려가 없으면 종묘를 심는다.

① 멀티에 심을 구멍을 파고, 물을 붓는다. 물이 빠지면 종묘를 심는다.
② 이식 후, 포기 밑동을 가볍게 손으로 누른다.
③ 길이 60~70cm의 가 지주를 세우고, 끈 등으로 줄기를 유인한다.

3 웃거름 ①
6월 상순~중순

이식 후 1개월 정도 경과하면, 웃거름을 준다. 포기밑동에 화학비료 한 집음을 웃거름으로 준다.

4 정지
6월 상순~중순

5월 중순부터 개화가 시작되고, 6월 상순에는 열매도 달리기 시작한다. 이 무렵에, 피망과 마찬가지로 3개로 만들기로 한다. 배토를 한다.

① 줄기와 잎이 붙은 뿌리에서 나온 곁눈.
② 주지와 성장이 왕성한 측지 2개의 합계 3개를 남기고 아래 가지(곁눈)는 모두 가위로 잘라 간다.

5 본 지주 세우기
6월 중순~

성장함에 따라서 처음에 세운 지주보다도 포기가 성장해 간다. 이 시기, 길이 150cm 정도의 지주를 세우고, 자란 가지를 적절히 유인해 간다. 끈을 8자 모양으로 하여, 여유를 갖게 하여 포기를 지주로 유인한다.

6 웃거름 ② · 흙 모으기
6월 중순~

1회째의 웃거름·흙 모으기 후, 성장을 보아가면서 1개월에 2회의 비율로 웃거름·흙 모으기를 한다.

① 멀티의 윗자락을 올리고, 포기 밑동에 화학비료 $30g/m^2$을 웃거름으로 준다.
② 괭이 등으로 포기 밑동을 가볍게 갈아서 흙 모으기를 한다.

7 본 지주 세우기
6월 상순~10월 중순

최초의 과실은 작을 때에 수확. 이후, 순차적으로 수확한다.

① 개화 후, 열매의 길이가 5~7cm 정도가 된 것부터 수확한다.
② 수확의 목표는 개화 후 15~20일 이다.

수확한 고추 ▶

Dandleion
민들레

- 학 명 : *Taraxacum mongolicum*
- 한국명 : 서양민들레
- 별 명 : 식용민들레
- 과 목 : 국화과 / 다년초
- 화초키 : 잎 길이 6~15cm, 폭 1.2~5cm
- 파종적기 : 3~4월, 9~10월
- 포기나누기적기 : 3~4월, 11월
- 개화기 : 3~8월

민들레 씨는 바람에 날려 다니다가 땅에 떨어져 싹이 난다.

유럽이 원산이지만, 세계각지에 귀화하고 있다. 우리나라는 오래전부터 야채로도 이용되고, 또한 전국에서 야생화 되어 자라고 있다. 높이 10cm 전후. 잎은 가늘고 끝이 뾰족하며, 가장자리에는 톱니바퀴 모양처럼 생겼고, 「라이온의 이빨」이라고 도 하는 영어이름의 유래는 이 잎의 모양에 의한다. 가늘고 직립한 꽃대 끝에, 직경 3cm정도의 국화모양의 꽃을 1개씩 맺는다.

식용으로 개량한 품종을 사용하는 일이 많다. 꽃을 와인에 넣고, 여린 잎을 샐러드나 튀김으로 한다. 또, 가을에 뿌리를 파내서 건조한 것은 불에 볶아 커피대신의 음료가 된다.

▲ 굵고 긴 뿌리가 땅속 깊이 뻗어 있다.

기르기 전에
기 후 : 들판의 볕이 잘 드는 곳에서 자라지만 건조에는 약함.
증식법 : 파종 · 포기나누기

재배 포인트
민들레는 햇볕과 배수가 잘되면 기르는데 특별한 문제는 없다. 물 빠짐이 좋은 분흙에 심어주고 마르지 않도록 관리한다. 그렇다고 과습하지 않도록 주의한다. 물을 줄때는 날씨가 좋은 날 오전에 주어야 동해를 입을 위험을 피할 수 있다.

수확을 하면
이용부분 : 꽃 · 잎 · 뿌리 · 줄기
이 용 법 : 샐러드 등의 요리, 관상, 티(뿌리), 목욕, 포푸리, 약용
효능 · 효용 : 건위, 강장, 이뇨, 해열, 이담, 완화 효과

해설 : 1. 열로 인한 腫脹, 유방염, 인후염이나 신체 내부의〈擁腫 : 맹장염, 폐농양, 복막염〉에 유효하다. 2. 간화肝火로 인하여 눈이 충혈되고 붓고 아픈 증상에 국화, 하고초,를 배합해서 쓰거나 단미로 달여서 환부를 세척한다. 3. 급성간염이나 황달에 유효하며 4. 열로 인해 소변을 못 보고 통증을 호소하는 증상에 활용된다.

임상 보고 : 1. 소화불량과 습관성 변비에 유효하고 2. 급성유선염에 화농이 안 되었을 때 신통력이 있다. 3. 급성 요도염에 소염, 이뇨 작용이 있고. 4. 급성편도선염에 매일 120~180gdp 물을 붓고 달여서 복용하였으며5. 급성인후염에는 달인 물을 목 안에 분무 하였다. 6. 급성황달형간염에 일정한 효력을 나타내고. 7. 각막이 혼탁하여 물체를 잘 못 보는 증상에도 쓰인다. 8. 화상에는 생것을 짓찧어 붙이며. 9. 볼거리염에도 생것을 짓찧어 달걀과 설탕을 가미해서 환부에 붙인다. 10. 피부에 생긴 사마ㅣ귀에도 생것을 붙이자 효력이 있었다.

Rose
장미

- 학　명 : *Rosa spp*
- 과　목 : 장미과 장미속 / 다년초
- 종　류 : 낙엽저목
- 화초키 : 30~200cm
- 원산지 : 서아시아
- 분포지역 : 전 세계
- 심　기 : 3~4월
- 거　름 : 6~9월
- 개화기 : 5월 중순~11월

옛날부터 인류에게 가장 사랑받는…
꽃. 색. 향기. 자태, 어느 것 하나 부족함이 없는 인기 NO.1

꽃잎을 따서 그늘에 건조시켜 허브차로 마신다. 시럽, 요리, 향을 내거나 설탕 절임용으로도 이용 한다. 장미의 열매에는 비타민 C가 풍부하여 이를 차로 만들어 마시면 비타민 C의 풍부한 공급원이 된다. Rose Caninna는 중세에는 광견병 치료에 유효한 것으로 알려져 있다. 잎은 완화작용, 수렴작용이 있으므로 다양한 상처의 치료약이 된다. 씨앗은 이전에 이뇨약으로 사용했으며 열매에는 강장작용이 있다. 꽃잎은 옛날부터 화장수, 목욕제로 사용했으며 미용효과가 상당한 것으로 알려져 있다. 열매에서 채취한 정유는 피부 재생 작용이 있어서 피부를 아름답게 하는 크림의 재료로도 사용된다. 꽃잎에서 채집한 정유는 향수 등 화장품의 원료로 귀하게 쓰인다.

기르기 전에
기　후 : 햇볕과 배수, 통풍이 잘되는 장소
증식법 : 삽목 · 포기나누기

재배 포인트
매일 손질을 한다. 부지런히 꽃껍질을 벗겨주고 꽃이 핀 후에는 전정을, 비료는 꽃핀 뒤의 답례로 겨울에 준다.

수확을 하면
이용부분 : 꽃 · 잎 · 열매
이 용 법 : 차, 요리, 건강, 꽃꽂이, 에센셜 오일, 목욕, 포푸리, 화장수, 원예 등.
효능 · 효용 : 잎으로는 차를 만들어 사용, 감기나 알레르기에는 뜨거운 물에 잎을 몇 장 띄우고 증기를 흡입하여 울혈을 치료하는데 이용

장미의 품종

피터펜 쎄븐틴 빅드림

잭프르스트 프레스 쏘니아

로얄 플랜트란?

여러 가지 허브를 심어 줌으로써 서로 생장을 돕거나, 병충해를 막아주는 효과가 있는 식물들을 말한다. 차이브나 로즈마리에는 살균효과가, 산토리나나 페니로얄민트에는 방충효과가 있다.

컴패니언 플랜트란?

두 종류의 식물이 함께 생육하고 있으면, 서로 또는 한쪽이 다른 쪽 식물의 생육을 촉진시키는 경우가 있다. 이런 관계에 있는 식물을 '공영식물'이라고 한다. 동물에 있어서의 공생과 비슷한 관계라고 볼 수 있다. 바질, 라벤다, 타임, 세이지, 오레가노 등도 장미와 잘 어울리는 컴패니언플랜트 종류이다.

▲ 장미와 허브 종류를 2단으로 심어놓은 것

장미 용기에 옮겨심기

봄부터 가을까지 용기에 심을 묘목은 새싹이 돋은 것으로 구입한다.
이처럼 생장기에 구입한 것들은 뿌리에서 흙을 털지 말고 포트에서 꺼낸 그대로 용기에 심는다.

③ 화분 바닥에 그물을 깐다.

② 화분 바닥에 자잘한 숯을 2~3cm 두께로 깐다.

③ 큰 그릇에 장미용 배양토의 재료와 뿌리에 닿아도 괜찮은 거름을 넣는다.

④ 그릇을 흔들어서 배양토와 ④거름을 잘 섞는다.

⑤ 배양토와 섞은 흙을 화분에 넣는다.

⑥ 10g 정도 퇴비를 뿌리에 직접 닿지 않도록 넣어주면 뿌리가 튼튼히 자란다.

⑦ 포트에서 묘목을 꺼낸다. 이때 뿌리에 흙이 뭉쳐져 있다.

⑧ 꺼낸 묘목을 화분에 넣고 뿌리와 흙뭉치와 화분 둘레 사이가 3~4cm 정도 비어있게 만든다.

⑨ 빈곳에 4번의 배양토를 넣고 흙의 표면을 골라준다.

〈컴패니언 플랜트 심기〉

▲ ㉠ 큰 화분에 그물을 깔고, 자잘한 숯을 깐 뒤 배양토를 위에 뿌리고 잘 섞는다.

㉡ 큰 그릇에 장미용 배양토의 재료와 ▶ 뿌리에 닿아도 괜찮은 거름을 넣는다.

⑩ 흙의 표면을 고르고 장미어서 옮김

㉢ 허브 종류를 큰 화분에 옮겨 심는다.

㉣ 허브용 배양토에서 이식하는 뿌리의 사이에 골고루 뿌려 빈틈이 보이지 않게 한다.

㉤ 로얄민트는, 장미가 심어져있는 화분에 이식 하고, 물을 주어 꾸준히 관리 해준다.

〈컴패니언 플랜트 심는 포인트〉

- 허브의 뿌리들은 억센 것이 많으므로 장미와는 별도로 심을 것
- 뿌리가 얕고 땅위를 덮어주는 페니로얄 민트는 병충해 방지효과가 있으므로 장미와 같이 심으면 매우 궁합이 잘 맞음. 컴패니언 플랜트의 줄기 높이가 너무 커져서 그늘지면 장미의 생장을 방해할 수 있으므로 주의할 것

수련 Water LiLy

매우 환상적이고 섬세한 꽃이 핀다. 낭만적인 분위기를 자아내는 수련은 꽃색이 우아해 인기가 있다.

속명의 nympea는 로마 신화 가운데 물의 여신 nympha에서 유래 되었다. 원산지는 열대와 온대에 35~40종이 나며 주로 북반부와 열대에서 나는데, 그외 여러 종이 남아프리카와 오스트렐리아에서도 난다.

학명~*Nymphaea hybrid*
과명~수련과 관엽 관화식물
원산지~북반구, 열대, 남아프리카, 오스트레일리아
꽃말~결백, 신비, 청정, 꿈, 순진한 마음, 정아
옮겨심기~5~6월
개화기~5월 중순부터 10월 중순
번식법~뿌리 나누기

*수련은 열대성과 내한성 품종이 있다. 주로 열대성 지방에 자생하는 품종을 개량한 것은 추위에 약해 수온이 15도c이하에서는 죽는다.

애프터 글로

핑크글로

백색종

적색종

엘라도라

도화종

옮겨심기

5호분 정도의 낮은 포토에 굵은 밭 흙 등 점토질 토양을 포트 아래에 고형 유기질 비료를 섞어서 옮겨 심는다.

비료주기~옮겨심은 후 직경 50cm 이상되는 물동이나 용기에 물을 넣고 묘를 옮겨 심은 포트를 가라 앉치고 상토의 5cm깊이로 준다. 성장기에는 완숙 퇴비를 많이 주고 번식은 봄에 뿌리 나누기로 한다.

병해충~장구 벌레 등이 피해를 준다. 심어진 포트나 용기 등에 송사리 등을 넣어 장구 벌레를 잡아 먹게 한다. 꽃에 붙은 진딧물도 주의 한다.

전체 1/3정도 물을 채운다

수련은 물부족이 되면 고사한다.포트에 충분한 물을 1/3정도를 채워주고 관리한다. 꽃의 개화기가 짧기 때문에 화원에서 구입시 잎은 크고 녹색으로 상처가 없는 것을 골라야 한다.

난초蘭草

난초란~난초과에 속하는 식물의 총칭이다. 일반적으로 난〈란〉이라고 한다. 단자엽 식물에 속하는 난초과는 국화과, 콩과 다음으로 큰 과로 땅에서 자라는 것. 나무나 바위 표면에 붙어서 자라는 자라는 것. 다른 식물에 기생하는 것 등 매우 다양하다.

세계적으로는 약 450속 1만6천종이 분포되어 있는데, 우리나라에는 39속 84종이 자라고 있다. 난초는 동양난과 서양란으로 구분 하기도 하는데, 이것은 산지와는 관계없이 편의상 부르는 것으로, 서양에서 육종되어 수입된 난을 서양 난이라하고, 한국, 중국, 일본에서 야생하는 온대성 심비디움〈cymbidium〉과 석곡, 풍란의 원종을 동양란이라 한다.

동양란은 좁게는 온대성 심비디움만을 가리키기도 하는데, 이것은 1963년에 대만과 일본의 난 애호가들이 만났을 때 공통의 명칭으로 통용 하자는 제의에서 붙여진 이름일 뿐 식물학적으로는 관련이없다.

향월

cym.Gareth 'sacramont'

난의 형태는 잎은 단엽이고 꽃은 양성인데 간혹 단성도 있다. 화피化被는 6개가 내외로 배열되어 있는데, 모두 꽃잎 같이 생겨서 아름답다. 순판은 본디 원대를 향하였으나 자방이 180도로 돌기 때문에 밖을 향한다. 본디 6개였던 수술은 3개로 퇴화 하였고 1개의 암술은 암술머리가 2~3개로 갈라져 있다. 꽃가루는 덩어리의 형태를 이루고 있으며 암술과 암술대는 합쳐져서 예주를 형성 한다.

cym. ohji

우리나라 사람으로 난의 육종에 성공한 사람은 영친왕으로서 창경昌慶과 창방昌房의 두 품종을 개발 하였다. 1960년대에 이르러서는 우리나라에서도 조직 배양이 가능해져 좋은 품종을 대량으로 만들 수 있게 되였으며 신품종도 육종하는 단계에 이르렀다. 현재 우리나라에서 애호되는 난에는 다음과 같은 것들이 있다.

보춘화속 : 열대, 열대산인 대형종과 소형종인 온대성 심비디움이 있는데, 특히 온대성 심비디움은 향기가 맑고 잎의 모양이 다양하여 일찍부터 국화, 매화, 대나무와 함께 사군자로 일컬어지기도 하였다. 우리나라의 한란과 춘란이 이에 속한다.〈생략〉

cym. showgirl 'Husky Honey'

Den.sawflake 'Red Star'

Cym. Angelica 'December Song'

Den. 〈chinsai x heterocapum〉

선물용으로 인기, 기품이 있는 양란

호접란 〈페레놉시스〉phalaenopsis

*선물용, 화분 꽃으로 서의 인기가있는 양란 중에서도 인기No1으로 오랫동안 즐길 수 있는 꽃으로서 인기 최고!!
나비처럼 청순 가련한 꽃을 많이 피워서 포멀 풀라워 로서도 인기가 있다.

과명~란과 *분류~비내한성 상록 다년초
개화기~1~3월
설치장소~1~5월 10~12월 창가 6~9월 반그늘
이식*분갈이~5~초순
손질~1~2월 12월 지주 세워주기
출하시기~1년 내내
꽃말~행복이 날라다 주는 당신을 사랑합니다.
생육 적온 15도c이상

나비가 마치 춤을 추며 날으는 것 같이 피는 모습에서"호접란"이라고 부르고 있다.
우아한 꽃 모습이 매력적이고 아름다워 선물용으로 많이 사용한다.

*계통, 품종의 여러가지
꽃봉오리가 단단할 때 구입하면 환경의 변화로 꽃봉오리가 떨어지는 일이 있으므로 꽃이 피기 시작한 것을 구입 하도록 한다. 또 잎이 크고 두꺼워 광택이 나는 것. 그리고 잎이 4잎 이상이 붙어 있는 것이 건강한 포기이다.

호접란 용기에 심기

호접란의 화분심기

엘로우 월드

*계통, 품종의 여러가지
 백색과 핑크색의 꽃이 많이 재배되고 있으나, 현재는 개량이 많이 되어, 황색 백색꽃잎 적색리프 스트라이프, 점화 등 꽃색이 풍부해 지고 있다.

* 실패하지 않는 관리요령

설치장소~개화된 포기를 구입하면 실내 커튼 너머의 햇빛이 잘 드는 창가에 둔다. 온도 최저 15도 이상으로 유지하고 난방이 되여 있는 방에서는 따뜻한 바람이 닿지 않도록 한다.

물주기~심은 재료가 마르면 준다. 난방이 되여 있으면 건조해 꽃의 수분이 부족하다. 매일 분무기로 물을 뿜어 주는 등 보습에 신경 주의 한다.

비료~봄 가을에는 조금주고 겨울은 줄 필요가 없다.

꽃이 끝나면~꽃이 끝난 다음 꽃대의 3마디 정도를 남기고 자르면, 아래에서 싹이 나와서 다시 피게 할 수 있다. 그러나 포기에 원기가 없는 것 같은 경우에는, 2번 꽃이 맺지 않도록 꽃대를 뿌리 밑동에서 잘라서 포기를 쉬게해야 한다.

겨울
설치장소~꽃이 끝난 후에도 햇빛이 잘 드는 창가에, 6~9월은 통풍이 좋은 실외의 반 그늘에 둔다. 10월 이후에는 재차 실내의 창가에 놓는다.

물주기~분이 마르면 준다. 특히 6~9월은 생육기로 물을 많이 흡수 하므로 물기가 없어지지 않도록 한다. 여름은 아침이나 저녁에 준다. 겨울은 건조가 늦어 지므로 과습을 주의 한다.

비료~6~9월의 생육기에, 양란용의 액비를 월 3회, 물 대신으로 준다. 그외의 우ㄴㄹ에는 원칙적으로 주지 않는다. 온도가 15도c 이상 유지되는 곳에서는 통상의 2배로 묽은 액비를 월 2회 준다.

병,해충~봄에서 가을에 걸쳐서 새싹이 부패해 갈색이 되는 연부병이 발생할 수가 있다. 동수화제를 살포해 주면 효과가 있다. 또 패각충이 붙을 수도 있다. 발견하는대로 문질러 떠어뜨려 없엔다.

화분갈이~2년에 1회 5~6월에 물이끼로 분갈이를 한다. 모아심기의 선물용은 1회분 1포기씩으로 고쳐 심는다.

이것이 포인트
1. 고온다습을 좋아한다. 온도만 유지되면 꽃을 피우게 하는 것은 어렵지 않다.
2. 겨울은 과습이 되지 않도록 한다.

무희

반 다 Vanda 〈꽃말~고상한 아름다움〉

독특한 그물 눈모양이 매력적인 반다는 다른 양란에 비해서 기르기가 어렵다고 한다. 바스켓에 심는 경우가 많고 고온다습을 좋아한다. 그리고 꽃은 부정기적으로 제 멋대로 핀다.

출하시기~1년 내내 생육적온~15도c이상

재배의 포인트

5월이 되면 최저 온도가 18도c정도가 되면 실외에서 기른다. 5월까지는 햇빛이 잘 들고 크게 자란 것을 이식 한다. 줄기의 도중에서 잎과 잎사이에서 긴 뿌리가 나와 있어, 이것을 2~3개 붙여서 본 포기에서 떼어내어 바스켓에 심는다.

 그 후 30%는 차광하고 바스켓을 물에 적시기도 하고 분무기로 물을 분사한다. 15도c 이상을 유지하고 30일에 1회는 묽은 액비로 웃거름을 준다. 겨울은 가능한 따뜻하게 관리한다.

개화~반다의 꽃은 부정기적으로 핀다. 대략 초여름과 늦가을에 잘 핀다.〈1`12월〉

물주기~1~5월 10~12월 1일 1회
비료~4~6월 이식할 때에 치비하고 1~12월 묽은 액비를 1년 내내 정기적으로 준다.
병충해~4~9월 패각충

Van, Onomea

Van. Chindavat X Faye Benette

Van. coerulea

초심자의 기르기 쉬운, 양란, Cymbidium
심비디움 〈꽃말~산장의 여인, 고귀한 여성〉

과명~란과 분류~반내한성 상록 다년초
개화기~1~3월 중순, 12월
설치장소~1~4월, 10월 중순~12월 실내의 창가
5~10월 중순 양지〈여름은 반그늘〉
이식, 분갈이~5월
손질~4~9월 초순 싹 손질 11월~지주 세우기
출하시기~주로 11~1월 생육적온~5℃이상

*양란 중에서는 비교적 추위에 강하고 온실이 없어도 재배할 수가 있어 인기가 있고 꽃색이 풍부, 화기가 길어 매력적이다.

계통, 품종의 여러가지
히말라에서 태국과 한국이나 중국에 걸쳐서 자생하고 있다. 춘란과 킨료헨을 교배시킨 소형종, 대형종과 소형종을 교배시켜 만든 중형종이 있다. 근자에는 꽃이 늘어져서 피는 캐스케이드의 타입의 품종도 있다.

그레이트 풀라워 마리로란산

러브리바니

실패하지 않는 관리요령

설치장소~개화 포기는 창가 옆 햇빛이 잘 드는 곳에 둔다. 습도가 60~70%정도 유지되는 것이 이상적이다. 난방이 되어 있는 방에서는 가습기로 습도를 보충하다.
야간에는 대형종은 10℃ 중형과 소형종은 5℃이상 유지되는 실내에 둔다.
물주기~분이 마르면 따뜻한 오전중에 준다.

러부립 크레센트

럭키풀라워 함멀 아씨

겨울
*꽃이 끝나면

생육기가 되면, 새싹이 나오기 시작한다. 그대로 놔두면 양분이 분산되어 꽃눈이 맺기 어려우므로 1개의 밸브에 1그루의 새싹이 남도록 뒤의 새싹을 따준다. 가을까지 이 작업을 반복한다.

화분에 포기가 넘치게 되면 5월에 한 둘레 큰 화분으로 분갈이를 한다.

설치장소~서리의 염려가 없는 5월에 실외에 놔두고 햇빛을 받게 한다. 여름에는 통풍이 잘 되는 반그늘로 옮겨서 관리하고 가을에 다시 양지에 둔다. 10월 중순쯤에서 실내에 햇빛이 드는 곳에 들여 놓는다.

물주기~봄과 가을은 화분이 마르지 않도록 관리하고 생육 기간의 여름에는 매일 준다. 겨울철의 물주기는 화분의 흙이 마르면 따뜻한 오전에 가볍게 주는 정도로 하고 엽수를 간간히 뿌려준다.

비료~4, 5, 6, 7월에는 월 1회 유기질 고형 비료를 치비하고 2,000배의 묽은 액비를 월 2~3회 준다.

가을은 9월 중순~10월 중순까지 묽은 액비를 2~3회 주고 꽃눈이 발생하면 시비를 중지한다.

*재배의 포인트

구입할 때 크리마스 전후는 고가이지만, 그 외에는 저렴하게 구입할 수 있다. 구입시의 포인트는 1.밸브〈줄기〉굵고 굳건해 보이는 것 2.잎의 색이 진한 록색으로 축 늘어져 있지 않은 것 3.꽃이 싱싱하고 꽃봉오리가 달려 있는 것 등을 주의 하여야 한다. 4~10월에 걸쳐서는 물과 비료를 끊기지 않도록 하고 늦가을부터 이른 봄에 걸쳐서 휴면을 시키고 최저 온도를 5~7도c로 보전한다.

*여기가 포인트

1. 개화 포기는 햇빛이 잘 드는 실내에서 관리 한다.
2. 5월에 들어가면 서둘러서 분갈이를 해 실외로 내놓고 충분한 햇빛을 받도록 배려한다.

심비디움 4계절 관리

봄~3월경 화분 가득한 포기 나누기를 겸해 옮겨 심기를 한다. 5월경에는 실외로 내놓고 기르며 꼭 대기까지 핀 꽃은 일찍 잘라 꽃꽂이나 꽃다발로 이용한다. 일부러 일광욕을 차단할 필요는 없다. 특히 물과 비료를 좋아 하므로 횟수를 늘린다.

여름~아침 저녁으로 물을 준다. 우기에 비를 마치는 것도 괜찮다. 새싹이 나오면 빨리 잘라준다. 이때 꽃싹이 떨어지지 않도록 주의한다. 7월까지는 밑거름을 월 1회씩 주며 그 후는 10일에 1회 액비를 준다.

가을~11월부터는 물을 흙 표면이 건조해지면 준다. 꽃의 싹이 충실해지는 것도 이 계절이다.

겨울~11월 중순에는 실내에 넣고 햇빛이 있는 창가에서 기른다. 최저 온도는 5~6도c이면 충분하다. 물은 분의 표면이 마르면 듬뿍 준다. 또 늘어진 꽃싹은 각각 지주를 세워 관리를 한다.

Cymbdium

Cymbdium

Cymbdium

밀토니아 별명 반지오 킷트

출하시기~거의 일년 내내 생육온도~10도c이상

"반지오 킷드"라고 불리는 것처럼 반지오를 닮은 매우 귀여운 밀토니아는 감미로운 향도 일품이다.

특징

꽃의 모습은 다른 양란과는 많이 다르고 둥근 모습을 띤 꽃 꼬깔이다. 주로 남미를 중심으로 자생하고 있는 것으로 직사광선을 싫어한다. 기르기는 통풍이 좋고 서늘한 곳이 좋다. 밀토니아의 뿌리는 가늘고 연약하기 때문에 심을 때는 물이끼를 부드럽게 넣는다.

4계절관리

봄~실내에서 기른 것이 좋다. 만일 실외라면 비를 맞지 않도록 한다. 물을 줄 때는 새싹에 물이 남아있지 않도록 한다. 특히 더위를 싫어 하므로 30%정도 차관을 하고 서늘하고 통풍이 잘되는 곳에 둔다.

가을~점점 일조가 짧고 햇빛이 강하므로 차광을 50%정도로 한다. 그리고 여름에 휴면한 포기가 23도c가 되는 경우에는 다시 활동을 시작한다. 물주기 대신 액비를 주고 항상 건조 상태가 되지 않도록 하는 것이 잘 기르기의 포인트다.

겨울~새싹이 나와 생장을 시작 하므로 최저 온도는 10~15도c가 되도록 한다. 온도가 적정이면 물과 비료를 주지만, 그렇지 않을 경우는 주는 것을 삼가해야 한다.

밀토니아는 뿌리가 연하므로 매년 새로운 물이끼로 바꿔 주어야 한다.

튼튼하고 기르기 쉽고 꽃 맺음이 좋은

덴드로비움 Dendrobium

과명~란과 분류~비내한성 상록 다년초
꽃말~제멋대로 행동하는 미인
출하시기~1년 내내, 생육적온~5도c이상

본래 수목에 착생해 있던 양란으로 튼튼하고 추위에 강한 품종이다. 히말리아 원산인 노빌계의 것은 추위에 얼지만 안하면 월동이 가능하다. 기타 킹기남계와 파레노프시스계〈덴파레〉등이 있다.

개화기~3월 중순~4월 중순
설치장소~1~4월, 11~중순~12월 햇빛이 드는 창가5~11월 중순 반그늘.
분갈이~4~5월 손질~9월 중순~10월 저온으로 돌린다.

화이트크리스 마스 마이코

재배 포인트

봄에 구입할 때는 1,잎에 흑점병등이 없는 것 2,꽃수와 꽃봉오리가 많은 것 3,줄기가 굵고 건강한 것 4,꽃에 얼룩이나 상처가 없는 것 등으로 주의 하여야 한다.
기온이 5도c이상이면 실외에 내놓고 봄부터는 월 1회의 고형 비료와 3~4회의 액비로 웃거름을 준다. 장마 비에는 강하지만, 바이러스 병이 발생하면 다른 포기와 분리해 놓는다.
여름부터는 액비를 서서히 줄이고 가을부터는 물주기도 줄인다.

킹기아남

향월

엔젤 베이비,   청옥 퀸

설치장소~5~11월 중순까지는 실외에서 관리한다. 통풍이 잘되는 나무 밑동에 메다는 것이 제일 좋은 방법이지만, 한 여름에는 서늘한 반그늘이 있는 곳에 둔다. 11월 하순이 되면 햇빛이 드는 실내로 옮기고 최저온도를 5℃ 이상을 유지토록 한다.

물주기~봄과 가을은 2~3일에 1회, 여름은 매일 듬뿍 준다. 여름철 오전중에 물을 주면 한낮의 강한 햇빛과 고온으로 화분속의 물이 더운물과 같이 되여 뿌리가 상할 수가 있으므로 여름철의 물주기는 저녁에 준다.

비료~새싹이 자라기 시작하면 액비를 주어야 한다. 4~5월은 월 2회, 6~8월의 중순까지는 월 3회정도 준다. 새싹이 5cm이상 자랄 무렵에 기름찌꺼기의 치비를 1회 정도 주면 생육이 좋아진다. 8월 중순 이후에는 시비를 할 필요가 없다.

병충해~잎에 흑점이 생기는 흑반병에는 다이센 수화제의 살포가 효과적이다. 슬립프스나 날개 진드기 패각충이 발생하기 쉬우므로 오사단 등의 살충제로 방제한다.

분갈이~새싹이 화분 가장자리에 나오기 시작 하기도 심은 재료가 낡아지면 4~5월에 새로 심은 재료〈전용 용토나 물이끼〉한둘레 큰 화분으로 분갈이 한다.

이것이 포인트
1. 난방이 된 실내에 두면 꽃이 오래가지 못한다.
2. 5~11월 중순까지는 실외에서 관리 한다.
3. 노빌계는 늦가을에서 초겨울에 걸쳐서 14도c이하의의 저온이 되지 않으면 꽃눈이 생기지 않는다.

꽃과 잎의 변화를 즐길 수 있는,
군자란

과명~피안화과 분류~비 내한성 상록 다년초
개화기~3월 중순~5월
설치장소~1~3월, 11월 중순~12월, 실내
4~11월 초순 반그늘 이식, 분갈이~5월~초순~6월
꽃도 잎도 아름다웁고, 반그늘에서 기를 수 있는 화분꽃으로 인기가 잇다.

*계통, 품종의 여러가지
군자란은 꽃의 아름다움을 추구하여 개량된 고성 대륜계 그룹과 잎의 모습이나 얼룩이 들어간 잎의 아름다움을 추구해 개량된 달마계의 그룹이 있다. 꽃색은 선명한 오렌지 색이지만, 아름다운 노란꽃을 맺는 품종도 있다.

사는법과 고르는 법
잎의 수가 많고 양축으로 모양좋게 뻗어 있는 것을 고른다.

달마게

무늬가 있는 잎 달마 개

실패하지 않는 관리요령
설치장소~겨울에 개화 포기를 구입하면 난방 설비가 없는 실내에서 관리한다.봄에 구입하면 비를 맞지않는 실외 반그늘에 둔다.실외에서 재배가 이상적이고봄부터 겨울동안은 통풍이 잘되는 반그늘에 둔다.

직사광선을 쪼이면 잎이 타는 수가 있으므로 주의한다. 겨울에는 서리가 내리기 전에 5~10도C 정도의 실내에 들여 놓는다. 꽃대가 뻗지않고 잎 사이에 비뚤어지게 꽃이 핀다는 일도 있다. 이것은 10월 하순에 꽃눈이 생긴 후에 5~10도C의 저온으로 50~60일이 되지 않으면 꽃눈이 생기지 않는 성질을 가지고 있다.

물주기~화분의 표면 흙이 마르면 화분 밑에서 물이 흘러 나올 정도로 듬뿍 준다. 과습은 뿌리 부패의 원인이 되므로 주의한다.

노란 군자란

천 날개의 꽃

비료~초봄에 2,000배의 묽은 액비를 10일에 1회를 준다. 꽃이 끝난 후에도 한여름을 제외 하고는 가을까지 봄과 마찬가지로 준다.

병해충~부패병이 발생하는 경우가 있다. 그 경우에는 환부를 잘라내고 분말 밴레트를 살포해 둔다.

꽃이 끝나면

분갈이~아름다운 꽃을 즐기려면 분갈이를 한다. 군자란의뿌리는 굵고 대단이 생육이 왕성하므로 곧 화분안에 뿌리가 빙 둘러 뻗는다.

 5월 중순~6월에 화분에서 빼내어 단단해진 화분속의 뿌리들을 정성들여 풀어주고 긴 뿌리나 썩은 뿌리를 잘라낸다.

그리고 잡것을 제거하고 적옥토에 부엽토 3을 섞은 새용토로 옮겨 심는다. 용토에는 밑거름으로 완효성 화학 비료를 지나치지 않도록 섞는다.

뿌리 사이에 용토가 잘 들어 가도록 화분을 툭툭 두드리기도 하고 대젓가락으로 쑤셔 넣기도 해 이식한다.

그리고 군자란의 뿌리는 간혹 힘이 넘쳐서 화분 위로 나오는 일이 있으나 이것은 건강한 증거이니 염려할 것 없다.

포기 나누기~새끼 포기의 잎이 어미 포기와 같을 정도로 크기가 되고 그 수가 10잎 정도가 되면 포기 나누기로 분갈이를 한다.

이것이 포인트~1,겨울은 난방이 없는 실내에서 관리한다. 2,1년을 통해서 직사광선은 쪼이지 않도록 한다.

손쉽게 기를 수 있는 양란
덴 파 레

과명~란과 분류~비 내한성 다년초
개화기~5월 중순~8월 중순
설치장소~1월~4월, 11월~12월 실내의 햇빛이 잘 드는 5도c이상의 온도를 유지.
이식, 분갈이~5월
손질~5월 중순~8월 중순 꽃껍질 따주기

〈봄~초여름〉
같은 덴드로비움 이라도 겨울 선물용 화분의 꽃으로서 널리 출하되고 있는 노빌계와 달리 밸브 끝에 날씬하게 긴 꽃대를 뻗고 호접란의 화형을 닮은 화려한 꽃을 몇송이고 피게 한다. 양란 주에서는 비교적 인기가 있어 누구나 손쉽게 기르기 할 수 있다.

덴파레 푸치케이크

덴파레

덴파레

*사는 법, 고르는 법, 즐기는 법

가을부터 이른 봄에 걸쳐서 출하되지만, 가능하면 봄으로 들어가고 나서 구입하는 편이 안심이다. 밸브가 굵고 마디 사이가 가급적 탄탄하고 잎 색이 짙은 포기를 고른다.

*실패하지 않는 관리요령

덴파레는 열대성 식물이다. 최저 온도가 15℃를 넘으면 실외에 내놓고 햇빛과 바람을 쏘여야 한다. 단 장마철의 찬 비는 맞지 않도록 하고 한 여름의 석양도 피하도록 한다.

 물은 화분 표면이 마르면 준다. 비료는 새싹이 자라기 시작하고 나서 가을의 중간쯤에까지 주 1회 1,000배의 액비를 준다. 10월 말이 되면 실내에 들여 놓고 겨울동안 최저 10℃이상을 유지토록 한다.

분갈이는 2~3년에 1회 5월에 실시한다.

이것이 기르기 포인트
1. 포기를 보전 하려면 온도가 10℃이상 필요
2. 온도를 15℃ 이상을 유지하면 연중 개화한다.
3. 여름은 실외에 내놓지만, 장마철에는 비를 맞지 않도록 주의를 한다.
4. 10월 말이되면 실내로 들여 놓는다.

화려하고 섬세한 양란의 여왕
카틀레아

과명~란과 분류~비 내한성 상록 다년초
출하시기~대략 1년 내내 〈품종에 따라 다름〉
꽃말~성숙한 어른의 매력, 우아한 귀부인
생육적온~8℃ 이상
개화기~1~2월 12월 중순
설치장소~1~4월 10월~12월 실내의 창가
이식, 분갈이~4월 중순~5월
손질~9월 중순~10월 초순 지주 세우기

카틀레아는 양란의 여왕이라는 이름에 걸맞게 우아한 자태로 호접란과 함께 가장 사랑받는 양란이다. 최근에는 화초의 길이가 20cm이하로 작게 만든 미니 카틀레아도 인기가 있어 선물로 많이 주고 받고 있다.
많은 재배와 품종이 만들어지고 꽃을 피게하는 계절도 봄, 여름, 가을, 겨울에 피는 꽃으로 분류되고 있다. 초심자인 경우는 꽃봉오리가 달려 있는 것보다 꽃이 피어 있는 것〈개화포기〉을 고르면 관리 하기가 편리하다.
꽃은 3~주간쯤 관상하고 즐길 수 있다. 너무 건조 하거나 과습이 되어도 꽃이 곧 시들어버리므로 주의가 따라야 할 것이다.

*4계절 관리
봄~이식은 5월 상순까지 한다. 5월에 들어서 밤의 온도가 15℃이상이 되면 실외로 내놓는다. 대략 1주일정도 서서히 바같의 햇빛에 적응 하도록 한다. 이식 직후에는 2~3주는 물주기를 삼간다. 또한 이식으로부터 약 1개월은 비료도 주지 않는다. 1개월 후 고형 비료를 추비한다.

코로네이션

여름~카롤레아는 장마에 비를 다소 맞아도 생육에는 별 지장이 없다. 햇빛이 강한 곳에서는 시판중인 차광 넷트 등으로 50%정도 햇빛을 차광한다. 물 부족이 되지 않도록 주의하고 매일 물을 준다. 그리고 분무기로 엽수를 해주는 것도 좋다. 고형 비료를 7월 상순까지 주고 그 후는 주지 않는다.

아리하 베스트 매직

마이가미 미유미

가을~가을이 되면 더위가 한풀 꺾여 서늘해지고 일소 시간이 짧아진다. 밤의 기온이 13~15℃가 되면 실내나 온실에 들여 놓는다. 이 때부터 비를 맞지 않도록 하고 물주기의 횟수도 줄인다. 9월까지는 액비나 고형 비료로 추비를 하지만, 그 후에는 다음해 봄까지 주지 않는다.

겨울~카틀레아는 추위에 약하여 겨울의 온도가 최저 8~10℃는 되어야 한다. 주간에는 햇빛이 잘 드는 창가에, 밤에는 방 중앙부에 둔다.

그레이스 빛

스위트 슈거 미유키

카틀레아의 품종

*양란은 비교적 병충해는 잘 발생하지 않지만, 관리를 잘못하면 사진과 같이 병충해로 인해 성장을 방해 받는다. 용구의 소독과 절단 가위 등 소독에 신경 써야한다.

물주기~생육 중에는 화분 표면이 마르면 듬뿍 준다. 동계의 무가온의 경우는 건조 상태로 둔다.

비료~분갈이를 하지 않은 4~5월에 월 1회, 깻묵 등 고형 비료를 주고 5~6월과 9월에는 월 2~3회 묽은 액비를 준다.

꽃이 끝나면~꽃잎 전체가 투명해져가면 일찍이 꽃대가 붙은 뿌리에서 잘라낸다. 단 잎이나 밸브에 상처가 나지 않도록 주의 한다.

화분갈이~4월 하순이 되기를 기다려서 새로운 물이끼를 사용해서 분갈이를 한다. 심을 때는 물이끼는 단단히 가득 차게 할 것.

물이끼가 너무 부드러우면 과습의 원인이 된다. 분갈이한 직후에는 잠시동안 물을 주지 않는다. 새 뿌리가 자라기 시작하는 것을 기다려서 조금씩 주는 것이 요령이다.

이것이 포인트~
1. 4월까지는 햇빛이 드는 실내에서 관리한다.
2. 화분 갈이는 10~4월 하순~5월에 한다.
3. 5월부터는 실외에서 관리 하지만, 장맛비는 맞지 않도록 주의 한다.

가라무시는 잎 뒤에 붙는다

다메구시에 의한 식해 피해

탄저병에 걸린 잎

카트레아의 관리 법

 이식~카트레아의 새로운 싹이나 뿌리가 활발하게활동하는 봄이 이식의 적기이다.매년 이식할 필요는 없지만, 새싹이 자라 늘어져 공간이 부족해 생장이 원활하지 못할 때 이식을 한다.

※ 포기나누기~포기나누기는 이식과 동시에 한다. 한 화분에 2포기정도 나누어 심는다.

1. 지주를 떼어내고 칼로 화분내 벽과뿌리를 분리한다. 중앙에 모은다는 기분으로 하면 좋다.

2. 포기를 떼어냈으면 중심에서 오래된 물이끼를 제거한다.

3. 우측으로 상향해서 부패한 뿌리나 오래된 떼어낸다.

4. 적어도 3개의 발부〈줄기의 굵은 부분〉를 남겨서 잘라내어 분리한다.

5. 발부를 보호하는 껍질을 제거해 카이카라무시 충을 예방한다.

6. 될 수 있는한 발부를 화분 주위에 정리하여 거치한다.

7. 새로운 물이끼를 뿌리 아래서 풀려서 새싹이 아래까지 잘 자라도록 정리 해준다.

8. 뿌리 아래에서 화분안에 넣는다. 지주를 세워 가면서 표면은 견고하게 밑은 부드럽게 하는 것이 정석이다.

1. 이식과 동시에 지주를 떼어내고 칼로 화분에서 포기를 떼어낸다.

2. 포기를 떼어 내면서 중심의 오래된 물이끼를 떼어낸다.

3. 상층부에서 부패된 뿌리나 오래된 물이끼를 제거한다.

4. 최소한 3개의 발부를 남겨서 잘라내고 심어간다. 이때 포기나누기를 하면서 새싹이 상하지 않도록 주의한다.

※ 그 후의 관리~이식한후 약 20일간은 물을 주지 않는다. 뿌리가 나오면 물과 액비를 준다.

색체 변이가 가장 확실한 야생란
새 우 란

과명~란과 분류~내한성 상록 다년초
개화기~4월 중순~5월 중순
설치장소~1~3월 찬바람이 닿지 않는 장소. 4월~7월 중순~12월
　　　　　나무그늘 또는 가옥의 북측 그늘
이식, 분갈이~5월~11월 중순
손질~1~3월 중순 정원에 심기는 낙엽 등으로 멀칭 4월 중순~5월 중순
꽃껍질 따주기~12월 가지의 림상林床에 생육하는 지생地生란이다.
이와 같은 유사종은 제주도에 수종이 자생하고 있는데, 한랭지나 아열대 지방을 제외하고 대개의 종류가 대부분의 지역에서 용이하게 재배된다.
이전에는 오직 야생초로서 취그되어 왔으나 근년에 들어 와서는 교배에 의한 육종이 활발하여 폭넓게 기르기 하고 있다.

※ 계통, 품종의 여러가지
기본적으로 새우〈땅 새우란〉, 노란 새우란이 자연 교잡종으로는 고령, 비전, 비후 기타 종이 기르기 쉬운 종이다. 향기 새우란은 만들기가 조금 어렵다. 인공적으로 만들어 내고 있는 것으로는 한층 더 복잡한 교배가 이루어지고 있는 것도 있다.

사는 법, 고르는 법
4~5월 경에 화원에서 개화된 것을 고른다. 온라인으로도 구입할 수 있으나 실제로 꽃을 직접 보고 구입하는 것이 바람직 하다.

실패하지 않는 관리요령
올며심기~화분 안에서 새싹이 자라기 시작하는 공간이 없어져 가면 옮겨 심기를 한다. 통상은 2년에 1회 정도가 좋다. 시기는 꽃이 끝난 후 11월 상순~중순이 좋다. 포기를 나눌 때에는 최저 오래된 구근을 2개는 붙여서 잘라 나누도록 한다.

황새우란

새우란

관상 하는 법

몇 그루의 꽃대가 올라오면 보기가 좋은 것이므로 착실하게 포기 나누기를 하지말고 큰 포기로 만든다. 화분 만들기 외에 낙엽수의 뿌리쪽 등에 하초下草로서 심어 넣어도 바람직한 일이다.

〈봄~초여름〉

설치장소~개화 시기부터 새잎이 벌어지는 5~6월은 오전 중에만, 부드러운 햇빛이 닿는 장소에 둔다. 장마철에는 오래 비를 맞지 않도록, 장마가 개이면 짓사광선이 닿지 않는 곳으로 옮긴다. 겨울철에는 찬바람을 막고 주야의 온도차가 적은 곳에서 관리한다.

새벽에 영하 5℃ 이하가 되는 곳에서는 화분의 흙이 얼지 않도록 실내에 들여 놓는다.
물주기~연간을 통해 화분 흙이 마르면 물을 준다. 꽃대가 자라기 시작하는 무렵부터는 화분 가장자리에 준다.
비료~가을에 1회, 발효유지게미를 2~3개, 또는 마그판k를 찻숟가락 2스푼 정도 주는 것으로 충분 하다.
꽃이 끝나면~개화기는 길지만, 꽃이 끝까지 피게 하려면 포기가 약해진다. 하단의 꽃이 상하면 제거한다

코죠우란 Moth Orchid

별명~파레노푸시스
출하시기~일년 내내
꽃말~행복이 들어 온다. 당신을 사랑해요.
생육온도~15℃ 이상

별명의 파레푸시는 〈누에의 나방〉같은 것이라고 하는 의미가 있지만, 이렇한 이름과는 정반대로 나비와 같은 가련한 꽃을 많이 피운다. 포말의 꽃으로써 선물에 빠지지 않고 인기가 있는 양란이다.

*화려한 양란의 세계

양란은 꽃중에서도 화려하다. 옛부터 선물용 화분이나 부케로써 친근한 꽃이다. 다른 꽃을 기르는 것과 조금 다른 코스의 진행이다. 그리고 양란중에서도 대표적인 품종의 기르기 방법을 소개한다.

특징~고온 다습하면서도 통풍이 잘되는 장소를 좋아 한다. 작금에는 추위에도 강하고 소륜계의 아마리스계와 에쿠스토리계 등의 튼튼한 튼튼한 품종이 많이 출하되고 있다.

나비가 춤을 추는듯이 많은 꽃을 피우며 줄기의 밑에서 선단까지 피기를 하는데, 2~3개월 걸린다. 결혼식의 부케로 빠지지 않는 꽃이다. 지금은 뿌리가 튼튼한 인기가 있는 양란이다.

구입의 포인트~일년 내내 구입할 수 있지만, 년초에 구입하면 가격도 저렴하고 좋은 것을 구입한다.

두는장소~야간에는 밝은곳은 따뜻하게 해주는 노력이 필요하다. 낮에는 창가에 두지만, 난방이 직접 닿는 장소나 직사광선이 닿는 곳은 피한다. 밤 온도가 낮을 경우는 물주기를 삼가하고 분무기로 엽수를 주는 것으로 한다.

두 번째 꽃 피우기

파레노 뿌이스는 하나의 화경〈꽃줄기〉에서 두번의 꽃을 피울 수가 있다. 아래에서 2~3마디의 꽃줄기를 잘라주면 2~3개월 후에 새로운 꽃줄기가 늘어져 꽃을 피운다. 선단까지 꽃피우기가 끝나면 그 후 약 1개월에 포기를 쉬게 해야 하기 때문에 꽃줄기에서 잘라주어야 한다.

가을~꽃싹이 빠른 것은 10월 하순 경에서 잎의 뿌리 아래서 새싹이 나온 것을 볼 수 있다.

두는장소~9월 하순에서 10월 상순에 걸쳐 실내로 옮긴다. 그리고 넷트 커텐을 넘어 적당한 햇빛이 닿도록 한다.

물주기~물이끼가 거의 건조해져가는 계절이다. 물이끼의 충분한 건조를 확인 하면서 물주기를 하도록 한다.

비료~거름은 주지않고 액체 비료의 횟수도 줄여간다. 그리고 겨울 동안은 일체 주지 않는다.

병해충~나메구지는 부드러운 꽃 꼬깔이나 좋아해 식해한다. 약제를 살포해 방제가 필수적이다.

겨울~지주 세우기, 꽃줄기가 늘어져 가면 지주를 세운다. 단번에 강하게 끌어 당기면 끈어질 수 있으므로 주의 한다.

두는장소~ 주간은 햇빛이 좋은 레이스 커텐 넘어 창가에 둔다. 야간은 방 중앙으로 옮겨 모포를 쒸워 온도를 유지한다. 꽃봉오리에 습도가 부족해 봉오리가 떨어져 버릴 수가 있으므로 분무기로 분수해 준다.

물주기~야간에 온도를 높이면 물이끼가 건조해 질 수 있다. 오전중에 물주기를 한다. 저온의 경우 분이 과습할 수 있으므로 과습에 주의 한다.

코죠우란 4계절관리

봄~꽃줄기 자르기

가정에서 기른다면 겨울에 만들어진 꽃싹이 개화하는 것은 2~5월이다. 꽃이 만개하면 2~3마디를 남기고 빨리 자르고 초여름에 2번 꽃을 즐긴다. 선물용은 모아심기가 많다.

성장기에 들어가는 이 시기는 화분 하나에 한 포기씩 이식한다. 그리고 1년에 한번 분갈이를 한다.

두는장소~3월 중순에는 햇빛이 강하다. 햇빛이 강하면 고온이 되므로 환기를 잊지 않도록 한다. 그리고 자칫 잎이 타는 것도 주의 할 것.

비료~밑거름으로 깻묶을 준다. 여름은 액비를 10일에 1회정도 물주기와 겸한다.

여름~봄에서 여름 사이에 새 뿌리가 활발이 나며 코죠우란이 생육에 가장 좋아하는 계절이다. 새잎이 생장함에 따라 포기를 일단으로 줄여간다. 현 우돔과 같은 기근이 점점 높이 자라면 튼튼히 자라는 증거이다.

두는장소~통풍이 좋은 음지에서 기른다. 코죠우란은 잎이 타기 쉬우므로 음지가 아닌 경우는 70%의 차광넷트를 쳐서 햇빛과 비에 맞지 않도록 주의한다.

물주기~2~3일에 1회물주기를 한다. 화분 밑 구멍에서 흘러 내릴 정도로 흠뻑 준다.

비료~약한 액비를 10일에 1회정도 물주기를 겸해서 듬뿍 준다.

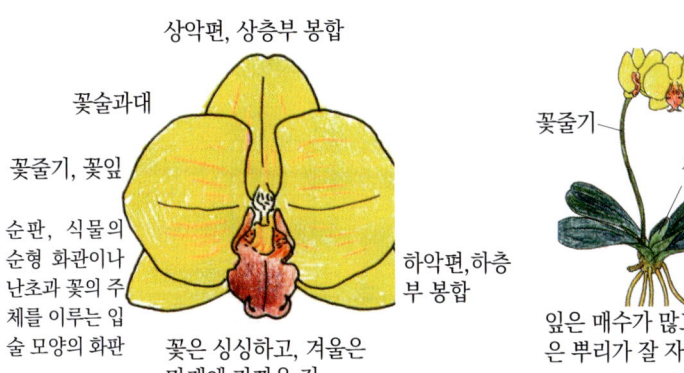

코초우란 관리 법

※ 꽃 줄기 자르는 법~줄기의 선단까지 꽃이 핀 것은 좀 일찍 자른다. 그리고 관상을 해간다. 포기의 부담을 줄이고 두 번째 꽃이 피는 기회가 있기 때문이다.

※ 이식~선물용의 초코우란은 화장 화분에 모아심기를 하는 것이 많다. 개화 후에는 좀 일찍 통기성이 좋은 질그릇 화분에 이식하는 것이 좋다.

1. 선단까지 개화한 것을 조금 일찍 잘라낸다.

2. 자른 입구위에 두번째 꽃줄기가 옆의 싹으로 나온다.

3. 자른 꽃줄기는 물의 흡입을 원할케 하기 위해 옆으로 자른다.

4. 물을 흡수시켜 자른 꽃으로 장식한다

1. 소독한 가위로 꽃 줄기를 자른다.

2. 칼등으로 화분을 두드려 화분과 뿌리를 분리 시킨다.

3. 모아심기한 3포기를 각각 뿌리 밑에서 풀어서 분리한다.

4. 오래된 뿌리나 부패된 뿌리는 잘라낸다.

5. 잘라서 나눠진 부분은 이은 분말로 화분에 각각 심기 작업을 한다.

6. 칼뿌리 밑까지 물이끼를 덮고 4호 화분에 이식한다

7. 화분 아랫 부분은 부드럽기 때문에 주의한다.

8. 3개 위에서 고정한다.

※ 작업 후의 관리~작업 후의 포기는 물주기를 삼가하고 건조하듯 기른다. 분무기로 엽수로 충분하다. 비료를 조금 준다.

빠뀌오삐디람

출하시기~거의 일년 내내
꽃말~변절자
생육온도~5℃이상

총칭은 삐뀌오라 부른 것이 친밀감이 있다. 색상과 모습이 불가사의한 것처럼 매력적인 분위기가 애호가들에게는 사랑받는 양란이다.

햇빛은 그다지 필요치 않고 더위 보다는 추위에 강한 품종이다.

특징

꽃의 꼬깔에는 촉촉한 광택이 있어 독특한 분위기를 자랑한다. 년간을 통해 햇빛이 부족한 서늘한 장소에서 기른다. 재배온도는 5도c정도면 된다. 다소 춥더라도 생육에는 별로 지장이 없다. 다원성 품종이 많이 출하되고 있다.

4계절의 관리

봄~봄에는 개화중인 상태이지만, 섞여 있는 포기나 물이끼 등의 오래된 것은 큰화분으로 옮겨 심는다. 년간을 통해 1회씩 거름을 주면 충분하다. 개화기에는 일찍 꽃줄기를 잘라준다.

여름~빠뀌오삐기담은 더위에 약해 강한 직사광선을 싫어한다. 우기시에 비를 맞지 않도록 하고 그리고 건조하지 않도록 물주기를 한다.

가을~10월경에는 햇빛이 약하므로 조금 햇빛을 쪼이는 것이 좋다. 기온이 15℃이하가 되면 실내에 넣어 관리한다. 항상 물이끼가 건조하지 않도록 한다. 그리고 나메구시에 의한 식해를 주의 한다.

겨울~겨울은 휴면기이지만, 새싹이 조금씩 난다. 실내의 온도를 10℃이상 유지하면 1~2월에는 꽃봉오리가 늘어지기 시작한다. 봉오리 위쪽에 지주를 세운다. 분의 표면이 마르면 물을 주고 화분 받침대에 물이 고이지 않도록 주의 한다.

온시디움 Oncidium

출하시기~일년 내내
꽃말~인상적인 눈동자
생육적온~5℃ 이상

*귀엽고 산뜻한 작은꽃이 많이 피는 온시디움은 양란중 기르기 쉬운 품종으로 실내에서 기르면 분위가 밝아진다.
황색의 아름다운 꽃 모습에서 단싱구 테리라고 부르기도 한다.

특징
햇빛을 좋아하고 저온에도 비교적 강해 기르기 쉬운 품종이다. 주로 봄과 가을 2개월 정도 꽃을 즐긴다. 건조한 곳에서는 잎이 단단하고 우기가 긴 곳은 잎이 푸근하는 특징이 있다.

온시디움 4계절관리

봄~새싹이 나기 시작하는 4월은 물이끼를 사용해 이식을 한다. 1~2년에 1회를 분갈이를 하면서 카트리아를 참고해 한다. 다른 양란의 분보다 약간 작은 것을 사용한다.

여름~5%정도 빛을 차단하고 통풍이 잘되는 곳에서 관리한다. 물은 건조하지 않도록 준다. 5~7개월간은 매월 1회주고 10월까지는 액비도 함께 준다.

가을~10월에는 액체 비료를 주는 것을 멈추고 다음해 봄까지 주지 않는다. 그리고 기온이 15도c될 즈음에 실내에 넣는다. 물은 분이 마르면 준다.

겨울~밤 온도가 10도c이상을 유지하는 것이 최상이지만, 최저 5도c까지는 견딘다. 꽃의 싹이 나온 포기는 건조하지 않도록 분무기로 엽수를 해준다. 개화를 하기 위해서는 일조가 포인트다.

분에 가득찬 란 포기 옮겨심기

1. 화분이 넘치도록 크게 자라서 새 뿌리가 분 밖으로 나온다

2. 원래의 분보다 반 크기의 분을 준비한다

3. 분에서 뿌리의 끝이 상하지않도록 포기를 분에서 빼낸다

4. 오래된 물이끼를 새 이끼로 바꿔 준다

5. 빼낸 포기를 화분에 넣고 사이에 물이끼를 넣는다.

6. 이식 완성 후 비료를 주고 건조한 상태로 약 2주 정도 음지에 둔다

난, 3포기 모아심기

2. 1년 후의 자세 이런 포기는 꽃이 핀후 즉시 이식한다

3. 이식할 포기를 화분에서 빼낸다

4. 빼낸 포기를 각각 나눈다

5. 빼난 포기에서 오래된 뿌리를 제거한다

6. 오래된 물이끼를 제거하고 뿌리도 정리한다

7. 오래된 뿌리도 잘라낸다

8. 한 화분에 한포기씩을 물이끼로 이식 한다

이식 완성

1. 난 3포기의 모아심기

개화 후 포기 이식 5월의 작업

심는재료들
1. 물이끼 2. 팩 3. 경석 4. 부서진 야자껍질

1. 꽃이 끝나고 새뿌리가 나오는 포기는 이식한다

2. 꽃 줄기를 밑에서 잘라낸다

3. 포기를 화분에서 빼낸다

4. 포기를 화분에서 빼낸 것

5. 물 이끼를 반분한다

6. 상한 뿌리를 잘라낸다

7. 상한 부리 정리 마침

8. 포기를 화분에 넣는다.

9. 뿌리 사이에 물 이끼를 넣는다

10. 포기를 화분에 이식

11. 줄기가 묻힐 정도로 심는다

→ 새로운 물이끼

→ 화분 밑 받침 경석

고온다습할 때 생길 수 있는 연부 부패병

용어해설 用語解說

가시~식물의 줄기나 잎에 바늘처럼 뾰쪽하게 돋아난 부분 선인장의 가시는 수분 손실을 보존키 위해 잎이 변형된 것이다.

가시자리~선인장의 생장점으로 실제로는 변형된 잎이다. 가시자리로부터 가시, 잎, 곁가지나 꽃 등이 생겨난다.

가식~모종 따위를 제자리에 심기전에 임시로 딴 곳에 심음.

간토~비료가 식물에 직접 닿아서 부작용이 일어난 것을 막기 위해서 미숙한 퇴비를 사용할 경우 그 위에 비료 성분이 없는 흙을 적당량 덮어 주는 것

결실~수정한 암술의 씨방이 커져서 열매가 되고 씨앗이 되는 것

고토석회~고토〈마그네슘〉와 석회〈칼슘〉로 토양의 산도를 조정하기 위해 사용 하는 토양 개량제. 이로써 작물에 필요한 2가지 원소를 보충할 수가 있다.

과科~식물을 분류하는 기본 단위로 위에서부터 문, 강, 목, 과, 속, 종의 단계 중 하나, 선인장은 다육식물의 과로 분류된다.

관목~키 2m 안팎의 목본 식물로 원줄기가 분명치 아나하고 밑둥에서 가지가 많이 나는 나무이다. 진달래, 사철나무, 앵두나무 등이다.

광합성光合成~초록색 식물이 햇빛과 물 그리고 이산화 탄소를 이용해 단백질 등의 유기 물질을 합성하는 과정을 말한다.

교배종交配種~교배를 시켜 새로 종자, 섞임씨.

교잡육종법~유전적 지식이 발달함에 따라 품종간 때로는 종種간에 교잡을 시키면 그 것에는 여러가지 새로운 유전적 변이가 나타난다는 것을 알게되여, 이것을 이용해 교잡에 의해서 새로운 우수 품종을 육성해 내는 것을 교잡육종이라 한다.

구球~선인장의 몸통부분.

군생群生~식물 등이 한데 무리지어 남.

꺾꽂이插木~식물의 가지나 줄기를 잘라 흙에 꽂아서 살게 하는 일, 삽목.

내병성~병을 잘 이길 수 있는 힘.

내서성~고온에 잘 견디는 힘.

내한성~추위를 잘 견디는 힘.

능稜~선인장의 줄기에 있는 능선을 말하며 새로 방향이다.

과科~식물을 분류하는 기본 단위로 위에서부터 문, 강, 목, 과, 속, 종의 단계 중 하나, 선인장은 다육식물의 과로 분류된다.

관목~키 2m 안팎의 목본 식물로 원줄기가 분명치 아니하고 밑둥에서 가지가 많이 나는 나무이다. 진달래, 사철나무, 앵두나무 등이다.

광합성光合成~초록색 식물이 햇빛과 물 그리고 이산화 탄소를 이용해 단백질 등의 유기 물질을 합성하는 과정을 말한다.

교배종交配種~교배를 시켜 새로 종자, 섞임씨.

교잡육종법~유전적 지식이 발달함에 따라 품종간 때로는 종種간에 교잡을 시키면 그것에는 여러가지 새로운 유전적 변이가 나타난다는 것을 알게되어, 이것을 이용해 교잡에 의해서 새로운 우수 품종을 육성해 내는 것을 교잡육종이라 한다.

구球~선인장의 몸통부분.

군생群生~식물 등이 한데 무리지어 남.

꺾꽂이挿木~식물의 가지나 줄기를 잘라 흙에 꽂아서 살게 하는 일, 삽목.

내병성~병을 잘 이길 수 있는 힘.

내서성~고온에 잘 견디는 힘.

내한성~추위를 잘 견디는 힘.

능稜~선인장의 줄기에 있는 능선을 말하며 새로 방향이다.

다육근~육질로된 굵은 뿌리.

다육식물多肉植物~잎 줄기 뿌리 등이 여러가지 형태로 비대하여 많은 수분을 함유하는 유조직으로 되어 있고 이 유조직이 저장 기관으로 발달된 식물

단백질~동식물 그리고 미생물 등 모든 식물의 주성분으로 생명의 기본적 구성 물질

이며 사람의 3대 영양소의 하나인 질소를 포함한 유기화합물, 약 80%가 카세인이다.

돌연변이~유전자 또는 염색체의 변이로 말미암아 어버이의 계통에는 없는 새로운 형질이 자손이 되는 생물체가 나타나 그것이 유전되는 것을 말한다. 자연적으로 일어나기도 하고 방사선을 비추는 등 물리적인 자극을 주어서 인공적으로 일으킬 수가 있다. 우현변이, 돌연변이로 각각 나뉜다.

무기비료~무기물을 원료로 해 만든 비료〈황산암모늄, 과인산석회, 염화칼슘, 따위의 화학 비료와 초목의 재 따위〉무기질 비료.

무기질~생체 유지에 불가결한 영양소, 뼈 조직 체액 등에 포함되어 있는 칼슘, 인, 물, 철, 요드 따위의 총칭

미네날~칼슘, 철, 인, 칼륨, 나트륨, 마그네슘 등 광물성 영양소

미량요소~흙에 미량으로 함유되어 식물의 생장에는 필수적인 붕소, 망간, 염소, 철, 동 아연 등의 원소

버미큐라이트~운모 모양의 질석을 1천도 이상의 고온에서 단시간에 구운 것, 보수성과 보비성이 좋다.

변이종~같은 종류의 생물 가운데 변이가 생겨서 성질과 형태가 달라진 종류를 말한다. 종의 형태는 거의 같으나 생리적 성질이나 지리적 분포 따위가 기본 표본을 포함하는 집단과는 확실히 다르다.

산도조정~퇴비는 안주고 비료만 준결과 흙이 거의 산성화가 된 것. 채소의 대부분은 산성을 싫어 하므로 고토석회 등의 토양 개량제를 사용해 작물에 맞게 산도를 조절해 주는 것.

식해~해충이나 쥐 등이 식물의 줄기나 잎 따위를 먹어 해치우는 것을 말한다.

생장점~줄기의 선단 등 세포분열을 통해 식물체의 새로운 조직이나 기관을 생성할 수 있는 부분을 말한다.

섬모~식물의 표피에 생기는 털. 모상물毛狀物.

속屬~Jenus : 과科 참조

속생~식물이 한 곳애 더부룩하게 모여 나는 것.

수분~피자식물의 화분이 암술의 주두에 나자 식물의 화분이 배주의 주공부에 부착하는 현상.

수정受精~수분된 화분이 발아해서 그 핵이 배낭속의 난핵과 결합하는 현상.

액비~액체 비료의 줄임말로 주로 웃거름으로 사용한다. 유기 비료는 유박의 부숙액 위에 떠 있는 부분을 이용 한다.

액아~겨드랑이 싹〈눈〉

영양생장~씨앗의 발아부터 꽃눈이 형성될 때까지의 생장과정이다. 주로 잎과 줄기의 생장을 말한다.

원예종園藝種~인위적으로 재배되고 있는 품종을 말한다.

유성생식~수컷과 암컷의 구별이 있는 두 배우자가 합쳐서 생명체가 발생하는 생식,-반-무성생식

잎꽂이~한장의 잎이나 잎의 일부를 잘라 삽목해 부정근이나 부정아를 발생시켜 독립된 개체를 얻는 방법.

자생지~식물이 저절로 나서 자라는 것.〈멕시코가 선인장의 자생지〉

잡종雜種~유전적으로 서로 다른 개체간의 교잡에서 유래된 자손. 잡종 1대를 F1이라고 한다.

저면관수低面灌水~분과 온실 재배에 있어서 매일 관수를 반복하면 토양이 단단해져서 식물의 생육을 저해 하므로 모세관수에 의해 식물이 밑으로부터 물을 흡수 하도록 하는 것.

접接~과실 나무, 수목, 식물 따위의 품종 개량과 번식을 위한 방법으로 같은 종류나 비슷한 종류의 접수를 접본의 목질부에 밀착시켜 조직을 서로 연결 밀착 시키는 것.

창〈리톱스 부분〉~널븐 띠. 좁은 선, 넓은 면으로 나타나는 투명한 것

휴면休眠~식물 생장의 일시적 정지나 기능 둔화 현상으로 겨울철, 가뭄 또는 극단적인 더위나 추위에 의해 나타는 현상.

흡즙~해충이 식물의 대나 줄기에서 진액을 빨아 먹는 것을 말한다.

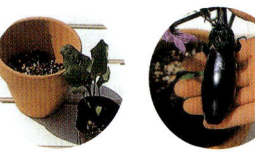   

웰빙채소 기르기의 실제

노지, 옥상, 베란다, 현관앞, 텃밭,
주말농장 채소기르기의 길잡이!!

– 채소기르기의 교육자료 지침서 –

사진 김운기 · 감수 이관호
이일로 편저 조연조

58가지의, 열매채소과채류 / 뿌리채소근채류 / 잎파리채소엽채류,
각 채소들의 품종 및 성분과 효능 그리고 노지기르기, 용기에 기르기와
병해충의 대책과 약제 사용법 등을 사진과 함께 채소기르기에 대한 것을
교육자료가 되도록 자세히 설명!!

한국사진문화원